法学研究文丛
——民法学——

合同通则案例分析教程

杨德桥 ◉ 著

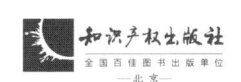

知识产权出版社
全国百佳图书出版单位
——北京——

图书在版编目（CIP）数据

合同通则案例分析教程／杨德桥著. —北京：知识产权出版社，2025.6. —（法学研究文丛）. —ISBN 978–7–5130–9992–9

Ⅰ.D923.65

中国国家版本馆 CIP 数据核字第 202553V8G9 号

责任编辑：王瑞璞　　　　　　责任校对：谷　洋
封面设计：智兴设计室　　　　责任印制：刘译文

法学研究文丛

合同通则案例分析教程

杨德桥　著

出版发行：知识产权出版社有限责任公司	网　址：http://www.ipph.cn
社　址：北京市海淀区气象路 50 号院	邮　编：100081
责编电话：010–82000860 转 8116	责编邮箱：wangruipu@cnipr.com
发行电话：010–82000860 转 8101/8102	发行传真：010–82000893/82005070/82000270
印　刷：天津嘉恒印务有限公司	经　销：新华书店、各大网上书店及相关专业书店
开　本：880mm×1230mm　1/32	印　张：13.5
版　次：2025 年 6 月第 1 版	印　次：2025 年 6 月第 1 次印刷
字　数：300 千字	定　价：99.00 元

ISBN 978–7–5130–9992–9

出版权专有　　侵权必究

如有印装质量问题，本社负责调换。

序言
PREFACE

我国台湾著名民法学者王泽鉴先生曾言，案例是学习法律的根本，读案例是法律人的日课。笔者在从事法律教学这一主责主业的同时，偶有机会参与法律实务；随着对法律实务接触的增多，对法律的认识和体悟有明显增长，愈发感觉到王泽鉴先生箴言所蕴含的真理。在课堂教学过程中，笔者逐渐养成了使用亲身办理的真实案例训练学生法律思维的习惯。从学生反馈的信息看，这种教学方法比虚构事例法有效得多。实事求是地讲，寻找到适合于课堂教学的训练案例并非易事，多数案例比较平淡，缺乏深入探讨的价值。过去几年有幸被聘任为某仲裁委员会的仲裁员，得以深度参与一些案件的裁决，逐渐积累了些适合课堂教学的实务案例。经过多轮课堂教学实测，自我感觉效果不错，于是萌生了将这些亲身办理的有一定代表性的案例编写为案例教科书的想法，也算是对这些年案例教学工作的一个总结。笔者在选编案例和撰写法理分析时，主要考虑如下几个方面。

首先，尽可能保留案件的每一个细节，将案件的原貌呈现给读者。我想很多法律人可能都会有这样的感觉，那就是"细节决定成败"。在案件处理过程中，经常有在案外人甚至于当事人看来不怎么起眼的一个细节，给裁判者带来了强大的冲击力，进而决定了案件的成败。这也是笔者这些年在课堂教学过程中尽可能选用自己经办的真实案例进行教学的原因所在。因为只有你直接经办的案件，你才可能了解到案件的细节，才不会遗漏那些重要的信息。所以，尽可能将案件原貌呈现给读者是非常必要的。为此，本书保留了当事人庭审中提出的每一份证据的名称、证明目的、质证意见等案件细节。

其次，将实体问题、程序问题和证据问题一体探讨，力争全方位、多角度展示案例。课堂教学中，基于法学教学体系和课程性质的限制，教师多将问题局限于实体问题、程序问题或证据问题中的一个方面，综合运用较少。但是现实中的真实案例往往是实体问题、程序问题和证据问题交织在一起，很难截然区分开来，只不过不同案件的侧重点有所不同而已。培养学生的法律职业能力是当下法学教育的主要目标。培养法律职业能力就是练就如同法官、律师一样的办案能力。办案能力就是全面、正确处理案件所涉全部实体问题、程序问题和证据问题的能力。故本书在多个案例中同时涉及该三类问题的处理。

再次，重点展示和深度分析案件中所遇到的核心疑难问题。诚如前所述，很多案件都会存在实体问题、程序问题和证据问题的交织，甚至每一种性质的问题都不止一个，但是一个案件中争议的核心问题常常聚焦于一两个问题上面。对争议焦点问题的精准提炼和深度分析，是运用好一个案例的关键，体现了个案的法律价值。所谓疑难问题，常常在法律晦暗不明的地方。于晦暗不明处分析出可以作为裁判的具体法律规则，是法律人特别是裁判者最重要的职责使命所在，也是最能训练法学生法律思维和培养其法律职业能力的场域。本书在每一个案例中都会确定一两个核心疑难问题并展开深度分析。

最后，展示案件自由裁量权的空间和自由裁量权的行使方法。以事实为依据，以法律为准绳，是裁判者处理每一个案件都应当坚持的基本原则，但是自由裁量经常是不可避免的，虽然这并不是裁判者所追求的。德国联邦法院前院长赫森格（Heusinger）在离职致辞中曾不无感慨地说道："作为法官，我们并不想僭取立法权，但是我们也深切地意识到，于此界限内，仍有宽泛的空间提供法官有创意的裁判，共同参与法秩序的形成。"自由裁量权的行使，虽确实有一定的自由空间，但是它要受到法律原则的精神、法律规则的目的、当事人乃至社会公众的接受度等系列限制。能否公正合理而娴熟地行使法律有意或无意赋予的自由裁量权，是检验一个裁判者是否成熟的重要尺度。本书在需要进行自由裁量的问题上，尽可能给出明确的提示，并展示裁判者的思维过程。

笔者深知，法律知识博大精深，法律案例浩如烟海，本书无论在案例的数量和质量上，还是在案例的分析深度上，都存在不足甚至错漏之处，可能提供的智识是极为有限的。笔者将它们写出来，是为了提供一个与学界同仁交流的机会，恳请方家不吝赐教。

杨德桥

2024 年 10 月 6 日

目录

第一章 一般规定 / 001

第一节 《民法典》与原《合同法》的适用关系 / 001
案例 1-1 合同纠纷原则上适用缔约时的法律 / 001

第二节 合同关系的相对性 / 015
案例 1-2 合同只约束缔约当事人 / 015

第三节 合同性质的判定 / 023
案例 1-3 权利义务结构决定合同的性质 / 023

第四节 合同权利与物权 / 036
案例 1-4 主物买卖及于从物 / 036
案例 1-5 占有受到法律保护 / 049

第二章 合同的订立 / 059

第一节 缔约主体的认定 / 059
案例2-1 合作关系的对外主体 / 059

第二节 混同缔约 / 073
案例2-2 合同与补充合同主体不同时的处理 / 073
案例2-3 母子公司在同一合同中混用时的处理 / 084

第三节 牵连缔约 / 104
案例2-4 具有牵连关系的合同处理 / 104

第四节 合同的行政备案 / 111
案例2-5 请求签订备案合同的问题 / 111

第三章 合同的效力 / 121

第一节 合同决议的效力 / 121
案例3-1 多数决议对个别合同的约束力 / 121

第二节 脱法合同的效力 / 132
案例3-2 规避法律的合同的法律效力问题 / 132

第三节 合同无效的后果 / 146
案例3-3 合同无效的法律后果问题 / 146

第四章 合同的履行 / 152

第一节 标的质量 / 152
案例4-1 标的质量的确定 / 152
案例4-2 质量问题应在质保期内主张 / 162

第二节 价款或报酬 / 171

案例4-3　占有使用费的确定 / 171

案例4-4　瑕疵履行的减价问题 / 179

第三节　履行期限 / 189

案例4-5　履行时间的判断 / 189

案例4-6　履行期限约定不明的处理方法 / 198

案例4-7　工程竣工验收时间的确定 / 208

第五章　合同的变更和转让 / 216

第一节　合同的变更 / 216

案例5-1　合同变更的意思应当明确 / 216

案例5-2　合同是否变更需要综合考量 / 229

第二节　合同的转让 / 276

案例5-3　合同权利义务的概括转移 / 276

第六章　合同权利义务的终止 / 295

第一节　清偿 / 295

案例6-1　清偿抵充规则的适用 / 295

第二节　合同解除 / 309

案例6-2　约定解除权及其适用 / 309

案例6-3　长期搁置合同的解除 / 324

案例6-4　合同的事实解除问题 / 336

第七章　违约责任 / 345

第一节　违约行为 / 345

案例7-1　违约行为的认定 / 345

　第二节　损害赔偿 / 359

　　案例7-2　损害赔偿范围的确定 / 359

　　案例7-3　约定不退还租金的处理方法 / 374

　第三节　违约金 / 380

　　案例7-4　违约金的计算方法 / 380

第八章　合同的解释 / 389

　第一节　合同解释的原则 / 389

　　案例8-1　客观主义结合主观主义 / 389

　第二节　合同解释的规则 / 397

　　案例8-2　推定不违法 / 397

第一章

一般规定

第一节 《民法典》与原《合同法》的适用关系

案例 1-1 合同纠纷原则上适用缔约时的法律

案情介绍

申请人：某建设项目管理有限公司

被申请人：某粮食购销公司

申请人称：2014 年，申请人与被申请人签订《建设工程造价咨询合同》，合同约定被申请人委托申请人对某粮油储备库一期和二期施工工程进行工程结算审计，该项业务自 2014 年 11 月 19 日开始实施，至服务内容完成终结。酬金计算方式为：按基本收费与效益收费之和计算服务酬金，基本收费按审定值的3‰计算，效益收费按核减值的4%计算。付款方式为合同签订后委托人（被申请人）向咨询人（申请人）付10万元预付款，初审完成委托人向咨询人付6万元进度款，余款待审计工作全部结束咨询人向委托人出具审核报告时，委托人向咨询人一次付清。同时，双方也约定了如果被申请人在规定的支付期限内未支付酬金，被申请人应当向申请人支付酬金利息，利息按规定支付期限最后一日银行活期贷款乘以拖欠酬金时间计算。另外，双方约定如因该合同履行过程中发生争议提交某仲裁委员会仲裁。合同签订后，申请人依约履行了义务，并于2015年7月7日提交了报告，依据审核结果和双方约定的酬金计算方式，被申请人应向申请人支付酬金共计151 200元。但被申请人只向申请人支付了52 000元，剩余99 200元至今未付。为此，申请人提出以下仲裁请求：（1）请求依法裁决被申请人向申请人支付酬金99 200元；（2）请求依法裁决被申请人向申请人支付酬金利息14 407.97元（利息自2015年7月7日起计算暂计至2020年10月21日，并实际支付至薪酬本息支付完毕之日止，按照中国人民银行2015年7月7日同期同类贷款利率计算）；（3）本案仲裁费由被申请人承担。

在庭审过程中，申请人当庭将第（2）项仲裁请求变更为：请求依法裁决被申请人向申请人支付酬金利息28 763.04元（利息自2015年7月7起计算暂计至2020年10月21日，并实际支付至酬金本息支付完毕之日止，按照年利率5.4%计算）。

申请人对其提出的主张向仲裁庭提供了以下证据：

(1)《核准变更登记通知书》《建设工程造价咨询合同》《建设工程结算审核报告书》《建设工程结算审核表》各1份。证明：① 2018年8月8日，申请人名称进行了变更，由某工程造价咨询有限责任公司变更为某建设项目管理有限公司；② 2014年申请人与被申请人签订了《建设工程造价咨询合同》，合同约定由申请人向被申请人就某粮食储备库一期、二期施工工程结算审计提供服务；③ 2015年7月7日申请人向被申请人出具了（某）建审字第324号审核报告书，审定金额为17 641 393元，核减金额为2 456 865元，申请人的服务内容已完成；④ 双方约定酬金计算方式按基本收费与效益收费之和计算，基本收费按审定值的3‰计算，效益收费按核减值的4%计算；⑤ 双方约定申请人向被申请人出具审核报告时咨询费一次性付清；⑥ 双方约定如未按期付清酬金，应按银行活期贷款乘以拖欠酬金的时间支付利息；⑦ 双方约定本合同争议解决方式为由某仲裁委员会仲裁。

被申请人的质证意见：对该组证据的真实性予以认可，证明目的部分不予认可。对《核准变更登记通知书》予以认可，认为《建设工程造价咨询合同》的实际签订时间是2015年初，是先提供服务后补签的合同；对提供服务的范围认可，但合同签订以后双方对酬金金额、支付方式进行了变更，调整为5.2万元，并经政府采购审批通过。从申请人给被申请人开具5.2万元发票的时间可以证实，开票时间是2015年3月9日，被申请人已全额支付酬金，不存在违约情形，申请人的仲裁请求不能成立。《建设工程结算审核表》是结算报告一部分，并不能证明服务酬金存在变更。

（2）《国家税务局通用机打发票（平推4）记账联》1张、《支付业务回单（收款）》2张、《关于支付某粮食储备库一期、二期、硬化工程结算审核服务费用的申请》1份、《律师函》1份、《费用报销单》1份、手机图片截屏2份、工作记录1份、通话录音及该通话录音的文字整理稿1份、《证明》1份，证明被申请人分两笔共支付给申请人服务费52 000元，剩余99 200元服务费申请人多次催要，但被申请人至今未付。

被申请人的质证意见：对发票的真实性予以认可，认为发票出具时间是2015年3月9日，金额是5.2万元，是以明示的方式变更了《建设工程造价咨询合同》专用条款第六条的约定，双方对服务酬金及支付方式进行了修改。对业务回单的真实性予以认可，其能够证明被申请人通过某市财政集中收付中心支付给申请人5.2万元酬金，被申请人经政府采购的方式完成了合同酬金的支付。对服务费申请表的真实性不予认可，被申请人从未收到过该申请表，该申请表的作出时间是2016年10月26日，当时已经完成了合同酬金的支付，合同已经终止，不存在继续支付酬金的情形。对《律师函》、通话录音及该通话录音的文字整理稿、《证明》的真实性均不予认可，被申请人未收到《律师函》，《律师函》中的内容与客观实际不符。发函时间是2020年8月26日，距被申请人第二笔款项支付时间2016年1月18日已超过诉讼时效期间，且期间无中止、中断情形。通话录音的双方身份并不明确，且通话中闫姓青年表示不知晓送达文件内容，而《证明》中却说送达的是《律师函》，两者内容相互矛盾，真实性存疑。对《费用报销单》、手机图片截屏和工作记录的真实性均不予认可，其无法证明与本案的关联性，也证明不了证据来源。

（3）证人姚某的证言，证明申请人多次向被申请人催要服务费，其中在2018年5月9日申请人派其工作人员姚某去催要，被申请人也未支付。

被申请人的质证意见：对证人证言的真实性不予认可，认为证人证言是单方证据，没有除本案申请人和证人以外的其他证据予以佐证。

被申请人辩称：（1）被申请人是某市国资委出资设立的国有公司，根据《中华人民共和国政府采购法》（以下简称《政府采购法》）第二条中的规定，"本法所称政府采购，是指各级国家机关、事业单位和团体组织，使用财政性资金采购依法制定的集中采购目录以内的或者采购限额标准以上的货物、工程和服务的行为"，本案所涉项目2014年某县粮油购销有限责任公司一期、二期、硬化工程结算审计项目需经政府采购方式完成。（2）申请人为被申请人提供建设工程造价咨询业务服务在先，双方于2015年初补签合同，之后双方对酬金金额和支付方式进行变更（变更专用合同第六条），确定酬金金额为固定金额5.2万元。2015年3月9日，申请人将5.2万元的发票交给被申请人，以明示的方式确认合同条款变更，符合《民法典》第五百四十三条"当事人协商一致，可以变更合同"的规定。（3）被申请人以询价的方式完成政府采购审批，确认结算审核项目的总投资为5.2万元。根据《政府采购法》第六条"政府采购应当严格按照批准的预算执行"的规定，某市财政集中收付中心分别汇款3万元和2.2万元完成结算审核项目酬金的支付。因此，被申请人并不拖欠申请人酬金，更不存在违约情形，申请人的申请事项不能成立。而且根据《政府采购法》第四十九条有关"政府采购合同履行中，采购人需追加与合同标的相同的货物、工程或者服务的，在不改变合同其他条款的前提下，可以与供应商协商签订补充合同，但所有补充合同的采购金额不得超过原合同采购金额的百分之十"的规定，申请人请求的酬金金额严重违反了法律规定。(4)本案中，申请人的请求已过3年诉讼时效，根据《民法典》第一百九十二条中的规定，被申请人对申请人不再履行任何义务。(5)被申请人认为申请人计算的利息过高。申请人变更以后的利息是按照5.4%计算的，合同中第六页第二十五条明确约定利息按照银行活期利率计算，因此申请人计算利息的方式错误。

被申请人对其提出的主张向仲裁庭提供了以下证据：

(1) 关于被申请人是国有企业的证据："某粮食购销有限责任公司企业信用信息公示报告"1份，证明被申请人是某市国资委出资设立的国有独资企业，本案所涉项目"2014年某县粮油购销有限责任公司一期、二期、硬化工程结算审核项目"需要依法进行政府采购。

申请人的质证意见：对该组证据的真实性予以认可，证明目的不予认可，认为企业性质以及是否需要政府采购与本案没有关联性，双方签订了合同就要按照合同去履行。

(2) 关于项目总投资金额给付的证据：包括《某市财政专项资金政府采购项目审批表》《某市政府采购资金支付通知》

《财政直接支付申请表》各 2 张，证明经被申请人进行政府采购项目的审批，结合申请人开具的发票，最终确定工程结算审核项目的酬金为 5.2 万元，分 2 次已于 2016 年 1 月 18 日完成支付。

申请人的质证意见：对该组证据的真实性予以认可，证明目的不予认可。对付款金额予以认可，认为该证据只能说明政府批了 52 000 元的财政资金用于该项目的补贴，从《财政直接支付申请表》中可以看出来，写的是储备粮保管及维护费用补助，实际上这部分是补助资金，这只是合同金额的一部分资金，这部分资金是内部运作机制的结果。实际价款应依据双方合同约定，与该项目是否补贴以及补贴多少钱没有关联性，实际履行过程中政府补贴的是 52 000 元，剩余资金还是需要支付的，被申请人应支付给申请人的金额最终是以双方的合同约定来确定的。

经仲裁庭审理查明：申请人与被申请人签订了《建设工程造价咨询合同》。合同约定由申请人就"某县粮油储备库一期、二期、硬化工程"的工程结算审计向被申请人提供服务；合同第二部分"建设工程造价咨询合同标准条件"第二十五条约定，"如果委托人在规定的支付期限内未支付建设工程造价咨询酬金，自规定支付之日起，应当向咨询人补偿应支付的酬金利息。利息金额按规定支付期限最后一日银行活期贷款乘以拖欠酬金时间计算"；合同第三部分"建设工程造价咨询合同专用条件"第六条约定，"委托人同意按以下的计算方法与金额，支付咨询人的正常服务酬金：按基本收费与效益收费之和计算服务酬金，基本收费按审定值的 3‰ 计算，效益收费按核减值的 4% 计算。付款方式：合同签订后委托人向咨询人付 100 000 元预付款，初审完成委托人向咨询人付60 000元进度款,余款待审计工作全部结束咨询人向委托人出具审核报告时委托人向咨询人一次付清",第八条约定纠纷解决方式为"提交某仲裁委员会仲裁"。合同本身未记载签署时间。

2015年7月7日,申请人向被申请人出具(某)建审字第324号《建设工程结算审核报告书》。该报告书所附《建设工程结算审核表》显示,送审金额为20 098 258元,核减金额为2 456 865元,审定金额为17 641 393元。《建设工程结算审核表》业经申请人和被申请人签章确认。被申请人系某市国资委出资设立的国有独资企业。2015年3月9日,申请人向被申请人开具价额为5.2万元的"工程造价咨询服务费"发票1张。2015年9月25日,被申请人通过某市财政集中收付中心支付部向申请人支付3万元,2016年1月25日,被申请人通过某市财政集中收付中心支付部向申请人支付2.2万元。之后,申请人通过委派工作人员等方式多次向被申请人索要欠款。

> 争议问题

(1) 本案应适用《民法典》还是《合同法》?
(2) 合同约定的酬金金额事后是否变更?
(3) 案涉服务项目是否必须经过政府采购?
(4) 合同价款、尚欠款及利息如何确定?
(5) 申请人的仲裁请求是否超过诉讼时效?

> 法理分析

申请人与被申请人签订的《建设工程造价咨询合同》是双

方真实意思表示，不违反法律、行政法规的强制性规定，合法有效，应当作为认定案件事实和确定双方当事人责任的基础。对本案争议焦点分析如下：

1. 本案应当适用新生效的《民法典》，还是继续适用原《民法总则》《合同法》等既有民事法律？

《民法典》第一千二百六十条规定："本法自2021年1月1日起施行。《中华人民共和国婚姻法》、《中华人民共和国继承法》、《中华人民共和国民法通则》、《中华人民共和国收养法》、《中华人民共和国担保法》、《中华人民共和国合同法》、《中华人民共和国物权法》、《中华人民共和国侵权责任法》、《中华人民共和国民法总则》同时废止。"某仲裁委员会于2020年11月10日受理了本案，仲裁庭于2021年1月15日开庭仲裁。本案的形成和处理跨越了《民法典》施行的时间界限，法律适用问题不无争议。"法不溯及既往"是法律适用的一般原则。根据该原则的精神，法律不适用于其生效之前发生的法律事实，也就是说对法律关系（权利义务关系）的调整应当适用法律事实（权利义务）产生当时有效的法律。《最高人民法院关于适用〈中华人民共和国民法典〉时间效力的若干规定》（法释〔2020〕15号）第一条规定："民法典施行后的法律事实引起的民事纠纷案件，适用民法典的规定。民法典施行前的法律事实引起的民事纠纷案件，适用当时的法律、司法解释的规定，但是法律、司法解释另有规定的除外。民法典施行前的法律事实持续至民法典施行后，该法律事实引起的民事纠纷案件，适用民法典的规定，但是法律、司法解释另有规定的除外。"本案中申请人请求权产生所依赖的法律事实——《建设工程造价咨询合同》以及其对该合同的履行行为——均发生在《民法典》施行之前，因此对申请人请求权的处理不应当适用《民法典》的规定，而应当适用原《合同法》等既有民事法律的规定。虽然本案被申请人未按照《建设工程造价咨询合同》的约定付款的违约状态持续至《民法典》生效之后，但是产生申请人付款请求权的法律事实并非该状态本身，故申请人的付款请求权不属于"民法典施行前的法律事实持续至民法典施行后，该法律事实引起的民事纠纷案件"，因此不适用《民法典》的规定；但是该违约状态的跨界持续对被申请人时效抗辩权的行使却具有实质性影响，被申请人行使时效抗辩权属于"民法典施行前的法律事实持续至民法典施行后，该法律事实引起的民事纠纷案件"，因此评价时效期间问题应当适用《民法典》的规定，只不过在这一问题上《民法典》和《民法总则》的规定并无区别，适用《民法典》的规定和适用《民法总则》的规定效果一致。综上所述，对本案中申请人请求权的处理仍然应当适用法律事实发生当时的法律，即原《合同法》等既有民事法律，但是对被申请人时效抗辩的处理应当适用《民法典》的相关规定。

2. 合同约定的酬金金额事后是否变更为固定金额5.2万元？

申请人与被申请人签订的《建设工程造价咨询合同》第三部分"建设工程造价咨询合同专用条件"第六条约定了酬金金额的计算方法，申请人认为根据该约定计算出的酬金金额应为151 200元，被申请人认为事后双方当事人已经将酬金金额变更为固定金额5.2万元。虽然被申请人主张双方当事人事后对合同约定的酬金金额进行了变更，但是并未提供有关合同变更的直接证据。其所提供的发票、政府采购项目审批表、支付通知、支付申请表等证据，只能证明被申请人已经支付5.2万元的事实，所有这些证据均未记载将酬金金额变更为5.2万元的意思表示。原《合同法》第七十八条规定："当事人对合同变更的内容约定不明确的，推定为未变更。"合同的变更，一律由当事人各方协商一致，达不成协议便不发生合同变更的法律效力。❶ 由于被申请人所提供的证据无法证明双方当事人明确地对合同内容进行了变更，所以对被申请人所提出的酬金金额已经变更为5.2万元的抗辩理由不予支持。值得注意的是，双方签订的《建设工程造价咨询合同》未记载签署时间，双方当事人亦不能确定合同的签署时间，但被申请人提供的2张《某市政府采购资金支付通知》载明合同签订时间为"2015.09.16"，结合被申请人提供的《某市财政专项资金政府采购项目审批表》上载明的财政资金金额5.2万元和时间"27/8"可知，在"2015.09.16"合同签订之前的"27/8"，被申请人已经知晓财政投入资金金额为5.2万元，如果财政投入资金即为合同金额的全部，那么在"2015.09.16"签订合同时应当将这一金额作为合同金额进行约定，但实际上《建设工程造价咨询合同》之"建设工程造价咨询合同专用条件"第六条对服务酬金约定了其他计算方法。被申请人的解释无法消弭上述矛盾。再者，《建设工程造价咨询合同》并未约定资金来源，没有理由将获得的财政资金作为合同价款的全部

---

❶ 崔建远. 合同法 [M]. 北京：北京大学出版社，2021：250.

来源，被申请人提供的有关5.2万元的审批材料全部为其内部工作程序材料，均没有申请人的签字认可，不能对申请人产生约束力。申请人所提出的根据付款进度先行开具了部分合同金额即5.2万元的发票，亦不违反交易习惯。故，财政投入金额5.2万元只能解释为合同总金额的一部分。这也能够通过被申请人所提供的2张《财政直接支付申请表》上的"2014年年初预算导入——储备粮保管及维护费用补助"中的"补助"二字得到印证。"补助"多意味着部分资助，而非费用的全部。

3. 案涉服务项目是否必须经过政府采购？

被申请人提出，被申请人为国有独资企业，因此案涉项目必须经过政府采购，合同金额只能以政府采购确定的金额为准。《政府采购法》第十五条规定："采购人是指依法进行政府采购的国家机关、事业单位、团体组织。"该条文并未将国有企业纳入采购人的范围，因此被申请人所提出的案涉项目必须通过政府采购并以政府采购金额确定合同价款的抗辩理由不能成立。被申请人亦未能提供合同价款不同于《建设工程造价咨询合同》的政府采购合同。

4. 合同价款及尚欠款问题

申请人与被申请人签订的《建设工程造价咨询合同》第三部分"建设工程造价咨询合同专用条件"第六条前段约定："委托人同意按以下的计算方法与金额，支付咨询人的正常服务酬金：按基本收费与效益收费之和计算服务酬金，基本收费按审定值的3‰计算，效益收费按核减值的4%计算。"经申请人和被申请人共同签章确认的《建设工程结算审核表》记载，送审金额为 20 098 258 元，核减金额为 2 456 865 元，审定金额为 17 641 393 元。因此申请人应得合同价款为 17 641 393 元 × 3‰ + 2 456 865 元 × 4% = 151 198.78 元。被申请人分两笔合计已经支付 52 000 元，因此被申请人尚欠款为 151 198.78 元 – 52 000 元 = 99 198.78 元。

5. 欠款利息问题

《建设工程造价咨询合同》第三部分"建设工程造价咨询合同专用条件"第六条后段约定："付款方式：合同签订后委托人向咨询人付 100 000 元预付款，初审完成委托人向咨询人付 60 000 元进度款，余款待审计工作全部结束咨询人向委托人出具审核报告时委托人向咨询人一次付清。"案涉《建设工程结算审核报告书》记载报告出具时间为 2015 年 7 月 7 日，因此被申请人应付清合同价款的时间为 2015 年 7 月 7 日。《建设工程造价咨询合同》第二部分"建设工程造价咨询合同标准条件"第二十五条约定："如果委托人在规定的支付期限内未支付建设工程造价咨询酬金，自规定支付之日起，应当向咨询人补偿应支付的酬金利息。利息金额按规定支付期限最后一日银行活期贷款乘以拖欠酬金时间计算。"因此，被申请人应当自 2015 年 7 月 7 日向申请人支付所拖欠酬金的利息。但是本条文所约定的"银行活期贷款"这个概念并不存在，应当视为利息标准约定不明，仲裁庭依法确定为在 2019 年 8 月 19 日之前按照中国人民银行同期贷款基准利率计算，在 2019 年 8 月 20 日之后按照中国人民银行授权全国银行间同业拆借中心公布的贷款市场报价利率（LPR）计算。

6. 申请人的仲裁请求是否超过诉讼时效？

被申请人认为申请人所提出的仲裁请求已经超过法律规定的诉讼时效期间，依法不应当获得支持。如前所述，被申请人支付酬金的届满时间为2015年7月7日，因此应当从此时起算诉讼时效期间。《民法典》第一百八十八条规定诉讼时效期间为3年，第一百九十五条规定诉讼时效可因权利人向义务人提出履行请求或义务人同意履行义务而中断。2016年1月25日，被申请人向申请人支付酬金2.2万元，2018年5月9日，申请人派遣工作人员姚某前往被申请人处索要欠款。以上行为均构成诉讼时效的中断，诉讼时效应当从2018年5月10日重新起算，故至2020年11月申请人提起本案仲裁之时未超过《民法典》规定的3年诉讼时效期间，被申请人提出的时效抗辩不能成立。

处理结果

根据《最高人民法院关于适用〈中华人民共和国民法典〉时间效力的若干规定》第一条，原《中华人民共和国合同法》第八条、第六十条、第六十一条、第七十八条、第一百零七条、第一百零九条、第一百一十四条，《中华人民共和国民法典》第一百八十八条、第一百九十五条的规定，裁决如下：

（一）被申请人向申请人支付99 198.78元欠款；

（二）被申请人向申请人支付99 198.78元欠款的利息，利息以99 198.78元为基数，自2015年7月7日起至欠款全部付清之日止，利息计算标准为2019年8月19日之前按照中国人民银行同期贷款基准利率计算，2019年8月20日之后按照中国人民银行授权全国银行间同业拆借中心公布的贷款市场报价利率（LPR）计算。

第二节　合同关系的相对性

案例1-2　合同只约束缔约当事人

案情介绍

申请人：王某

被申请人：陈某

申请人称：申请人与被申请人双方于2019年9月24日签订了《就业培训与推荐协议》。双方约定，被申请人为申请人提供就业培训并推荐就业岗位，协议中承诺保证入职，承诺安置岗位为国家电网某地运维岗。如被申请人提供的培训和就业推荐服务未能在规定时间内将申请人安置在承诺的岗位，将全额退还申请人的培训费。申请人于2019年9月24日向被申请人现金支付10万元培训费，后于2019年10月19日通过银行转账向被申请人支付10万元培训费，合计20万元。后被申请人仅对申请人进行了简单培训，并未尽到合同中约定的培训义务。并且在国家电网招聘结束后，申请人并未得到国家电网的入职通知，被申请人也认可其违约的事实。故被申请人于2020年12月12日向申请人出具了一张20万元的欠条，承诺全额退还培训费，并且在欠条中约定利息按年利率24%计算。然而在近一年时间里被申请人仅仅陆续还款12 250元。被申请人怠于履行还款义务，其一而再、再而三的违约失信行为使申请人承受巨大损失。申请人为维护自身合法权益，提出以下仲裁请求：（1）裁决被申请人退还培训费187 750元及逾期利息24 821.42元，本息共计209 821.42元（利息应以187 750为基数，从2020年12月12日计算至培训费全部退还为止，现暂计算至2021年10月25日，年利率为15.4%）；（2）本案仲裁费由被申请人承担。

申请人对其提出的主张向仲裁庭提供了以下证据：

（1）《就业培训与推荐协议》1份、建设银行客户回单1份、收据1份，证明申请人与被申请人签订服务合同《就业培训与推荐协议》，双方在合同中明确约定甲方（被申请人）推荐乙方（申请人）到国家电网某地运维岗就业，并在合同中约定若乙方未能成功就业到承诺的岗位，则甲方退还乙方所有款项。申请人于合同签订当日支付现金10万元，后又于2019年10月19日通过建设银行转账支付10万元，共计20万元。

被申请人的质证意见：对该组证据的真实性予以认可，证明目的不予认可。正常情况下合同都应该加盖某人力资源有限公司合同章，但申请人的合同没有加盖公章，收据应该加盖公司财务章，也没有加盖。

（2）欠条1份，证明申请人因未能成功于国家电网某地运维岗就业，所以根据合同相关约定要求被申请人陈某退还相关费用20万元，陈某承认合同有效性且于2020年12月12日出具欠条1张，欠条中约定被申请人将于2020年12月16日返还欠款并约定逾期不还承担年利率24%的利息。

被申请人的质证意见：对该证据的真实性认可，证明目的不予认可。因为该欠条出具的当时，被申请人受到申请人的威胁，并非真实意愿，被申请人当时还报了警。

被申请人辩称：被申请人仅作为推荐人为申请人进行工作推荐，其工作培训与实习就业的实际操作人为案外人杨某，且被申请人将申请人所缴纳款项全部以银行转账形式交付给杨某，并且后期由杨某安排申请人在某市参加培训与相关执业资格证书的考试，以及后期的岗位实习。因杨某一直无法安排申请人与国家电网签订合同，被申请人于2021年4月通过某区公安分局某派出所以杨某涉嫌诈骗犯罪报案。后经公安机关调查，与杨某在某市某区刑警队报案并案处理，并出具了《受案回执》与《立案决定书》。在该案中，杨某为实际收款人与工作安置人，并且杨某为被申请人出具了42万元欠条一份，杨某应依法予以偿还。为查明案件事实，维护当事人合法权益，被申请人依法申请追加杨某为本案共同被申请人参加仲裁，并请求由杨某履行向申请人退款的义务。目前该案件仍在调查中，因此根据《最高人民法院关于在审理经济纠纷案件中涉及经济犯罪嫌疑若干问题的规定》第十一条的规定，本案应按照先刑后民的原则，驳回申请人申请。

被申请人对其提出的主张向仲裁庭提供了以下证据：

（1）欠条1份，证明《就业培训与推荐协议》中约定的申请人的工作是由案外人杨某实际负责安置的，还证明被申请人所收取的申请人的费用全部转给了杨某。

申请人的质证意见：对该证据的真实性及证明目的均不认

可。申请人与被申请人之间签订的《就业培训与推荐协议》以及收据和转账回单，均显示协议的双方仅为申请人及被申请人，无法证明杨某在协议履行中所起到的作用，申请人并不认识案外人杨某。根据合同的相对性，申请人仅与被申请人之间存在合同关系，因此被申请人应当承担相应的违约责任。

（2）某区法院作出的（2021）某0203民初147号之三《民事裁定书》1份，证明与申请人诉请的同类的案件已经刑事立案，故应先刑后民，在解决刑事案件后再解决民事案件。

申请人的质证意见：对该证据的真实性认可，证明目的不予认可。该份《民事裁定书》中显示，该案所涉协议甲方为某人力资源有限公司，且杨某为该案的被告之一，说明该案所涉协议与杨某有关，并且该文书裁定驳回起诉的理由是杨某与王某涉嫌诈骗罪应向某区公安分局报案，但本案协议仅与被申请人有关，因此与该《民事裁定书》所涉案件事实并不相同，不存在先刑后民的情形。

（3）某市公安局某区分局出具的《受案回执》1份、《立案决定书》1份，证明给申请人安置就业中涉及的人员因涉嫌刑事犯罪已经刑事立案。

申请人的质证意见：对该证据的真实性无法判定，证明目的不予认可。因两份证据显示的名称是杨某被诈骗案，而非杨某因诈骗而被立案侦查，这与被申请人之前所述并不相符。申请人认为其所说刑事案件与本案无关。从该组证据也看不出杨某是因为什么被诈骗的，与本案无关。

经仲裁庭审理查明：2019年9月24日，申请人与被申请人签订了《就业培训与推荐协议》(以下简称《协议》),约定:"一、甲方(被申请人)推荐乙方(申请人)就业岗位为:国家电网某地运维岗";"二、在乙方按要求提供真实、有效信息的前提下,甲方为乙方提供基本信息";"三、乙方在签订本协议时,应向甲方预付培训费壹拾万元,共计贰拾万元整,在接到培训通知后三日内补齐余款,此合同生效!如发生未能成功上岗就业,甲方在查明情况后的15个工作日(20天)内负责把乙方前期所缴费用进行全部退回!自缴纳培训费之日起两个月内,如乙方未接到单位培训通知,培训费预付款三日内全额退回,培训结束并合格后二十天通知面试,如未接到面试通知,全额退还乙方所交所有款项";"九、本合同生效后,如有下列原因之一,甲方给予退费。1. 因甲方原因导致为乙方提供的培训和就业推荐服务失败。2. 未能在规定时间内进行安置,并确定无法安置在已承诺岗位";"十二、甲乙双方因本协议而发生的争议,应友好协商解决,经友好协商不成的,任何一方可向甲方所在地有管辖权的仲裁机构提起仲裁"。《协议》签订后,申请人于2019年9月24日、2019年10月19日分两次向被申请人合计支付20万元。后被申请人未完成《协议》约定的就业培训与推荐服务,申请人未能依约就业。2020年12月12日,被申请人向申请人出具欠条1张,承诺于2020年12月16日退还申请人全部费用,如果逾期不还,将按年利率24%支付申请人利息。后被申请人向申请人陆续还款12 250元,其余款项至仲裁开庭之日尚未归还。申请人和被申请人在仲裁庭审时共同确认《协议》已经解除,解除时间为2020年12月12日,即被申请人为申请人出具欠条之日。

> **争议问题**

（1）被申请人是否应当退还申请人剩余服务费？
（2）被申请人有关应由杨某退款的抗辩是否成立？
（3）本案在程序上是否存在先刑后民的问题？

> **法理分析**

1. 剩余服务费的退还问题

申请人与被申请人签订的《就业培训与推荐协议》是双方真实意思表示，不违反法律、行政法规的强制性规定和公序良俗，合法有效，双方均应依约履行。《协议》签订后，申请人依约支付了20万元服务费用，被申请人未能按照《协议》的约定提供就业培训与推荐服务。《协议》亦约定："本合同生效后，如有下列原因之一，甲方给予退费。1. 因甲方原因导致为乙方提供的培训和就业推荐服务失败。2. 未能在规定时间内进行安置，并确定无法安置在已承诺岗位。"2020年12月12日，被申请人向申请人出具欠条1张，承诺于2020年12月16日退还申请人全部费用，如果逾期不还，将按借款的年利率24%付息。欠条的出具意味着，被申请人认可其未完成《协议》约定的就业培训及推荐服务，被申请人自愿退还申请人支付的20万元服务费用。被申请人提出欠条系其在申请人胁迫下出具，不是其真实意思表示的抗辩，但是未能提供证据予以证实，亦与庭审中查明的事实不符。因此，对申请人提出的退还剩余培训费187 750元的仲裁请求应予以支持。被申请人向申请人出具的欠条载明，如果2020年12月16日被申请人未能向申请人全部退款，被申请人同意按照年利率24%向申请人付息，申请人按照年利率15.4%提出主张，不超过申请人申请仲裁之时一年期贷款市场报价利率（LPR）的四倍，符合《最高人民法院关于审理民间借贷案件适用法律若干问题的规定》第二十五条、第三十条的规定，仲裁庭予以支持，但利息起算点应当自《欠条》载明的还款日之次日即2020年12月17日起算。

2. 被申请人有关应由杨某退款的抗辩是否成立？

被申请人提出的《协议》约定的就业推荐工作系由案外人杨某承担，申请人应当向杨某而非被申请人主张退款的抗辩，是不能成立的。《民法典》第四百六十五条第二款规定："依法成立的合同，仅对当事人具有法律约束力，但是法律另有规定的除外。"请特别注意，该条第二款规定合同法律效力条文中有一个"仅"字。即"依法成立的合同，仅对当事人具有法律约束力"。由此可见，该条第二款不仅规定了合同的法律效力，并且规定了此法律效力的范围。换言之，该款同时规定了"合同的相对性"原则。按照近现代民法立法和理论，所谓合同的相对性原则，是合同法律效力范围的基本原则，主要包括如下内容：（1）主体的相对性。即合同关系只能发生在订立合同的当事人之间，唯合同当事人可以行使基于合同的请求权和诉权。（2）内容的相对性。即合同关系上的权利和义务只能由合同当事人享有和承担，第三人既不能依据合同享有权利，也不能依据合同被强加义务。在双务合同中，内容的相对性还体现为，当事人双方的给付和对待给付具有牵连性，一方的权利就是相对方的义务，反之一方的义务也即是相对方的权利。（3）责任的相对性。即只有违约方当事人才应向相对方当事人承担违约责任，第三人无须向合同当事人承担违约责任；违约方当事人也不得向第三人承担违约责任。可见，基于合同的相对性原则，合同的法律效力被严格限定于合同双方当事人之间，将第三人排除在合同法律效力范围之外。第三人不受合同的约束，同时使第三人不致因过失侵害合同债务人或者合同标的而承担法律责任。因而有效地保障第三人的活动自由，维护自由竞争的市场秩序。❶ 根据《民法典》第四百六十五条第二款规定的合同的相对性原则，案涉《协议》的当事人仅为申请人和被申请人，与案外人杨某无关；至于被申请人与杨某之间的关系，应当由被申请人和杨某另行解决。由于杨某不是《协议》当事人，与申请人之间没有仲裁协议，故被申请人在答辩意见中所提出的申请追加杨某为共同被申请人的请求，亦不应予以支持。

3. 本案在程序上是否存在先刑后民的问题

《最高人民法院关于在审理经济纠纷案件中涉及经济犯罪嫌疑若干问题的规定》第十条规定："人民法院在审理经济纠纷案件中，发现与本案有牵连，但与本案不是同一法律关系的经济犯罪嫌疑线索、材料，应将犯罪嫌疑线索、材料移送有关公安机关或检察机关查处，经济纠纷案件继续审理。"对于被申请人所提出的案外人杨某被诈骗、应当先刑后民的问题，杨某是否被他人诈骗，与申请人和被申请人之间的纠纷不属于同一法律关系，根据《最高人民法院关于在审理经济纠纷案件中涉及经济犯罪嫌疑

---

❶ 梁慧星. 合同通则讲义［M］. 北京：人民法院出版社，2021：27-28.

若干问题的规定》的上述规定，不影响仲裁庭对本案的审理；且由于杨某已经报案，也不存在将犯罪嫌疑线索、材料移送有关公安机关或检察机关查处的问题。故本案在程序上不存在被申请人所谓的先刑后民问题。

处理结果

依照《中华人民共和国民法典》第四百六十五条第二款、第五百零九条、第五百六十六条、第五百七十七条，《最高人民法院关于在审理经济纠纷案件中涉及经济犯罪嫌疑若干问题的规定》第十条的规定，裁决如下：

被申请人退还申请人187 750元及利息（利息以187 750元为基数，以年利率15.4%为标准，自2020年12月17日起至本息全部付清之日止）。

第三节　合同性质的判定

案例1-3　权利义务结构决定合同的性质

案情介绍

申请人（被反请求人）：尹某
被申请人（反请求人）：某老年公寓

一、本请求部分

申请人称：2018年4月20日，申请人和被申请人签订了《爱心家园转让股权协议书》，协议约定由申请人出资20万元人民币购得被申请人名下20股（股权编号0001-0600），双方约定按照投资额的15%分红，即每年3万元人民币。事后，被申请人于2019年4月按照约定向申请人返还分红3万元，2020年、2021年应付6万元分红仅在2021年支付2万元。申请人为维护其合法权益，提出以下仲裁请求：（1）裁决解除被申请人与申请人所签订的《爱心家园转让股权协议书》；（2）裁决被申请人退还股权转让金20万元；（3）裁决被申请人给付申请人分红4万元；（4）裁决被申请人给付申请人分红至退清股本金时止；（5）本案仲裁费用由被申请人承担。

申请人对其提出的主张向仲裁庭提供了以下证据：

（1）《爱心家园转让股权协议书》1份，证明关于股权转让及细节的双方合意。

被申请人的质证意见：对该证据的真实性予以认可，证明目的部分予以认可，部分不予认可。认为该协议的第四章分红条款是无效条款，第五章约定的退股条件在本案中未成就。

（2）收据1份，证明申请人于合同签订当日向被申请人付款的事实。

被申请人的质证意见：对该证据的真实性予以认可，证明目的予以认可。

（3）分红款银行转账凭证5份，证明被申请人开始履行协议,后履行不完全的事实。

被申请人的质证意见:对该组证据的真实性予以认可,证明目的不予认可。认为分红是基于双方签订的《爱心家园转让股权协议书》,但该协议中的分红条款是无效条款,故申请人应当向被申请人返还该分红款。

(4)某仲裁委员会受理通知书1份,证明申请人依照约定向被申请人发出书面解除协议的通知。

被申请人的质证意见:对该证据的真实性予以认可,证明目的不予认可。认为协议中约定的退股权需向被申请人提前30日告知,是指申请人向被申请人发出的相关退股权的通知,而不是通过法律程序送达法律文书,故该通知不符合协议约定的书面告知条件。

被申请人辩称:(1)不同意解除申请人与被申请人之间的《爱心家园转让股权协议书》,不同意退还股权转让金。协议书第五章约定,退股权需提前30日书面告知,股权权益按当日截止,并约定大额持股权者,3万元以上按分化逐年逐步退出。申请人并未向被申请人书面告知过退股权,不满足解除协议的条件。(2)不同意支付分红款的仲裁请求。被申请人为民办非企业法人,其设立的性质为非营利性社会组织,根据《民办非企业单位登记管理暂行条例》第二条、第二十一条规定及某市爱心家园老年公寓章程第二十六条的规定,民办非企业法人在章程规定的宗旨业务范围内进行活动时出现盈余不得分配。根据《民法典》第一百五十三条的规定,申请人与被申请人签订的《爱心家园转让股权协议书》中关于分红的约定违反了法律、行政法规的强制性规定，为无效条款，根据《民法典》第一百五十七条有关"民事法律行为无效、被撤销或者确定不发生效力后，行为人因该行为取得的财产，应当予以返还"的规定，被申请人不能向申请人分红，且申请人应该向被申请人返还已经分配的分红款。

被申请人对其提出的主张向仲裁庭提供了以下证据：

（1）民政字第 A0248 号民办非企业单位登记证书 1 份，证明被申请人为在某市民政局登记的民办非企业单位，业务主管单位为某市民政局。

申请人的质证意见：对该证据的真实性予以认可，证明目的予以认可。但该证明目的与本案无关。

（2）《爱心家园转让股权协议书》1 份，证明协议中虽有分红条款，约定了分红款及分红标准，但该约定违反法律、行政法规的强制性规定（《民办非企业单位登记管理暂行条例》第二条规定：本条例所称民办非企业单位，是指企业事业单位、社会团体和其他社会力量以及公民个人利用非国有资产举办的，从事非营利性社会服务活动的社会组织。第二十一条第一款和第二款规定：民办非企业单位的资产来源必须合法，任何单位和个人不得侵占、私分或挪用民办非企业单位的资产。民办非企业单位开展章程规定的活动，按照国家有关规定取得的合法收入，必须用于章程规定的业务活动），为无效条款。

申请人的质证意见：对该证据的真实性予以认可，证明目的不予认可。认为该条款不适用于本案的处理，该条款并非效力性强制性规定，只是管理性规定，不影响合同的效力，其目的是实现对民办非企业单位进行有效的行政管理和保障民办非企业的合法权益，并未明确规定违反该条例的后果为合同无效。故该条例不影响案涉合同的效力。

（3）某市爱心家园老年公寓章程1份，证明该公寓的性质是利用非国有资产自愿举办、从事非营利性养老社会服务活动的社会组织；章程第六条规定了该公寓的业务范围；章程第二十六条规定，经费必须用于章程规定的业务范围和事业发展，盈余不得分红。故向申请人支付分红款不符合章程的规定。

申请人的质证意见：对该证据的真实性予以认可，证明目的不予认可。认为该章程是依据条例的规定、按照民政部门的要求由被申请人自行拟定的，故与本案无关。

（4）银行转账凭证4份、微信转账凭证1份，证明被申请人向申请人支付分红款5万元。

申请人的质证意见：对该证据的真实性及证明目的均予以认可。

（5）仲裁裁决书1份，证明裁决书认定被申请人为民办非企业法人，其设立的性质为非营利性社会组织，根据相关规定，民办非企业法人在章程规定的宗旨业务范围内进行活动时出现的盈余不得分配。《爱心家园转让股权协议书》中约定的分红事宜违反了法律、行政法规的强制性规定，是无效条款，故驳回了申请人要求被申请人向其分红的仲裁请求。

申请人的质证意见：对该证据的真实性予以认可，证明目的不予认可。认为两案性质不同，没有可比性，不能断章取义地看待该裁决书。

二、反请求部分

反请求人称：反请求人与被反请求人于 2018 年 4 月 20 日签订了《爱心家园转让股权协议书》，协议约定反请求人将其在爱心家园老年公寓名下的 20 股出让给被反请求人，并约定了分红方式。协议签订后，反请求人于 2019 年 3 月及 2021 年分别向被反请求人支付分红 3 万元、2 万元，合计 5 万元。反请求人认为，某市爱心家园老年公寓为民办非企业法人，其设立的性质为非营利性社会组织，根据《民办非企业单位登记管理暂行条例》第二条、第二十一条规定及某市爱心家园老年公寓章程第二十六条的规定，民办非企业法人在章程规定的宗旨业务范围内进行活动时出现盈余不得分配。根据《民法典》第一百五十三条的规定，反请求人与被反请求人签订的《爱心家园转让股权协议书》中关于分红的约定违反了法律、行政法规的强制性规定，为无效条款。根据《民法典》第一百五十七条有关"民事法律行为无效、被撤销或者确定不发生效力后，行为人因该行为取得的财产，应当予以返还"的规定，被反请求人应当返还反请求人已向其支付的分红款。为了维护反请求人的合法权益，特提出如下仲裁请求：（1）依法裁决被反请求人向反请求人返还分红款 5 万元；（2）仲裁费由被反请求人承担。

反请求人对其提出的主张向仲裁庭提供了以下证据：与其在本请求中提出的证据一致。

被反请求人质证意见：与其在本请求中发表的质证意见一致。

被反请求人辩称：（1）被反请求人不同意反请求事项。反请求人所称《民办非企业单位登记管理暂行条例》第二条和第二十一条，不适用于本案处理。（2）《民办非企业单位登记管理暂行条例》并非属于效力性强制性规定，而是属于管理性强制性规定。该条例的调整对象是民办非企业单位的主管部门对民办非企业单位进行登记管理所发生的权利义务关系。其立法目的，主要是实现对民办非企业单位进行有效行政管理和保障民办非企业单位的合法权益，并未明确规定违反该条例规定就会导致合同无效，也未规定违反该条例如使合同继续有效将损害国家利益或者社会利益，因此该条例不影响其所签订的民事合同的效力。（3）本案诉争《爱心家园转让股权协议书》系双方在真实意思表示下签订的，并未违反法律、行政法规的效力性强制性规定及出现损害国家利益和社会公共利益的内容，应当被确认为合法有效。（4）根据协议第四章关于分红的约定，双方就事实部分均无异议，根据协议第五章关于退出的约定，被反请求人均符合退出条件。（5）现反请求人提出返还分红款的请求，拒不履行协议义务，双方已无继续合作可能，该协议符合合同解除的条件。反请求人应当返还投资款，并按照约定支付分红。综上所述，被反请求人认为，反请求人的请求不符合法律规定，故不同意该请求，并坚持自己提出的仲裁请求。

被反请求人对其提出的主张向仲裁庭提供了以下证据：与其在本请求中提出的证据一致。

反请求人质证意见：与其在本请求中发表的质证意见一致。

三、仲裁庭合并查明的事实

经仲裁庭审理查明：被申请人（反请求人）系一家民办非

企业单位，2013年10月23日取得由某市民政局颁发的《民办非企业单位登记证书》，核准业务范围为服务社会老年人，为老年人提供托管、疗养、康复、娱乐服务。2018年4月20日，申请人（被反请求人）与被申请人（反请求人）签订了《爱心家园转让股权协议书》（以下简称《协议书》），约定被申请人（反请求人）出让给申请人（被反请求人）股权20份，合计20万元；分红期为一年整，年分红15%，例如2017年3月1日入10股（人民币10万元），2018年3月1日享有分红1.5万元，即时到账，中途退出者为自愿放弃分红权，入股不足一年者只退出入股本金，不享受分红，满一年不足两年者只享受一年的分红，以此类推；退股权需提前30日书面告知，股权权益按当日截止，30个工作日后退股权本金，大额持股权者，3万元以上按分化逐年逐步退出；争议解决方式为提交某仲裁委员会裁决。《协议书》签订后，申请人（被反请求人）向被申请人（反请求人）支付股权转让款20万元。被申请人（反请求人）于2019年4月24日、2021年6月9日、2021年7月9日、2021年8月10日、2021年9月10日，先后向申请人（被反请求人）支付分红款3万元、5000元、5000元、5000元、5000元，合计5万元整。

> **争议问题**

(1)《协议书》的法律性质问题。

(2)《协议书》解除和本金返还问题。

(3) 已经支付的5万元分红款的返还问题。

(4) 已经以分红款形式支付的利息区间问题。

(5) 2019年12月19日之后的可支持利率问题。

(6) 尚欠利息的计算方法问题。

> **法理分析**

1.《协议书》的法律性质问题

判断一份书面合同的法律性质，应当主要依据合同中设计的当事人之间的权利义务结构，而不能拘泥于合同的名称。《最高人民法院关于适用〈中华人民共和国民法典〉合同编通则若干问题的解释》第十五条规定："人民法院认定当事人之间的权利义务关系，不应当拘泥于合同使用的名称，而应当根据合同约定的内容。当事人主张的权利义务关系与根据合同内容认定的权利义务关系不一致的，人民法院应当结合缔约背景、交易目的、交易结构、履行行为以及当事人是否存在虚构交易标的等事实认定当事人之间的实际民事法律关系。"《协议书》虽然名称为"转让股权协议"，但实质上是一份民间借贷合同。认定《协议书》非真正意义上的"转让股权协议"的主要理由如下：（1）被申请人（反请求人）是一家民办非企业单位，目前规范民办非企业单位的主要规范性文件为国务院颁布的《民办非企业单位登记管理暂行条例》，该条例并未规定股东和股权的概念及相关制度，转让股权无法律依据。（2）某市爱心家园老年公寓章程亦未规定股东、股权、股权转让等相关概念和制度，转让所谓股权缺乏章程依据。（3）一般意义上的股东应当参与单位的经营管理或者有权参与单位的经营管理，《协议书》并未规定申请人（被反请求人）有参与被申请人（反请求人）经营管理的权利，申请人（被反请求人）实际上亦未参与被申请人（反请求人）的经营管理，所谓股东身份名不副实。（4）一般意义上的股东分红权，应当以单位盈利为条件，权利能否实现具有不确定性。俗称的股东分红权,法律上一般称为股利分配请求权。股利分配请求权,从本质上说,是股东对自己的投资期望得到回报的一种权利。既然股利分配请求权是股东对自己的投资回报所享有的期待权,那么,股东是否能够实现这种权利,则在事实上取决于公司经营是否产生利润。公司如无盈利,则不能分配。所以,公司只有在有盈利的情况下才可能发生股利的分配。即使是公司有盈利,根据《公司法》规定,也必须首先弥补公司亏损,依法提取公积金、公益金之后才能依照投资比例向股东分配股利。[1] 但是《协议书》为申请人(被反请求人)规定了固定收益率,因此不符合股东分红权的本质特征。(5)一般意义上的股权具有可能无法收回投资的风险,但是申请人(被反请求人)通过《协议书》取得所谓股权,依约可以保本收回,在《协议书》层面上不存在本金投资损失风险,这不符合股权的一般特征。(6)股权为股东的权利,并非所在单位的权利,转让股权应当由股东作为法律主体,但是《协议书》中向申请人(被反请求人)转让股权的主体却是单位(某市爱心家园老年公寓),而非该单位的举办者。综合以上理由,应当认为,《协议书》并非法律意义上的转让股权协议,其性质应当根据其权利义务结构来确定。

由于《协议书》约定的转让股权的主体为单位(某市爱心家园老年公寓),没有为申请人(被反请求人)约定参与单位管理的权利,而仅为申请人(被反请求人)约定了固定的投资收益率,为当事人设计的权利义务结构完全符合民间借贷合同的一

---

[1] 施天涛. 公司法论[M]. 北京: 法律出版社, 2005: 299.

般特征，应当按照民间借贷合同关系加以处理。当事人之间的案涉争议，应当以民间借贷合同有关法律法规为主要依据，同时兼顾被申请人（反请求人）的民办非企业单位的特殊性质。

2.《协议书》解除和本金返还问题

鉴于《协议书》项下的法律关系为民间借贷关系，《协议书》第五章"股权锁定和退出机制"第1条规定的一年锁定期（借期）已经届满，故对申请人（被反请求人）请求被申请人（反请求人）退还本金的仲裁请求，应予支持。解除合同的目的在于提前终止解除权人未履行的合同义务，本案中申请人（被反请求人）已经履行了出资（出借）义务，并没有其他合同义务需要通过解除而终止，其请求不符合合同解除制度的本旨，即使按照《协议书》第五章"股权锁定和退出机制"主张退出投资，亦不属于《协议书》解除的范畴，故对申请人解除《协议书》的请求不予支持。但是不支持解除《协议书》的请求，并不影响申请人（被反请求人）依法要求返还本金的权利。

3. 已经支付的5万元分红款的返还问题

在前述认定《协议书》项下的法律关系为民间借贷关系的条件下，被申请人（反请求人）向申请人（被反请求人）所给付的5万元分红款，实际上是被申请人（反请求人）自愿给付的借款利息，与一般意义上的分红款存在本质区别，所以并不违反《民办非企业单位登记管理暂行条例》关于禁止"侵占、私分、挪用民办非企业单位的资产或者所接受的捐赠、资助"的规定。民办非企业单位作为非营利法人，虽然不能向出资人分配利润，但法律并未禁止其依法融资并承担合理的融资成本。2020年最高人民法院新修订的《最高人民法院关于审理民间借贷案件适用法律若干问题的规定》（法释〔2020〕6号）取消了2015年《最高人民法院关于审理民间借贷案件适用法律若干问题的规定》（法释〔2015〕18号）第31条有关债务人就已经支付的过高利息请求债权人返还的规定，故对被申请人（反请求人）请求返还其自愿支付的5万元分红款（利息）的请求不予支持。

4. 已经以分红款形式支付的利息区间问题

被申请人（反请求人）向申请人（被反请求人）已经以分红名义支付利息5万元。根据《协议书》约定的计算标准，其中3万元为2018年4月21日至2019年4月20日期间的利息，剩余2万元按照该标准计算，应为365天×(20 000元÷30 000元)=243天的利息，即2019年4月21日至2019年12月18日期间的利息。故，应当认为被申请人（反请求人）已经按照约定标准自愿支付2018年4月21日至2019年12月18日期间的利息，2019年12月19日之后的利息未付。

5. 2019年12月19日之后的可支持利率问题

根据《协议书》第四条"分红"中有关投资年化收益率的规定，申请人（被反请求人）与被申请人（反请求人）之间的借款利率为年利率15%，比申请人（被反请求人）提起仲裁申请时（2022年3月21日）的一年期贷款市场报价利率（年利率3.7%）的四倍（14.8%）略高，超越了国家允许的民间借贷利率的上限。被申请人（反请求人）是一家民办非企业单位，根据《民办非企业单位登记管理暂行条例》第二条的规定，"非营利性"是其根本性质，如果支持对民办非企业单位过高利率的主张，将会实质性削弱民办非企业单位承担的服务社会能力。综合考虑上述因素，对于申请人（被反请求人）在第三项和第四项仲裁请求中提出的分红（利息）主张，应当按照中国人民银行授权全国银行间同业拆借中心公布的一年期贷款市场报价利率（LPR）予以支持，但是被申请人（反请求人）按照约定标准已经自愿支付的2019年12月18日之前的利息除外。

6. 尚欠利息的计算方法问题

申请人（被反请求人）在第三项和第四项仲裁请求中提出的分红主张，实为对2019年12月19日之后利息的主张。2019年12月19日之后的利息，被申请人（反请求人）应当以本金20万元为基数，以2022年3月21日申请仲裁时一年期贷款市场报价利率（年利率3.7%）为标准，支付至本息全部付清之日止。对申请人（被反请求人）提出的第三项和第四项仲裁请求在上述范围内予以支持。

处理结果

根据《中华人民共和国民法典》第八十七条、第一百四十二条第一款、第五百七十七条、第五百七十九条，《民办非企业单位登记管理暂行条例》第二条的规定，裁决如下：

（一）被申请人给付申请人借款本金20万元；

（二）被申请人给付申请人借款利息（利息以20万元为基数，以年利率3.7%为标准，自2019年12月19日起至本息全部还清之日止）；

（三）驳回申请人的其他仲裁请求；

（四）驳回反请求人的仲裁请求。

第四节　合同权利与物权

案例 1-4　主物买卖及于从物

案情介绍

申请人（被反请求人）：刘某

被申请人（反请求人）：某房地产开发公司

一、本请求部分

申请人称：2009 年 6 月，在某区房交会上，被申请人宣布定房交 2000 元定金抵 1 万元房款。2009 年 6 月 28 日，申请人向被申请人交纳定金 2000 元。2009 年 7 月 14 日，申请人与被申请人签订《购房意向书》，双方约定被申请人以每平方米单价 2980 元，总金额为 265 220 元价款将位于某市某区某小区 18 栋 4 单元 607 号底层为 89 平方米带阁楼房屋出售给申请人，申请人依约支付了大部分房款，剩余款项约定被申请人办理网签登记时付清；2012 年，申请人向被申请人交纳了办理房屋产权证应缴的公共维修基金及契税等费用，同时交纳了装修押金。被申请人将房屋交付申请人后，历经十年未与申请人签署网签合同，亦未给申请人办理不动产权证书，这期间被申请人不讲诚信，额外要求申请人支付建筑成本费及阁楼费用，申请人认为被申请人索要以上款项无事实及法律依据。另,目前案涉房屋面积为87.58平方米,被申请人应依法向申请人退还多收取的房款4231.6元,该房屋在未动主体结构情况下已装修完毕,被申请人应返还收取的装修押金2000元。为此,提出以下仲裁请求:(1)裁决被申请人协助申请人办理位于某市某区某小区18栋4单元607号房屋及阁楼的不动产产权证书;(2)裁决被申请人退还房屋面积差价4231.6元;(3)裁决被申请人退还申请人装修押金2000元;(4)仲裁费由被申请人承担。

申请人对其提出的主张向仲裁庭提供了以下证据:

(1)《购房意向书》1份、房款收据3份(0502212、0105560、0008094),证明2009年6月,在某区房交会上,被申请人宣传定房交2000元定金抵1万元房款。2009年6月28日,申请人向被申请人交纳定金2000元。2009年7月14日双方签订《购房意向书》,申请人购买案涉房屋,合同约定案涉房屋建筑面积为89平方米,阁楼部分被申请人口头承诺赠送,在合同中未另作说明,合同约定的面积仅为底层面积,不包括阁楼面积,案涉房屋总价款为265 220元;该意向书中约定房屋尾款25 722元于网签登记时付清,截至目前被申请人一直未通知申请人办理网签合同,且被申请人也不具备办理网签合同和办理按揭贷款条件;申请人为案涉房屋的所有权人,在履行合同过程中申请人不存在任何违约行为,被申请人应协助申请人办理案涉房屋及阁楼的不动产权证书。申请人与被申请人在意向书中约定案涉房屋建筑面积为89平方米,申请人亦是根据该意向书中约定的平方米数支付房款购买案涉房屋,目前案涉房屋为87.58平方米,因此申请人向被申请人多支付了房款4231.6元,被申请人应当予以退还。

被申请人的质证意见:对该证据中《购房意向书》及收据0008094的真实性、合法性予以认可,剩余两份收据与本案无关,上面显示交纳款项涉及的是10栋602号房屋,而《购房意向书》上申请人购买的是1栋602号房屋,后变更为18栋4单元607号,与10栋602号房屋无关,同时即使仲裁庭认为两份收据与本案有关,收据上的金额也与申请人实际交纳的金额不符,申请人首付款应当交纳135 220元,该两份收据的金额仅为127 220元。对该意向书的证明目的均不予认可。认为该意向书仅能反映双方之间存在商品房买卖合同关系,不能证实申请人已经取得该房屋所有权,同时按合同约定,申请人应当交纳剩余的25 722元的尾款并按合同约定承担逾期付款的违约责任。

(2)收款收据2份(0017900、0017014),证明案涉房屋需缴纳的公共维修基金、契税、印花税、手续费等款项,申请人已经全部缴纳完毕,被申请人加盖公章予以确认。申请人在装修过程中未破坏房屋主体结构,装修后多次联系被申请人要求其检验装修情况并退还押金,但被申请人未履行查验义务,也没有退还押金。申请人交纳了办理产权的全部费用,被申请人应当为申请人办理不动产权证书。

被申请人的质证意见:对证据的真实性、合法性予以认可,证明目的不予认可。认为仅能证明申请人缴纳了物业费、契税等款项,不能证实按照约定完成了房屋装修,及装修完成后的状态及情况,更不能证实申请人在未交纳剩余房款的情况下就可以取得不动产权证书。

（3）民事判决书2份［（2023）某02民终1246号、（2023）某02民再109号］，证明生效判决书已经认定，对于案涉房屋所在小区的相同六楼带阁楼房屋，商品房首次登记不动产权属汇总表上登记的房屋面积，为底层加阁楼面积，阁楼面积为赠送，意向书中第4条系对顶层房屋而非阁楼面积差异的约定。同样对于未办理完毕不动产权证书的业主，生效判决依据不动产登记簿（也就是商品房首次登记不动产权属汇总表）登记面积中双方确认的底层及阁楼分别面积（以测绘公司的测绘结果为依据），判决就底层多出的面积差补交房款；同理，对于底层减少的面积，理应退还相应的房款。

被申请人的质证意见：对该组证据的真实性、合法性予以认可，证明目的不予认可。认为该判决系仅针对案外人曹某、李某之间的纠纷作出的判决，并不适用于本案。同时判决书中证实了因历史遗留问题，被申请人无须办理网签登记可以直接办理房屋不动产登记。

（4）微信截图3份，证明对于办理不动产手续资料全部交给被申请人的业主，两年时间都没有为其办理不动产权证书，且被申请人为逃避购房业主的催促，随意更换办公场所且常年无人办公。由此更加印证被申请人通知办理不动产权证书是形式上为应诉需要而为，实际情况是短时间大量为购房业主办理不动产权证书的可能性几乎没有，不然购买房屋后办理不动产权证书是购房者最根本诉求，如果能正常顺利办理，购房业主何须费时耗财地进行仲裁。

被申请人的质证意见：对该证据的真实性不发表意见，认为该证据与本案没有关联性，且能够证实被申请人的大多数业主已经取得产权证，仅有少部分阁楼业主与被申请人存在纠纷。对于微信中提到的维修基金等是否挪用的问题与本案无关，同时仅凭微信记录不能证明被申请人挪用了维修基金，如被申请人真挪用了维修基金，那么如何为业主办理产权证。微信记录显示被申请人有固定的办公地点，只需要业主到被申请人指定的办公地点就能了解情况，故对申请人的证明目的不予认可。

被申请人辩称：（1）申请人迟延交付购房款，严重违反《购房意向书》约定，被申请人有权行使抗辩权，在申请人未履行完付款义务的情形下，被申请人有权拒绝履行办理房屋产权登记义务。（2）申请人要求退还房屋面积差价 4231.6 元与事实不符，没有法律依据，申请人应按照不动产登记确认的房屋面积补交购房款。（3）申请人关于返还装修押金的仲裁请求，与被申请人无关，是申请人与某物业服务公司的另一法律关系，应另案处理。

被申请人对其提出的主张向仲裁庭提供了以下证据：

（1）短信截屏 2 张、图片 2 张、EMS 快递回单 2 张。证明：① 2021 年 6 月开始，被申请人多次通知申请人办理房本，被申请人又在 2021 年 9 月 26 日、2022 年 3 月 26 日通过短信方式再次通知申请人在规定期限内办理房本。② 2022 年 11 月 14 日，被申请人通过在案涉房屋门上张贴不动产权证催办告知函的方式通知申请人办理房本，并在案涉房屋单元门上张贴办证通知。③ 2022 年 4 月 1 日，被申请人通过 EMS 快递向申请人发送律师函，要求申请人给付剩余购房款。

申请人的质证意见：对该证据的真实性、合法性及证明目的均不予认可。认为从形式上看没有原始载体，两份短信通知手机号各不相同，且有一个手机号显示为湖北荆州，但短信内容显示的业主信息与申请人身份信息不相符。单元门中张贴的催办告知函无法显示是张贴在申请人门口，告知的内容模糊。快递单中标明是生活用品，无法显示是被申请人要求申请人支付剩余购房款的通知单。

（2）商品房首次登记不动产权属汇总表1份，证明案涉房屋已经进行了不动产权属首次登记，案涉房屋的建筑面积为112.67平方米，该面积大于《购房意向书》约定的建筑面积89平方米，申请人应补交房款。

申请人的质证意见：对该组证据的真实性、合法性予以认可，证明目的不予认可。认为该证据所登记的建筑面积系该房屋底层加阁楼面积，且已经有生效判决认定阁楼面积系赠送，被申请人要求申请人补交房款无事实与法律依据。

（3）某市自然资源局关于房屋产权登记集中治理项目转办函2份，证明2021年5月31日，某市自然资源局根据《自然资源部关于加快解决不动产登记若干历史遗留问题的通知》等文件，向某市不动产登记中心发函，要求其办理被申请人开发的三个地产项目的房屋产权登记。2021年10月25日，某市自然资源局再次向某市不动产登记中心发函，要求其办理被申请人开发的案涉房地产项目的房屋产权登记。案涉房屋因历史遗留问题，无须办理网签登记，按照上述文件可以直接办理房屋产权登记。

申请人的质证意见：对该组证据的真实性、合法性予以认可,证明目的不予认可。认为该证据能够反映被申请人在承建案涉房屋及与申请人签订《购房意向书》时不符合商品房预售的条件,但其与申请人签订的《购房意向书》中却约定了按揭贷款及尾款于网签登记时付清等无法成就的条件,属于严重违约甚至欺诈。

(4)《购房意向书》1份,证明意向书约定涉案房屋建筑面积为89平方米,并没有约定阁楼面积,总价265 220元,意向书第七条约定了逾期付款的违约责任,申请人尚拖欠购房款25 722元。

申请人的质证意见:对该证据的真实性、合法性予以认可,证明目的不予认可。认为已经有生效判决对阁楼问题作出了认定。对于本案违约问题,在对被申请人提交的证据3的质证意见中已经说明违约方为被申请人,与申请人没有任何关系,申请人不应承担逾期付款的违约责任。意向书约定的付款条件到目前为止没有成就。

(5)情况说明1份,证明被申请人收取的物业费及装修押金均是代某物业服务公司收取,被申请人并非返还装修押金的适格主体。

申请人的质证意见:对该证据的真实性、合法性及证明目的均不予认可。认为由于物业公司与被申请人的特殊关系,物业公司出具的情况说明的真实客观性存疑,且从权利义务相一致情况看,装修押金收取且加盖的公章主体系被申请人,被申请人理应返还相应的装修押金且已经有生效的判决书〔(2022)某0203民初7320号〕予以佐证。

二、反请求部分

反请求人称：2009年7月14日，被反请求人与反请求人双方签订《购房意向书》约定：被反请求人购买反请求人开发的某小区18栋4单元607号房屋，房屋总价款265 220元，付款方式为：首付135 220元，剩余房款13万元不办理按揭，于2012年9月5日交104 278元，余款25 722元于网签登记时付清。同时意向书第七条约定买受人逾期付款的违约责任："（1）逾期十五日之内，自本合同规定的应付款期限之第二天起至实际全额支付应付款之日止，买受人按日向出卖人支付逾期应付款千分之二的违约金，合同继续履行。"2021年6月期间，因该房屋无须办理网签登记，可以直接办理房屋产权登记，反请求人多次要求被反请求人支付剩余购房款，为其办理房屋产权登记，但被反请求人均不予理睬，至今被反请求人也未交纳剩余购房款。为此，提出以下仲裁反请求：（1）裁决被反请求人立即给付拖欠购房款25 722元；（2）裁决被反请求人支付逾期付款违约金49 643.56元，自2021年7月1日起，以剩余购房款25 722元为基数，按日千分之二计算，暂计至2024年2月21日为49 643.56元，至付清之日止；（3）仲裁反请求费由被反请求人承担。

反请求人对其提出的主张向仲裁庭提供了以下证据：与本请求部分提供的证据和证明目的一致。

被反请求人的质证意见：与本请求部分一致。

被反请求人辩称：反请求人提出的仲裁反请求没有事实和法律依据。双方约定交纳购房尾款条件尚未成就，且条件无法成就由反请求人原因造成,与被反请求人无关。反请求人多年来为了逃避缴纳大量公共维修基金、契税的义务而拖延办证,严重损害了被反请求人一方业主的合法权利,真正应该承担违约责任的是反请求人。

被反请求人对其提出的主张向仲裁庭提供了以下证据:与本请求部分提供的证据和证明目的一致。

反请求人的质证意见:与本请求部分一致。

三、仲裁庭合并查明的事实

经仲裁庭审理查明:2009年7月14日,申请人与被申请人签订《购房意向书》。《购房意向书》约定,申请人购买被申请人开发的位于某市某区某小区1栋602号房屋,后该房屋房号历经变更,目前变更为18栋4单元607号;该意向书约定案涉房屋建筑面积为89平方米,对于阁楼部分意向书中未作出明确约定;该意向书中约定房屋每平方米单价2980元,总金额为265 220元;该意向书还约定首付135 220元,剩余房款13万元不办理按揭,于2012年9月5日交104 278元,余款25 722元于网签登记时付清。

《购房意向书》签订前后,申请人先后向被申请人交纳购房款239 498元(其中包括2009年6月28日,申请人根据被申请人的优惠政策交2000元定金抵1万元房款),剩余25 722元尚未支付。2012年房屋交付时,申请人向被申请人交纳了公共维修基金、契税、印花税、手续费等办理产权证书应当缴纳的费用,同时交纳了装修押金2000元。案涉房屋已由被申请人交付申请人，申请人已经装修入住十年有余。2021年5月，某市自然资源局将案涉房屋所在小区列入某市房屋产权登记集中治理项目。截至本案仲裁辩论终结时，被申请人尚未协助申请人办理不动产权证书。

【争议问题】

（1）《购房意向书》的法律性质问题。

（2）《购房意向书》项下的交易标的是否包括与案涉房屋相连的阁楼？

（3）被申请人是否应当协助申请人办理案涉房屋不动产权证书？

（4）房屋面积差导致的房款退还问题。

（5）装修押金的退还问题。

（6）购房尾款25 722元及违约金问题。

【法理分析】

1.《购房意向书》的法律性质

《最高人民法院关于审理商品房买卖合同纠纷案件适用法律若干问题的解释》第五条规定："商品房的认购、订购、预订等协议具备《商品房销售管理办法》第十六条规定的商品房买卖合同的主要内容，并且出卖人已经按照约定收受购房款的，该协议应当认定为商品房买卖合同。"《商品房销售管理办法》第十六条规定："商品房销售时，房地产开发企业和买受人应当订立书面商品房买卖合同。商品房买卖合同应当明确以下主要内容：（一）当事人名称或者姓名和住所；（二）商品房基本状况；

(三) 商品房的销售方式;(四) 商品房价款的确定方式及总价款、付款方式、付款时间;(五) 交付使用条件及日期;(六) 装饰、设备标准承诺;(七) 供水、供电、供热、燃气、通讯、道路、绿化等配套基础设施和公共设施的交付承诺和有关权益、责任;(八) 公共配套建筑的产权归属;(九) 面积差异的处理方式;(十) 办理产权登记有关事宜;(十一) 解决争议的方法;(十二) 违约责任;(十三) 双方约定的其他事项。"申请人与被申请人签订的《购房意向书》,明确约定了房屋的基本情况、价款、解决争议的方法等《商品房销售管理办法》第十六条规定的主要内容,被申请人向申请人出具了收受购房款的收据。根据上述司法解释的规定,申请人与被申请人签订的《购房意向书》应当认定为商品房买卖合同。

2. 《购房意向书》项下的交易标的是否包括与案涉房屋相连的阁楼?

《民法典》第三百二十条规定:"主物转让的,从物随主物转让,但是当事人另有约定的除外。"所谓主物,指能够独立发挥效用的物。非主物的组成部分而附着于主物,并对主物发挥辅助效用的物,在法学上被称为从物。在主物和从物的关系中,必须有从物附着于主物的事实,即主物和从物必须发生空间上的联系,并且从物对主物发挥着辅助性的作用。阁楼系为配合案涉房屋使用而设计和建造,对案涉房屋的效用发挥着辅助性作用,应当属于案涉房屋的从物。"物权法对于主物与从物之间的关系的确定,目的是确定权利主体处分一物时,他是否可以对于此物有关联的物行使同样处分的权利……故从稳定社会经济秩序和保证物能够发生最大经济效用的角度看,最为合理的做法,即将附着之物按其在经济上的效用,划分为主物和从物,并确定从物随同主物处分的原则。世界主要国家立法确定的规则,大体上都是如此。"❶ 在申请人与被申请人签订的《购房意向书》未明确约定阁楼权属的情况下,根据《民法典》上述规定,应当认定阁楼属于《购房意向书》项下的交易标的的一部分。

3. 被申请人是否应当协助申请人办理案涉房屋不动产权证书?

被申请人作为出卖人与作为买受人的申请人签订了属于商品房买卖合同性质的《购房意向书》,申请人根据约定向被申请人交纳了绝大部分购房款,剩余少部分购房款(申请人与被申请人均主张为25 722元)未付不应归咎于申请人,且被申请人收取了申请人交纳的公共维修基金、契税、印花税、手续费等办证费用,故被申请人应当协助申请人办理不动产权登记证书,完成房屋产权转移登记。因此,对申请人提出的第一项仲裁请求应当予以支持。

4. 房屋面积差导致的房款退还问题

由于案涉房屋产权证书尚未办理,尚无法确定案涉房屋确切面积,故申请人主张退还面积差价的条件不成就,对申请人提出的退还面积差价的仲裁请求不予支持。关于申请人提出的请求仲裁庭调取测绘结果的问题,仲裁庭认为,测绘结果作出后,经过不动产权行政管理部门审定并计入不动产权证书,才可以作为仲

---

❶ 孙宪忠. 中国物权法总论[M]. 北京:法律出版社,2003:142-143.

裁机构认定房屋面积差的依据。在不动产权行政管理部门尚未将测绘结果转化为不动产权证书内容的情况下，仲裁庭不宜直接根据测绘机构的测绘结果确定面积差，并据此认定房款价差问题。故申请人提出的调取测绘结果的申请，仲裁庭不予准许。

5. 装修押金的退还问题

案涉房屋已经装修完毕且申请人已入住约十年，被申请人没有证据证明申请人存在应当扣留装修押金的情况，故装修押金应予退还。被申请人辩称，装修押金系代案外人某物业服务公司收取，被申请人并非返还装修押金的适格主体。仲裁庭认为，装修押金系被申请人直接向申请人收取，根据合同相对性，应当由被申请人负责退还。被申请人与案外人某物业服务公司之间的关系，与本案无关，应当由其自行处理。故仲裁庭对申请人退还装修押金的仲裁请求予以支持。

6. 购房尾款 25 722 元及违约金问题

《购房意向书》约定，购房尾款 25 722 元在办理网签登记时付清。鉴于案涉房屋已经被政府列入房屋产权登记集中治理项目，无须再办理网签登记，双方约定的付款条件已经没有实际意义，且鉴于案涉房屋目前已经具备办理产权登记的条件，故对于反请求人请求被反请求人支付购房尾款 25 722 元的仲裁反请求予以支持。反请求人提出的违约金请求，缺乏事实和法律依据，仲裁庭不予支持。

处理结果

依照《中华人民共和国民法典》第三百二十条、第四百六十五条第一款、第五百零九条第一款、第五百七十七条、第五百九十五条、第五百九十八条,《最高人民法院关于审理商品房买卖合同纠纷案件适用法律若干问题的解释》第五条的规定,裁决如下:

(一)被申请人协助申请人办理位于某市某区某小区18栋4单元607号房屋及阁楼的不动产权证书;

(二)被申请人退还申请人装修押金2000元;

(三)被反请求人给付反请求人购房款25 722元;

(四)驳回申请人的其他仲裁请求;

(五)驳回反请求人的其他仲裁反请求。

案例1-5 占有受到法律保护

案情介绍

申请人:吕某

被申请人:某铁塔公司

申请人称:申请人是某市某区某村的村民。在1997年某村实行二轮土地承包时,村委会将位于某市某区地税小区西100米的温室土地承包给了申请人的丈夫田某经营。2014年4月,案外人某通信公司找到申请人,请求申请人将其丈夫承包的土地部分租赁给该通信公司建基站使用。经申请人同意后,申请人与该通信公司签订了《地税小区西基站(4G一期基站)场地租赁及用电合同》。该合同约定的租赁期限为六年,每年给付申请人租金25 000元。合同签订后,某通信公司按约给付了申请人两年的租赁费,申请人也交付了土地使用权,某通信公司就在该土地上建了通信基站使用。2015年11月，某通信公司将该基站设备转让给被申请人，被申请人和某通信公司于2015年12月20日给申请人下达了转让事宜的同意函，告知申请人由被申请人继续履行与其签订的场地租赁及用电合同。后申请人也与被申请人继续履行了合同，直到2020年5月合同到期。合同到期后，被申请人未与申请人继续签订合同，也不交付租赁费。申请人让其女儿通知被申请人拆除占用场地上的通信设备，归还土地，而被申请人一拖再拖不予返还，也不交付使用场地费用。申请人经多次催要及沟通无果，无奈之下只好申请仲裁。为此，提出以下仲裁请求：（1）裁决被申请人拆除占用申请人位于某市地税小区西100米［地理坐标（经纬度）：E109.85148°，N40.63979°］场地上的通信设备，并将占用场地返还申请人；（2）裁决被申请人给付申请人占用场地使用费到返还场地为止（其中2020年5月20日到2021年4月19日的占用场地使用费暂计是22 875.66元）；（3）仲裁费用由被申请人承担。

申请人对其提出的主张向仲裁庭提供了以下证据：

（1）土地承包经营权证1份、居民户口簿1份，证明申请人对本案争议的标的物享有承包经营所有权的事实及申请人系户主田某的配偶。

被申请人的质证意见：对该证据的真实性予以认可，关联性及证明目的不予认可。从土地承包经营权证上可以看出，某村委会作为发包人向田某发包了水浇地一亩，承包地上有1.14亩的温室，但该土地承包经营权证无四至范围，无法确认田某承包地的具体位置，更无法证明案涉基站位于该承包地。认可申请人系田某的配偶。

（2）《地税小区西基站（4G 一期基站）场地租赁及用电合同》1 份、《关于铁塔相关资产转让涉及合同转让事宜的同意函》1 份。证明：①申请人将自己经营使用的承包地中的 35 平方米租赁给某通信公司使用，租赁期限为 6 年，从 2014 年 5 月 20 日至 2020 年 5 月 19 日的事实；②某通信公司将与申请人的租赁关系转到本案被申请人的事实。

被申请人的质证意见：对该证据真实性予以认可，证明目的不予认可。无论是租赁合同还是同意函，在签订时申请人均未向被申请人提供过符合《某自治区电信设施建设和保护条例》第十五条第二款规定的申请人是土地承包权人的证明材料。

（3）被申请人 2018 年 8 月 23 日出具的《某地税小区西 100 米付款说明》1 份，证明申请人与被申请人双方在合同期内履行合同的事实。

被申请人的质证意见：对该证据的真实性予以认可，证明目的不予认可。该证据仅证明被申请人依据不确定的产权向申请人支付场地租金，被申请人不排除向申请人追回已付租金的可能性。

（4）增值税普通发票 2 份、税收完税证明 1 份，证明申请人履行租赁合同给被申请人出具税票的事实。

被申请人的质证意见：对该证据的真实性予以认可，证明目的不予认可。通过此次申请人申请要求支付场地租赁费及拆除场地上的基站设备，被申请人才得知并对申请人是否是此处场地的承包经营权人这一问题存疑。因此之前被申请人向申请人支付相关租赁费的依据目前来看是不充分的。

（5）微信聊天记录截图3张，证明租赁合同到期后，被申请人要求续签合同，申请人没有同意，也即合同已经终止的事实，以及申请人要求被申请人将设备搬出租赁场地，恢复原状和结清所欠费用的事实。

被申请人的质证意见：对该证据的真实性予以认可，证明目的不予认可。在微信聊天记录中被申请人工作人员明确提出要求申请人配合提供案涉场地的产权复印资料，但申请人一直拒绝提供。

（6）照片6张，证明合同到期后被申请人不搬出租赁场地的事实，结合证据5证明被申请人在租赁合同到期后，既不搬出租赁场地，也不给付租金的事实。

被申请人的质证意见：对该证据的真实性予以认可，证明目的不予认可。在申请人无法证明其为该土地的权利人的情况下，被申请人没有向申请人支付租金、拆除基站的义务。

（7）某市某区人民法院（2021）某0203民初1310号民事裁定书1份，证明某通信公司将与申请人租赁的场地上建的基站设备转让给了本案被申请人的事实，在法院审判阶段已经对该事实进行了确认，被申请人也认可转让合同的事实，并提出了承接该合同的所有权利及义务。

被申请人的质证意见：对该证据的真实性予以认可，证明目的不予认可。该证据只能证明本案纠纷解决方式应为仲裁，而非法院审判。且被申请人一再强调，之前无论是申请人与某通信公司还是被申请人签订租赁合同，均未提供有效的权利证明材料。

被申请人无法与延续错误的主体继续签订后续的场地租赁合同，或者向错误的主体支付场地租赁费。

被申请人辩称：申请人不能证明其是案涉土地的权利人，其无权要求被申请人拆除电信设施并支付场地使用费；被申请人在案涉土地上建设通信设施符合规划，系合法行为；被申请人建设通信基站是基于公共利益，申请人无权要求拆除。

被申请人对其提出的主张向仲裁庭提供了以下证据：

（1）《地税小区西基站（4G一期基站）场地租赁及用电合同》1份、《关于铁塔相关资产转让涉及合同转让事宜的同意函》1份，证明案涉基站位置位于某市地税小区西100米，地理坐标为E109.85148°，N40.63979°；租赁期限为2014年5月20日至2020年5月19日，有效期为6年；被申请人概括继受了《地税小区西基站（4G一期基站）场地租赁及用电合同》的权利义务。

申请人的质证意见：对该证据的真实性和证明目的均予以认可，尤其对证明目的中的被申请人概括继受了《地税小区西基站（4G一期基站）场地租赁及用电合同》权利义务的说法，完全予以认可。

（2）《关于报请审批某市中心城区铁塔基站布局专项规划的请示》收文处理单、《关于报请审批某市中心城区铁搭基站布局专项规划的请示》、某市中心城区铁塔基站布局专项规划附表、某自治区移动基站网上备案系统平台关于案涉基站的备案情况各1份，证明被申请人建设的编号为CL0535的某区地税小区西100米（E109.851101°，N40.640701°）已履行相关行政审批、备案手续，符合市政规划、环境保护要求，并无不当，是合法行为。

申请人的质证意见：对该证据的真实性予以认可，证明目的不予认可。该证据与本案案涉标的没有关联性，仅证明了被申请人工作流程范畴，与本案无关。所表述的坐标与本案标的坐标不一致，相差数据比较大。

经仲裁庭审理查明：2014年5月7日，申请人与案外人某通信公司签订《地税小区西基站（4G一期基站）场地租赁及用电合同》，申请人将位于某市地税小区西100米处的35平方米土地［地理坐标（经纬度）：E109.85148°，N40.63979°］出租给某通信公司，租赁期限为2014年5月20日至2020年5月19日，每年租金价格为25 000元，争议解决方式为向某仲裁委员会申请仲裁。合同签订后，某通信公司在案涉租赁土地上建设电信基站一座，并向申请人支付了2014年5月20日至2016年5月19日期间的租金。2015年12月20日，某通信公司与被申请人共同向申请人发出《关于铁塔相关资产转让涉及合同转让事宜的同意函》，告知申请人，某通信公司自2015年11月1日起将《地税小区西基站（4G一期基站）场地租赁及用电合同》项下的全部权利和义务一并转让给被申请人，申请人对此予以签字认可。合同权利义务转让后，被申请人作为承租人支付了2016年5月20日至2020年5月19日期间的租金。2020年5月20日合同租赁期限届满后，申请人与被申请人曾就续签租赁合同事宜进行磋商，但未能达成一致。至仲裁开庭审理之日，被申请人未移除基站，未将土地返还申请人，2020年5月20日之后亦未向申请人支付土地使用费用。

> 争议问题

（1）现有证据可否认定申请人为案涉土地的承包经营权人？

（2）如果不能确认申请人为案涉土地的承包经营权人，申请人占有在先的事实，可否支持其主张？

（3）被申请人提出的批建手续完备的抗辩，能否对抗申请人的主张？

（4）占用场地使用费应如何计算？

（5）本案应当如何适用法律？

> 法理分析

仲裁庭认为，申请人与某通信公司签订的《地税小区西基站（4G一期基站）场地租赁及用电合同》，是双方真实意思表示，合法有效。该合同由被申请人概括继受后，亦体现了申请人与被申请人的真实意思表示，申请人与被申请人应按照合同约定履行。

1. 现有证据可否认定申请人为案涉土地的承包经营权人？

被申请人在合同约定的租赁期限届满且双方未能达成新的租赁协议的情况下，继续占有案涉土地缺乏法律依据。申请人所提供的土地承包经营权证和居民户口簿，能够证明申请人系某村村民，在某村承包了土地。土地承包经营权证由属地政府制发，证书上仅写明承包地种类和面积，不写明土地具体位置，系惯常做法，不可归咎于申请人。加之案涉土地由申请人出租给被申请人（包括某通信公司）长达6年之久，这期间无第三人对该土地主张权利。虽然土地承包经营权证未明确土地的四至范围，但是上述事实认定申请人对案涉土地拥有土地承包经营权具有高度盖然性，在被申请人未提出反证的情况下，应当认定申请人主张的事实成立。

2. 如果不能确认申请人为案涉土地的承包经营权人，申请人占有在先的事实，可否支持其主张？

《民法典》第四百六十二条第一款规定："占有的不动产或者动产被侵占的，占有人有权请求返还原物；对妨害占有的行为，占有人有权请求排除妨害或者消除危险；因侵占或者妨害造成损害的，占有人有权依法请求损害赔偿。"根据《民法典》的上述规定，占有本身亦受到法律保护。"占有可能基于本权，也可能非基于本权，即使是无权占有，它虽然不是一种权利，但仍是一种利益，而且是一种财产利益，并应当受到保护。占有保护请求权的主体是占有人，无论占有人是否享有物权，其都享有此项权利。"❶ 案涉土地在租赁合同签订前由申请人占有，即使申请人所提供的权利证明有所瑕疵，申请人亦有权请求排除对占有的妨害。被申请人在从某通信公司承接案涉合同权利和义务之时及此后履行合同的4年多的时间里，未对申请人对案涉土地的权利提出异议，在租赁合同期限届满后，拒绝返还土地和支付土地使用费，提出对申请人土地权利的异议，不符合诚信原则的要求。故，被申请人所提出的申请人不能证明其权利人身份、被申请人可以继续占有案涉土地的抗辩不能成立，在租赁合同期限已

---

❶ 王利明. 物权法研究（下卷）[M]. 北京：中国人民大学出版社，2007：748-749.

经届满的情况下,根据原《合同法》第二百三十五条有关"租赁期间届满,承租人应当返还租赁物。返还的租赁物应当符合按照约定或者租赁物的性质使用后的状态"的规定,被申请人应当移除基站,将土地返还申请人,对申请人的第一项仲裁请求应当予以支持。

3. 被申请人提出的批建手续完备的抗辩,能否对抗申请人的主张?

被申请人辩称,被申请人在案涉土地上建设通信设施符合规划,系合法行为,不应被要求移除。《某自治区电信设施建设和保护条例》第十五条第二款规定:"在集体土地上建设通信机房、基站、管道、杆(塔)等电信设施的,建设单位应当与土地所有权人或者土地承包权人协商解决,并依法办理相关用地手续。"根据上述规定,被申请人在他人享有承包经营权的土地上建设通信设施,需要公权和私权的双重许可。从公权许可来讲,该建设行为需要履行相应的行政审批手续;从私权许可来讲,该建设行为需要土地权利人的同意。二者应当同时具备,缺一不可,但是二者性质不同,不能相互替代。被申请人以其建设行为已获得相应的行政审批许可为由,试图豁免土地权利人的私人许可,缺乏法律依据,其抗辩理由依法不能成立。

4. 占用场地使用费应如何计算?

《民法典》第二百三十八条规定:"侵害物权,造成权利人损害的,权利人可以依法请求损害赔偿,也可以依法请求承担其他民事责任。"被申请人在案涉租赁合同期限届满且申请人明确拒绝续签合同的情况下,继续占有案涉土地,构成了对申请人土地承包经营权的侵害，申请人有权请求被申请人进行赔偿。申请人请求被申请人参照原租赁合同约定的租金水平（25000元/年÷365日=68.49元）自租赁合同期限届满至实际返还土地之日支付土地使用费，具有法律依据，所请求的支付标准具有合理性，因此对其第二项仲裁请求应当予以支持。

5. 本案应当如何适用法律？

根据《最高人民法院关于适用〈中华人民共和国民法典〉时间效力的若干规定》第一条第二款、第三款的规定，有关《地税小区西基站（4G一期基站）场地租赁及用电合同》的纠纷应当适用原《合同法》的规定，有关租赁合同期限届满后申请人土地承包经营权的保护纠纷，由于相关法律事实属于"民法典施行前的法律事实持续至民法典施行后"的情况，应当适用《民法典》的相关规定。

处理结果

根据《最高人民法院关于适用〈中华人民共和国民法典〉时间效力的若干规定》第一条，《中华人民共和国民法典》第二百三十八条，原《中华人民共和国合同法》第六十条、第一百零七条、第二百三十五条的规定，裁决如下：

（一）被申请人移除位于某市地税小区西100米［地理坐标（经纬度）：E109.85148°，N40.63979°］土地上的通信设备，并将所占用土地返还申请人；

（二）被申请人给付申请人土地使用费，给付期限为自2020年5月20日起至第一项规定的土地返还给申请人之日止，给付标准为每日68.49元。

CHAPTER 02>>

第二章

合同的订立

第一节 缔约主体的认定

案例 2-1 合作关系的对外主体

案情介绍

申请人：张某

被申请人：某置业公司、林某1

申请人称：申请人与被申请人于2014年5月30日签订编号为3175、3176和3185的三份买卖合同，申请人购买被申请人开发的坐落于某市某区某路99-1号宝麒商业广场（一期）三层3175号、3176号和3185号商业用房，面积分别是11.06平方米、11.06平方米和14.52平方米，价款分别是193 562元、196 412元和246 383元，总价款636 357

元。同日,申请人完全履行付款义务,但被申请人至今未履行房屋交付义务,双方的合同目的不能实现,符合法定解除条件。申请人为维护其合法权益,提出以下仲裁请求:(1)裁决解除申请人与被申请人签订的三份商品房买卖合同;(2)裁决被申请人退还申请人已付的购房款 636 357 元;(3)裁决被申请人承担申请人已付房款20%的违约责任,即赔偿申请人违约金 127 271元;(4)本案仲裁费等由被申请人承担。

申请人对其提出的主张向仲裁庭提供了以下证据:

(1)《某市商品房预订合同》3 份、《Hello! 广场商席协议》3 份,证明双方签订的合同符合商品房买卖合同的构成要件,被申请人应当履行交付房屋的义务。

(2)付款凭证 8 张(3175 号商铺定金及房款收据各 1 张,3176 号商铺定金及房款收据各 1 张,3185 号商铺定金收据 1 张、房款收据 2 张、张某中国农业银行银行卡交易明细清单 1 张),证明申请人已完全履行付款义务。

(3)《某市房产监察支队关于限期办理宝麒商业广场项目网签合同的通知》1 份,证明 Hello 广场项目具备网签条件,取得了商品房预售许可证,双方签订的合同合法有效。

(4)《合作协议书》1 份,证明二被申请人系合伙关系,应承担连带责任,该协议中明确了二被申请人各项权利义务和职责分工,例如在第一页第四条约定甲方(某置业公司)负责协助监督本项目工程管理、房屋销售管理,同时也约定甲方有权全程监督项目施工及进度,甲方有权参加项目的工程监督和财务工作,在乙方(林某1)的权利义务当中约定乙方按照协议约定投入建设项目所需的一切资金,乙方负责房屋销售管理工作。第四条第十二项约定,乙方有义务按照甲方与某市第二建筑有限责任公司订立的《工程总承包协议》的规定,按时付款。该《合作协议书》内容明确具体,区别于一般的挂靠和借用资质的关系,其特征符合合伙经营的关系,故二被申请人应当承担连带责任。

(5)某市某区人民法院(2018)某0203刑初143号《刑事判决书》1份,证明林某1按照《合作协议书》约定对外销售房屋,判决书第二页经审理查明,宝麒商业广场在销售过程中更名为Hello广场,在公诉机关出示的第一组证据中,即报案人某置业公司董事长陈述,在销售过程中林某1应当将筹措的资金汇入共管账户,双方必须以某置业公司的名义对外销售房屋,从2012年10月到2014年9月,两年时间内林某1私自以Hello广场名义出售的房屋达200多套,在该判决第四页第五组证据中,林某2的证言证明房屋销售了300多套,也就是说大约三分之二的房屋是以Hello广场名义销售的。按照某置业公司与林某1的《合作协议》,某置业公司负有监管销售的责任,从销售的事实来看,其并未履行监督管理职责,存在重大过失。

(6)某市中级人民法院(2018)某02民终893号《民事判决书》1份,证明二被申请人系合伙关系,应承担连带责任,判决书中认定的事实是宝麒商业广场与Hello广场是同一项目,二被申请人共同对外进行了房屋销售,判决书第六页二审法院认为一审判决认定事实清楚,但适用法律不当,判决被撤销,可见双方共同对外销售了Hello广场房屋。

（7）Hello 广场外观图 2 张，证明申请人的代理人于 2021 年 3 月 10 日到 Hello 广场进行实地察看，并进行了拍照，其楼体顶端的大字仍然清晰可见是 Hello 广场。某置业公司虽然一直否认其与 Hello 广场的直接关系，但与林某 1 发生争议已超过 5 年时间，其一直并未对楼顶的大字作出任何更改，对普通民众仍然存在欺诈和误导的可能，因此某置业公司对申请人与其签订的《某市商品房预订合同》目的不能实现应当承担责任。

二被申请人因为缺席庭审，未对上述证据提供质证意见，亦没有向仲裁庭提供答辩意见和证据。

经仲裁庭审理查明：2012 年 9 月 3 日，某置业公司与林某 1 签订《合作协议书》，共同开发建设位于某步行街中央大道中段东侧地块上的宝麒商业广场。《合作协议书》第三条约定，某置业公司提供项目建设用地和项目开发的资质、手续以及前期的有关费用，林某 1 提供项目建设所需的全部资金。《合作协议书》第四条约定：某置业公司有权参与项目的利润分配，负责协助监督本项目工程建设的管理、房屋销售管理；林某 1 有权参与项目的利润分配，有权与某置业公司共同负责本项目工程建设的管理、房屋销售管理工作。《合作协议书》第五条约定，项目建成后，项目的第四层和第五层归某置业公司所有，某置业公司承担第四层及第五层的施工费用（以实际投入为准），其余楼层由林某 1 以某置业公司名义对外销售，销售款项中约 137 881 400 元（其中已付 2000 万元履约保证金）归某置业公司；在以上款项未进入某置业公司前，项目的第一层至第三层归某置业公司所有，待林某1付清全部款项时林某1拥有项目的第一层至第三层的所有权。《合作协议书》第七条约定，某置业公司和林某1因为履行本协议发生争议的，首先应当通过友好协商的方式解决，无法解决的，双方一致同意将争议提交某市仲裁委员会仲裁解决。

2013年11月22日，案涉项目以某置业公司名义取得《商品房预（销）售许可证》（预售证号：2013-0111），项目备案名称为"宝麒商业广场"，项目地址为某区少先路99号。在市场推广过程中，林某1一方将案涉项目外宣为"Hello!广场"，并刻制了"某地Hello广场项目部合同专用章""某地Hello广场项目部财务专用章"。2012年至2015年，林某1一方或以某置业公司名义或以Hello广场项目部名义或以案外人某实业公司名义，通过设置在"Hello!广场"的销售中心，对外销售房屋或顶房300多套，大部分售房款进入林某1一方自设的Hello广场项目部账户，少部分售房款进入与某置业公司共设的共管账户。某置业公司与林某1在合作开发过程中发生纠纷，已经销售出去的大部分房屋未能办理网签，也没有实际交付。相关政府部门多次协调，至仲裁开庭之日未能取得实际结果。2014年12月22日，某市房产监察支队向某置业公司下发《某市房产监察支队关于限期办理宝麒商业广场项目网签合同的通知》，要求某置业公司对于销售资金已经进入共管账户的商品房购买人，在2014年12月31日之前办理网签；对于销售资金未进入共管账户的商品房购买人，在2015年1月30日之前办理网签。但某置业公司并未按照某市房产监察支队的通知为相关商品房购买人办理网签。

2014年5月30日,林某1一方以某置业公司的名义与申请人签订了编号为3175、3176和3185的三份《某市商品房预订合同》,将建筑面积为11.06平方米的3175号房屋、建筑面积为11.06平方米的3176号房屋和建筑面积为14.52平方米的3185号房屋销售给申请人,合同尾部加盖的印章为"某地Hello广场项目部合同专用章"。3份《某市商品房预订合同》第二条约定,3175、3176和3185号房屋的价款分别为193 562元、196 412元和246 383元;第三条约定,出卖人应于政府有关部门确定日期后将商品房交付买受人;第四条约定,买受人于2014年5月30日付清全款;第五条约定,除遇不可抗力外,出卖人如未按本合同第三条约定日期交付商品房,逾期在120日内的,买受人有权向出卖人追究已付款利息,利息自合同约定出卖人应支付商品房之日次日起至实际交付商品房之日止,按银行同期贷款利率计算,如超过上述约定期限的,买受人除有权要求出卖人支付上述利息外,还有权要求出卖人支付违约金,违约金计算方法为每日按商品房价款的万分之一计算;第十五条约定,本合同发生争议,双方应协商解决,协商不成时,向某市仲裁委员会申请仲裁。申请人在"Hello!广场"销售中心以现金及划卡的方式向林某1一方支付了全部购房款共计636 357元,林某1一方向申请人出具了7张加盖有"某地Hello广场项目部财务专用章"的收据,确认收到上述购房款。

就在上述三份《某市商品房预订合同》签订的同一天,即2014年5月30日,林某1一方又以某置业公司的名义与申请人签订了编号为"3-3175-张某""3-3176-张某"和"3-3185-张某"的三份《Hello！广场商席协议》，约定申请人将上述的3175、3176和3185号房屋委托林某1一方对外出租，委托期限为2014年10月1日至2024年9月30日，受托方每年按房屋总价10%向委托方支付经营性补贴，2014年10月1日至2014年12月31日期间的经营性补贴在2015年支付，之后每个年度的经营性补贴在下个年度支付。申请人在庭审中自认2015年5月16日收到3185号房屋2014年10月1日至2014年12月31日期间经营性补贴6160元（246 383元×10%×3/12=6160元），2015年5月18日收到3175、3176号房屋2014年10月1日至2014年12月31日期间经营性补贴9749元〔（193 562元+196 412元）×10%×3/12=9749元〕。受托方此后再未依约支付经营性补贴。

> 争议问题

（1）某置业公司和林某1之间基于《合作协议书》产生的是何种性质的法律关系？

（2）《某市商品房预订合同》项下商品房买卖关系的出卖人如何确定？

（3）申请人解除合同的请求是否成立，以及《Hello！广场商席协议》的签订是否影响合同的解除？

（4）申请人所提出的退还已付购房款636 357元、赔偿已付房款20%计127 271元损失的仲裁请求应否予以支持？

> 法理分析

1. 某置业公司和林某1之间基于《合作协议书》产生的是何种性质的法律关系？

本案中有疑问的是，某置业公司与林某1的关系究竟是合伙关系还是合作关系？合伙，是一个规范的法律概念，具有特定的法律地位。《民法典》第三编第二十七章对合伙合同进行了规范。《民法典》第九百六十七条规定："合伙合同是两个以上合伙人为了共同的事业目的，订立的共享利益、共担风险的协议。"基于合伙合同所形成的法律关系为合伙关系。合作，并不是一个规范的法律术语。所谓合作，究竟是什么性质，还要看这项合作的具体内容是什么。是否共享收益、共担风险，是合伙与合作的核心区别。某置业公司与林某1签订的《合作协议书》，约定双方合作开发位于某步行街的宝麒商业广场房地产项目，某置业公司提供项目建设用地和项目开发的资质、手续以及前期的有关费用，林某1提供项目建设所需的全部资金，双方均有权参与项目的利润分配，共同负责监督本项目工程建设的管理、房屋销售管理。但是双方约定的利润分配权在行使上是有先后顺序的，在某置业公司获得《合作协议书》约定的利润后，如果还有剩余，无论剩余多少，均归林某1所有。利润分配的先后顺序，其实就是将经营风险交由利润分配请求权在后的一方承担，这不符合合伙关系中共担风险的特征。故本案根据双方的协议内容和履行，双方的权利义务关系结构符合合作关系的一般特征，与合伙关系存在明显区别，应当认定在案涉房地产项目开发事项上，某置业公司和林某1构成合作关系。

2.《某市商品房预订合同》项下商品房买卖关系的出卖人如何确定？

出卖人应当向作为买受人的申请人，履行合同义务并承担相应的合同责任。

首先，林某1应当作为《某市商品房预订合同》的出卖人向作为买受人的申请人履行合同义务，承担合同责任，理由如下：(1) 林某1是与申请人实际签订合同的人。《最高人民法院关于适用〈中华人民共和国民法典〉总则编若干问题的解释》第二十七条规定："无权代理行为未被追认，相对人请求行为人履行债务或者赔偿损失的，由行为人就相对人知道或者应当知道行为人无权代理承担举证责任。行为人不能证明的，人民法院依法支持相对人的相应诉讼请求；行为人能够证明的，人民法院应当按照各自的过错认定行为人与相对人的责任。"合同上加盖的"某地 Hello 广场项目部合同专用章"，由林某1刻制和控制，代表了林某1的意志，在其行为未得到某置业公司追认的情况下，其应当被视为实际签订合同的主体，对所签订的合同承担直接责任。(2) 林某1实际收取了申请人支付的购房款。林某1向申请人出具了7张加盖有"某地 Hello 广场项目部财务专用章"的收据，收取了全部购房款 636 357 元。根据权利义务相一致的原则，林某1应当对作为收取购房款依据的合同负责。(3) 林某1与某置业公司构成合作关系。如前所述，在案涉房地产项目开发事项上，林某1与某置业公司构成合作关系。虽然在签订《某市商品房预订合同》时林某1使用了某置业公司的名义，某置业公司是名义上的合同主体，但是鉴于二被申请人构成合作关系，二者应当共同向作为合同相对方的申请人承担合同责任。

其次，某置业公司也应当作为《某市商品房预订合同》的出卖人，向作为买受人的申请人履行合同义务，承担合同责任，理由如下：(1) 某置业公司与林某1构成合作关系，且林某1以某置业公司名义向申请人销售了房屋。如前所述，在案涉房地产项目开发事项上，某置业公司与林某1构成合作关系，双方应当对案涉交易共同承担法律责任。(2) 林某1有权代表合作双方销售案涉房屋。某置业公司与林某1签订的《合作协议书》约定，林某1有权与某置业公司共同负责本项目房屋销售管理工作，即林某1有权代表合作双方销售案涉房屋，该销售行为对合作双方产生法律效力。至于销售收入的管理和分配问题，则属于合作双方内部事务，不能据此对抗作为合同相对方的申请人。(3) 某置业公司存在过错，出于保护消费者合法权益考虑，某置业公司也应当对申请人承担合同责任。《最高人民法院关于在审理经济纠纷案件中涉及经济犯罪嫌疑若干问题的规定》第五条第二款规定："行为人私刻单位公章或者擅自使用单位公章、业务介绍信、盖有公章的空白合同书以签订经济合同的方法进行的犯罪行为，单位有明显过错，且该过错行为与被害人的经济损失之间具有因果关系的，单位对该犯罪行为所造成的经济损失，依法应当承担赔偿责任。"从相关政府文件来看，某置业公司不认可林某1所签订的《某市商品房预订合同》的理由之一是，房屋销售收入未进入双方设置的共管账户。根据《合作协议书》的约定，某置业公司与林某1应当共同负责房屋销售管理工作，即相互之间有监督的权利和义务。林某1从2012年至2015年长时间单方进行案涉项目的房屋销售,单方将案涉房地产项目名称外宣为"Hello!广场",在楼顶显著位置设置"Hello!广场"标志,销售场所位于案涉房地产项目楼宇内。某置业公司虽然不认可林某1的单方销售行为,但是未采取合理措施进行制止,甚至在2014年12月22日《某市房产监察支队关于限期办理宝麒商业广场项目网签合同的通知》下发之后,林某1仍有单方销售行为。某置业公司未适当履行监督职责,致使林某1得以自行向社会公众大量销售房屋,消费者利益有遭受侵害之虞,某置业公司应当对其过错行为给申请人造成的损失承担法律责任。(4)申请人不存在过错。虽然《某市商品房预订合同》中的出卖人名义与盖章内容不一致,但是印章的印文内容所体现的地产项目正是案涉项目,要求作为普通消费者的申请人在签订合同时仔细辨别印章与合同主体的名义是否一致,超出了正常合理的范围。且申请人是在设置在案涉房地产项目所在地的销售中心购买的案涉房屋,全额交纳了购房款,履行了一名普通购房人应当履行的注意义务和合同义务。申请人在案涉交易过程中不存在过错,其作为消费者的合法权益应当得到保护。综上所述,某置业公司和林某1应当共同作为《某市商品房预订合同》的出卖人向申请人履行合同义务,承担合同责任。

3. 申请人解除合同的请求是否成立,以及《Hello!广场商席协议》的签订是否影响合同的解除?

申请人与被申请人签订的《某市商品房预订合同》第三条约定:"甲方(被申请人)于政府有关部门确定日期后,将商品房交付乙方(申请人)。"商品房买卖行为是一种市场行为,房屋交付时间由买卖双方协商确定，不存在由政府有关部门确定交付日期的情况，故合同对于交付时间的约定应当视为"履行期限不明确"。原《合同法》第六十二条第四项规定："履行期限不明确的，债务人可以随时履行，债权人也可以随时要求履行，但应当给对方必要的准备时间。"合同签订后，申请人多次请求被申请人交付房屋，政府部门也多次协调某置业公司和林某1解决与申请人等一众购房人的纠纷，但是均未能如愿。案涉房屋至仲裁开庭之日仍不具备交付条件。"根据合同的性质和当事人的意思表示，履行期限在合同的内容上特别重要，债务人不于此期限内履行，就达不到合同目的。在这种情况下，债务人未在履行期限内履行的，债权人可以不经催告径直解除合同。"❶申请人与被申请人签订《某市商品房预订合同》的目的在于取得案涉房屋并返租，合同签订至申请人提起仲裁之日已经六年有余，申请人的合同目的仍不能实现，根据原《合同法》第九十四条第四项"当事人一方迟延履行债务或者有其他违约行为致使不能实现合同目的可以解除合同"的规定，申请人解除《某市商品房预订合同》的请求于法有据。虽然在签订《某市商品房预订合同》的同一天申请人与被申请人还签订了《Hello！广场商席协议》，申请人将案涉房屋委托被申请人出租，但是这两份合同属于不同的法律关系，《Hello！广场商席协议》并没有免除被申请人根据《某市商品房预订合同》所应承担的房屋交付义务。《Hello！广场商席协议》的履行情况对本案没有必然的影响，实际上《Hello！

---

❶ 崔建远. 合同法 [M]. 北京：北京大学出版社，2021：300.

广场商席协议》并未得到真正履行。因为《某市商品房预订合同》解除可能造成的对《Hello！广场商席协议》履行的影响，应当由申请人与被申请人另行解决。

4. 申请人所提出的退还已付购房款 636 357 元、赔偿已付房款 20% 计 127 271 元损失的仲裁请求应否予以支持？

原《合同法》第九十七条规定："合同解除后，尚未履行的，终止履行；已经履行的，根据履行情况和合同性质，当事人可以要求恢复原状、采取其他补救措施，并有权要求赔偿损失。"根据该规定，《某市商品房预订合同》解除后，被申请人应当返还所收取的购房款，并赔偿其违约行为给申请人造成的损失。因此，申请人所提出的退还已付购房款 636 357 元的请求应当予以支持。合同解除具有溯及既往的效力，因此案涉合同的解除使申请人和被申请人之间的关系退回到 2014 年 5 月 30 日合同签订之前的状态。案涉合同解除意味着 2014 年 5 月 30 日之后被申请人对申请人所支付的 636 357 元购房款的占有失去了法律上的依据，构成不当得利。在构成不当得利的情况下，被申请人不但应当返还所占有的利益，还应当赔偿申请人遭受的损失。"解除人在通过'恢复原状请求权'回复自己已给付的物之外，对于并不能由此而获涵盖的因债务不履行所生损害，还须允许请求赔偿。"❶本案中，申请人所遭受的损失应为 636 357 元购房款的银行贷款利息，具体计算方法应当是以中国人民银行发布的同期银行贷款利率为标准（2019 年 8 月 20 日之后以中国人民银行授权全国银

---

❶ 韩世远. 合同法总论 [M]. 北京：法律出版社，2018：686.

行间同业拆借中心公布的贷款市场报价利率为标准），以 636 357 元为本数，自 2014 年 5 月 30 日计算至申请人提起仲裁之日。从 2014 年 5 月 30 日至 2020 年 6 月 2 日申请人提起仲裁之日，已满 6 年。在中国人民银行 2015 年 10 月 24 日最后一次发布的银行贷款基准利率中"五年以上"期间的利率标准为年 4.90%。全国银行间同业拆借中心于 2019 年 8 月 20 日后公布的"五年期以上"贷款市场报价利率维持在年 4.65% 以上。即使统一按照年 4.65% 的最低利率计算，从 2014 年 5 月 30 日申请人支付房款至 2020 年 6 月 2 日申请人提起仲裁之日，申请人的利息损失也达到了 636 357 元 ×4.65% ×6 = 177 543.6 元。申请人按照已付总房款 636 357 元的 20% 计 127 271 元来主张，不违反法律的规定，应当予以支持。

处理结果

根据《最高人民法院关于适用〈中华人民共和国民法典〉时间效力的若干规定》第一条第二款，原《中华人民共和国合同法》第八条、第六十条、第六十二条第四项、第九十四条、第九十七条的规定，裁决如下：

（一）解除申请人与被申请人于 2014 年 5 月 30 日签订的编号为 3175、3176 和 3185 的三份《某市商品房预订合同》；

（二）被申请人返还申请人购房款 636 357 元；

（三）被申请人赔偿申请人损失 127 271 元。

第二节 混同缔约

案例 2-2 合同与补充合同主体不同时的处理

> 案情介绍

申请人：某设计院

被申请人：某集团 A 公司、某集团 B 公司

申请人称：2003 年 5 月申请人与被申请人签订《建设工程勘察设计合同》，由申请人为被申请人自备电厂一期 2×155MW 机组接入系统设计，新建 2×300MW 机组工程的可研和初步设计、司令图设计、施工图设计、施工图预算及竣工图等阶段完成勘察设计，一期 2×155MW 机组接入系统设计费为 28 万元，新建 2×300MW 机组参考原国家计委计价格（1999）1283 号《关于印发〈建设项目前期工作咨询收费暂行规定〉的通知》（现已失效），具体价格双方协商另订，逾期支付勘察设计费，按照欠付金额日千分之二计算违约金。2003 年 12 月又签订《建设工程勘察设计合同（补充合同）》新建 2×350MW 机组工程，合同价款 4000 万元。合同签订后，申请人全面履行了合同义务，截至目前被申请人共支付勘察设计费 36 074 000 元，尚欠付勘察设计费 4 206 000 元。申请人多次向被申请人催要勘察设计费，而被申请人总以资金紧张等理由，拖延支付。申请人为维护自身合

法权益,提出以下仲裁请求:(1)裁决二被申请人支付勘察设计费 4 206 000 元;(2)裁决二被申请人赔偿损失 2 834 070 元(按照中国人民银行同期同类贷款利率计算,以 4 206 000 元为基数暂计算至 2018 年 2 月 28 日,最终计算至勘测设计费实际给付之日止);(3)本案仲裁费由被申请人承担。后申请人向仲裁庭递交《变更仲裁请求申请书》,将第一项仲裁请求变更为"裁决二被申请人支付勘察设计费 385 000 元",其他请求不变。

申请人对其提出的主张向仲裁庭提供了以下证据:

(1)《建设工程勘察设计合同》1 份、《建设工程勘察设计合同(补充合同)》1 份。证明:① 2003 年 5 月申请人与被申请人签订《建设工程勘察设计合同》,由申请人为被申请人自备电厂一期 2×155MW 机组接入系统设计,设计费为 28 万元;新建 2×300MW 机组工程的可研和初步设计、司令图设计、施工设计、施工图预算及竣工图等阶段完成勘测设计,并提交设计文件,价格另行商定。② 2003 年 12 月又签订《建设工程勘察设计合同(补充合同)》,新建 2×350MW 机组工程,合同价款 4000 万元。③《建设工程勘察设计合同》2×155MW 机组合同签订后支付 20%,设计文件交付时,结清费用。新建 2×300MW 机组工程设计启动后 15 个工作日内,支付合同额的 20% 作为定金,设计人提交文件后(施工图除外),支付合同额的 60%,审查后支付 20%,施工图交付后,支付剩余设计费。

被申请人的质证意见:对该组证据的真实性和证明目的均予以认可。

(2)《图纸设计交付单》1 套,证明申请人履行了合同义务,交付了设计文件。

被申请人的质证意见：对该证据的真实性和证明目的均不予认可。双方合同第七条中约定的交付图纸时间应当为2003年，但交付单上最早的也是2004年，最晚的还有2010年。交付单上没有加盖被申请人公章，验收人（接收人）也不能证明是被申请人处工作人员签字接收。

（3）付款凭证1份。证明申请人提起仲裁后，被申请人于2019年8月9日支付20.6万元，2019年9月25日支付150万元、200万元。

被申请人的质证意见：对该组证据的真实性予以认可，证明目的不予认可。2019年8月9日、2019年9月25日可以显示是被申请人向申请人付过款。但是申请人与被申请人合作的项目有9笔，金额达6000多万元，不能证明该笔款项支付的是案涉合同项下的。

（4）国家企业信息公示1份，证明被申请人某集团B公司于2006年12月10日已被吊销，目前状态为吊销状态，符合被申请人主体资格。

被申请人的质证意见：对该证据的真实性和证明目的均不予认可。被申请人提供原始档案，证明某集团B公司在2004年12月28日已经注销。

（5）2007年7月28日某地日报公告1份，清算小组通知、清算小组清算报告各1份，证明2004年12月30日某集团B公司合并于某集团A公司，其债权债务均由某集团A公司承接。B公司11.78亿元资产全部由A公司承担。

被申请人的质证意见：对该证据的真实性和证明目的均不予认可，该证据上面没有有关机构的盖章。

（6）对账单（手机截图电子图片）1份，证明在仲裁前被申请人对案涉合同欠付420.6万元无争议。

被申请人的质证意见：对该证据的真实性和证明目的均不予认可。名字不对，且通过内容也未能显示欠款金额，通过发送的联系人巩某的联系方式，可以看出欠款金额及合同是需要找当时的贸易经理巩某核对的。

被申请人辩称：申请人与被申请人签订的《建设工程勘察设计合同》，从2003年开始至仲裁申请之日已达17年之久，早已过了法律规定的诉讼时效。本金都不具备支付条件，更何况逾期付款利息乎！被申请人账上显示根本不欠申请人设计费，申请人的设计费已全部付清。综上，申请人仲裁请求程序上已过诉讼时效，实体上无事实与法律依据，恳请仲裁庭驳回申请人一切仲裁请求。被申请人某集团B公司已经于2004年12月28日注销，注销长达17年之久，而承继单位某集团C公司与申请人之间没有仲裁条款的约定，仲裁结果不涉及某集团B公司，与B公司有关的合同应到法院另行主张。

被申请人对其提出的主张向仲裁庭提供了以下证据：

（1）《外商投资企业注销通知书》1份，证明2004年12月30日某集团B公司已经注销，不具有主体资格。新的被申请人与申请人没有仲裁条款的约定。涉及B公司的费用应由法院管辖。

申请人的质证意见：对该证据的真实性，因没有原件，无法核实；该证据与本案无关，被申请人提供的是某集团D公司的，本案的被申请人是某集团 B 公司，这是两个公司，是不同的主体。且通知书也不能证明注销办理完毕。

（2）付款回单 1 份，证明申请人举证的编号 2003－设 040《建设工程勘察设计合同》，被申请人已经支付给申请人 28 万元，合同已经履行完毕。欠款并非本合同项下的欠款。

申请人的质证意见：对该证据的真实性予以认可，证明目的不予认可。该笔付款不是案涉合同项下的付款。根据被申请人提供的对账单第四笔，铝厂二期三回线路工程（220kV）勘察设计合同，28 万元付的是该合同项下的欠款。案涉主合同被申请人欠付的款项只有 20.6 万元。

经仲裁庭审理查明：2003 年 5 月，申请人与被申请人某集团 A 公司签订了《建设工程勘察设计合同》（以下简称《合同》），约定被申请人某集团 A 公司委托申请人承担某集团 A 公司自备电厂一期 2×155MW 机组接入系统设计，新建 2×300MW 机组工程的可研和初步设计、司令图设计、施工图设计、施工图预算及竣工图等阶段勘察设计；《合同》第十条约定了费用的计算方法，第十一条约定了费用的支付方式，第十二条约定了发包人及勘察设计人的责任；《合同》第十五条第二款约定，"本建设工程勘察设计合同发生争议，发包人与勘察设计人应及时协商解决，也可由当地建设行政主管部门调解，调解不成时，发包人与勘察设计单位当事人同意由某仲裁委员会仲裁"。2003 年 12 月，申请人与被申请人某集团 B 公司签订《建设工程勘察设计合同（补充合同）》（以下简称《补充合同》），约定被申请人某集团 B 公司委托申请人承担某集团 B 公司二期 2×350MW 机组可研、初设、施工图、竣工图等阶段的设计任务。《补充合同》第 1 条约定："本合同为 2003 年 5 月甲乙双方签订的《某集团 A 公司自备电厂一期 2×155MW 机组接入系统、新建 2×300MW 机组工程》设计合同的补充合同。"《补充合同》第 3 条约定了工程设计内容，第 4 条约定了工程进度，第 5 条约定了设计费用，第 6 条约定了工程分包问题，第 7 条约定了与《合同》之间的关系。《合同》及《补充合同》签订后，申请人依约向被申请人提交了设计成果文件，被申请人陆续向申请人支付费用。经申请人与被申请人对账，截至 2018 年 11 月，被申请人欠付申请人设计费 420.6 万元。被申请人于 2019 年 8 月 9 日支付 20.6 万元，2019 年 9 月 25 日支付 150 万元、200 万元，2019 年 9 月 27 日支付 11.5 万元。至仲裁开庭审理之日，被申请人尚欠申请人设计费 38.5 万元。2006 年 12 月 10 日，被申请人某集团 B 公司被吊销，截至仲裁开庭之日，仍处于吊销状态。

> 争议问题

（1）某仲裁委员会对本案是否有管辖权？
（2）某集团 B 公司是否具有仲裁主体资格？
（3）二被申请人是否共同为《合同》一方主体？
（4）二被申请人拖欠申请人设计费的数额？
（5）二被申请人是否应支付逾期付款利息？
（6）申请人的请求是否超过诉讼时效？

法理分析

1. 关于仲裁管辖的问题

被申请人在庭审答辩时对仲裁庭对本案的管辖权提出异议，认为："某集团 B 公司已经于 2004 年 12 月 28 日注销，注销长达 17 年之久，而承继单位某集团 C 公司与申请人之间没有仲裁条款的约定，仲裁结果不涉及某集团 B 公司，与 B 公司有关的合同应到法院另行主张。"申请人与被申请人某集团 A 公司所签订的《合同》第十五条第二款约定："本建设工程勘察设计合同发生争议，发包人与勘察设计人应及时协商解决，也可由当地建设行政主管部门调解，调解不成时，发包人与勘察设计单位当事人同意由某仲裁委员会仲裁。"因此，仲裁庭对申请人与被申请人某集团 A 公司因为《合同》产生的争议有管辖权。申请人与被申请人某集团 B 公司所签订的《补充合同》第 1 条约定："本合同为 2003 年 5 月甲乙双方签订的《某集团 A 公司自备电厂一期 2×155MW 机组接入系统、新建 2×300MW 机组工程》设计合同的补充合同。"既然是"补充合同"，自然从属于"主合同"，在"补充合同"就纠纷解决方式没有作出其他不同约定的情况下，应当视为《补充合同》的纠纷解决方式同于《合同》，故仲裁庭对申请人与被申请人某集团 B 公司因为《补充合同》产生的争议同样具有管辖权。被申请人在答辩中所提出的管辖权异议不能成立。

2. 关于被申请人某集团 B 公司的主体资格问题

被申请人某集团 A 公司提出，被申请人某集团 B 公司已经注销，故申请人将某集团 B 公司列为被申请人属于主体错误。原《民法总则》第七十二条第三款前段规定："清算结束并完成法人注销登记时，法人终止。"申请人提供的证据显示，被申请人某集团 B 公司只是被吊销营业执照，并未完成注销登记，某集团 B 公司已然具有主体资格，故被申请人某集团 B 公司仍具有仲裁主体资格。被申请人所提供的《外商投资企业注销通知书》，针对的主体是某集团 D 公司，与被申请人某集团 B 公司在名称上有区别，且该通知书是要求某集团 D 公司"及时办理税务、银行、海关、外汇管理等未尽事宜"，某集团 D 公司是否及时办理了上述事项以便完成最终注销程序，被申请人未能就此提供相应证据，故对被申请人提出的被申请人某集团 B 公司已经注销的说法，仲裁庭不予认可。

3. 二被申请人是否共同为《合同》一方主体，即二被申请人是否应当向申请人承担共同责任？

被申请人某集团 A 公司与申请人签订了《合同》，被申请人某集团 B 公司与申请人签订了《补充合同》。《合同》与《补充合同》为同一合同关系，被申请人某集团 A 公司与被申请人某集团 B 公司，共同处于发包人地位，其权利义务处于共同状态，应当就案涉合同关系向申请人承担共同责任。某集团 B 公司虽非案涉《合同》的原始主体，但在其明知自己并非《合同》主体的情况下，还与申请人签订与《合同》内容一致的《补充合同》，足以说明某集团 B 公司有加入申请人与某集团 A 公司之间合同关系的意愿，申请人对此亦予以接受。根据各方当事人表示出来的意思，应当将某集团 B 公司作为《合同》关系项下的主体之一进行处理,与某集团 A 公司处于相同法律地位。在《合同》与《补充合同》的履行过程中,被申请人某集团 A 公司与被申请人某集团 B 公司,在向申请人支付设计费时并未区分《合同》与《补充合同》项下的工程,所以二被申请人实际上对申请人承担的是共同责任。故,二被申请人应当就《合同》与《补充合同》项下的勘察设计费,共同向申请人承担支付责任。

4. 二被申请人拖欠申请人设计费的数额

经申请人与被申请人于 2018 年 11 月 6 日对账,截至对账当时,被申请人欠付申请人设计费 420.6 万元。被申请人于 2019 年 8 月 9 日支付 20.6 万元,2019 年 9 月 25 日支付 150 万元、200 万元,2019 年 9 月 27 日支付 11.5 万元。故被申请人尚欠申请人设计费 38.5 万元。被申请人所提出的请求被申请人支付勘察设计费 38.5 万元的第一项仲裁请求具有事实和法律依据,应予支持。

5. 二被申请人是否应当向申请人支付逾期付款利息

申请人请求二被申请人赔偿损失,损失计算方法为:按照中国人民银行同期同类贷款利率计算,以 4 206 000 元为基数,暂计算至 2018 年 2 月 28 日为 2 834 070 元,最终计算至勘测设计费实际给付之日止。虽然《合同》第 12.3.5 条约定被申请人逾期支付设计费应当承担相应的违约责任,但是申请人所提供的证据并不能证明其完成各阶段设计任务的具体时间,相应地也没有证据证明被申请人应当支付各阶段设计勘察费用的具体时间节点,故对申请人提出的仲裁申请日 2018 年 6 月 27 日之前的利息损失不予支持,对申请人提出的仲裁申请日 2018 年 6 月 27 日之后的利息损失予以支持。《合同》第 12.3.5 条约定:"发包人应按本合同规定的金额和日期向设计人支付设计费,每逾期一天,应承担应支付金额千分之二的逾期违约金。"申请人自愿将上述违约金标准降为年息 6%,不违反法律规定,且具有合理性,仲裁庭按照申请人自愿降低后的标准计算被申请人应当承担的违约金。违约金具体计算方法为:2018 年 6 月 27 日至 2019 年 8 月 9 日计 409 日,以 4 206 000 元为基数,以年息 6% 为标准,违约金数额为 4 206 000 元 × 6% × 409/365 = 282 781.48 元;2019 年 8 月 10 日至 2019 年 9 月 25 日计 47 日,以 400 万元 (4 206 000 元 – 206 000 元) 元为基数,以年息 6% 为标准,违约金数额为 400 万元 × 6% × 47/365 = 30 904.11 元;2019 年 9 月 26 日至 2019 年 9 月 27 日计 2 日,以 50 万元 (400 万元 – 150 万元 – 200 万元) 为基数,以年息 6% 为标准,违约金数额为 50 万元 × 6% × 2/365 = 164.38 元;2019 年 9 月 28 日之后,以 38.5 万元 (50 万元 – 11.5 万元) 为基数,以年息 6% 为标准,直至本息全部还清之日止。综上,被申请人自 2018 年 6 月 27 日仲裁立案至 2019 年 9 月 27 日,应当承担的逾期付款违约金总额为 282 781.48 元 + 30 904.11 元 + 164.38 元 = 313 849.97 元。

6. 关于被申请人所提出的诉讼时效问题

被申请人提出,申请人的仲裁请求已经超过诉讼时效。虽然涉案《合同》和《补充合同》的签订时间是 2003 年,但申请人一直在向被申请人主张设计费,被申请人也陆续向申请人支付设计费,甚至在申请人申请仲裁之后,双方于 2018 年 11 月 6 日还进行了对账,被申请人还在继续向申请人支付设计费。原《民法总则》第一百九十五条规定:"有下列情形之一的,诉讼时效中断,从中断、有关程序终结时起,诉讼时效期间重新计算:(一)权利人向义务人提出履行请求;(二)义务人同意履行义务;(三)权利人提起诉讼或者申请仲裁;(四)与提起诉讼或者申请仲裁具有同等效力的其他情形。"比较法上一般规定义务人"承认"为中断事由。从文义上看,较之"义务人同意履行义务"要求更高,其不仅要求"承认"义务的存在,还要求"同意履行义务"。但在学理上和司法实务中,通说认为应将其扩张解释为义务承认,而无须义务人同意履行。❶ 2018年11月6日的对账行为及之后被申请人继续支付设计费的行为,均说明"义务人同意履行义务",构成诉讼时效中断事由,故申请人主张设计费的诉讼时效并未超过,对被申请人所提出的诉讼时效抗辩不予支持。

处理结果

依照《中华人民共和国民法典》第四百六十五条、第五百零九条、第五百七十七条的规定,裁决如下:

(一)被申请人给付申请人勘察设计费385 000元及逾期支付勘察设计费的损失313 849.97元(计算至2019年9月27日);

(二)被申请人向申请人支付逾期支付勘察设计费的损失:以385 000元为基数,以年息6%为标准,自2019年9月28日计算至本息全部还清之日止。

---

❶ 陈甦. 民法总则评注(下册)[M]. 北京:法律出版社,2017:1407-1408.

案例 2-3 母子公司在同一合同中混用时的处理

> 案情介绍

申请人：某置业公司

被申请人：某建筑公司

申请人称：申请人开发建设的南海鸿龙湾一期二标段Ⅰ-L-(1~20#)、Ⅰ-D-(1~30#)托幼园及配套公建商品房建设项目，由被申请人总承包施工，双方就上述总承包工程事宜于2008年4月签订了《建设工程施工合同》。合同对施工工期、竣工验收与结算及工程质量保修均有明确约定，合同约定的总工期183天，竣工日期为2008年10月30日。涉案工程直至2012年4月仍未完工，2012年4月21日，被申请人在请求申请人支付400万元工程款时，向申请人的母公司某集团公司出具《承诺书》，承诺在收到400万元工程款后，两个月内完成合同承包的所有工程事项，其中相关工程资料保证在进场后一个月内全部完成，如果不能按时经申请人验收合格及移交物业（含提交相关工程资料），愿意承担每天1000元的违约金（违约金在被申请人剩余工程款项中扣除）。2012年5月31日，申请人向被申请人支付了400万元工程款，但被申请人一直未依照其承诺移交案涉工程的相关资料。这期间，申请人多次约谈及发函被申请人，要求其依照合同约定移交二标段工程资料及履行工程质量保修等义务，但被申请人一直以各种理由拖延，至今仍未履行上述义务。

被申请人承包的上述工程已多次批量出现各类质量问题，申请人已分别在2016年6月15日、2017年2月22日、2017年6

月27日、2017年11月1日、2018年9月18日、2018年11月12日、2019年8月1日、2020年9月9日共计8次致函给被申请人。被申请人既未履行保修义务，也未移交工程资料，导致项目整体品质严重下降。为此，引起小区业主多次集体投诉维权，给申请人造成严重的经济损失及负面影响。根据合同约定，被申请人应当向申请人移交相关资料及图纸，并配合申请人办理竣工验收手续。具体文件包括《房屋建筑和市政基础设施工程竣工验收备案管理办法》第五条所规定文件以及《物业管理条例》第二十九条所规定文件。上述工程资料为法律明确规定在向政府部门办理竣工验收备案时及向物业服务企业办理移交时，所应当提交的文件资料。而上述施工工程资料为被申请人所掌控，时至今日，虽经申请人再三催告，被申请人仍未将二标段的施工资料移交给申请人。同时，被申请人的违约违规不配合的行为，致使申请人亦无法向项目的物业管理企业移交上述资料，导致项目的正常管理受到严重影响，给申请人造成严重的经济损失。申请人为维护其合法权益，提出以下仲裁请求：（1）裁决被申请人向申请人移交全部一期二标段的工程资料；（2）裁决被申请人自2012年7月1日开始，按每天1000元的标准向申请人支付违约金，至实际移交涉案工程的全部资料止，暂计至2020年12月10日，为3 084 000元（2012年7月1日——暂计至2020年12月10日，共计3084天×1000元/天＝3 084 000元）；（3）裁决被申请人对《南海鸿龙湾一期二标段某建筑公司质保期问题汇总表》中统计的质量问题进行维修；（4）裁决被申请人承担本案全部仲裁费用。

申请人对其提出的主张向仲裁庭提供了以下证据：

(1)《建设工程施工合同》1 份。证明：① 2008 年 4 月 30 日，申请人与被申请人签订《建设工程施工合同》，约定由被申请人承包申请人开发的"某市南海鸿龙湾一期二区幼儿园、公建工程"，工程内容为 I－L－(10#－20#)、I－D－(14#－30#) 幼儿园及配套公建，工程承包范围为：桩基础、土建、装饰、水暖、电气，开工日期为 2008 年 4 月 30 日，竣工日期为 2008 年 10 月 30 日。② 按照双方所签合同约定，竣工验收时被申请人应向申请人提供竣工资料及图纸各一套，且被申请人应按照合同约定在质量保修期内承担质量保修义务。③ 根据《民法典》第 509 条、577 条之规定，当事人应按照合同约定全面履行自己的义务，当事人一方不履行合同义务或者履行合同义务不符合约定的，应当承担继续履行、采取补救措施或者赔偿损失等违约责任。

被申请人的质证意见：对于申请人提交的合同书的真实性没有异议，对于证明目的有异议：移交资料属于附随义务，申请人没有履行完付款的主要义务，亦无权要求被申请人履行附随义务。该工程已经竣工验收，工程已经交付。申请人主张的保修期基本上都是土建部分，土建保修期是一年，申请人没有完全履行合同义务。

(2) 承诺书 1 份、企业信用信息公示系统打印件 1 份、编号为 0001613 的收据 1 份、编号为 1030152000265540 的中国农业银行转账支票存根 1 份。证明：① 2012 年 4 月 21 日，被申请人向申请人母公司出具《承诺书》，承诺在收到 400 万元工程款后进场,且进场后一个月内将相关工程资料全部完成并移交给申请人,否则自愿承担 1000 元/天的违约金。② 申请人于 2012 年 5 月 31 日以支票形式向被申请人给付工程款 400 万元,故按照被申请人所出具《承诺书》约定,被申请人应于 2012 年 7 月 1 日前将一期二标段的全部工程资料移交给申请人,否则应按照 1000 元/天承担违约金。鉴于被申请人至今未能按照承诺约定履行交付工程资料的义务,故自 2012 年 7 月 1 日起申请人有权按照被申请人所承诺的 1000 元/天计算违约金直至其移交完毕全部工程资料为止。

被申请人的质证意见:对于申请人提交的《承诺书》和付款凭证的真实性无异议,但对于部分证明目的有异议:①《承诺书》的主体是被申请人和申请人的母公司,而非申请人;② 申请人的母公司并未按承诺向被申请人履行付款义务,也就无权主张权利,假如能够主张权利,因双方没有仲裁协议,而不能由仲裁委员会裁决该案件,除非双方达成仲裁协议;③ 付款凭证是申请人拖欠被申请人的工程款的正常支付行为,不能证明是申请人的母公司依承诺履行付款义务。对申请人的第 1 项证明目的,予以认可。被申请人确实向申请人的母公司出具过《承诺书》。对第 2 项证明目的不予认可,该证据不能反映出是申请人的母公司的付款,而是申请人本应履行的合同义务。

(3) 南海鸿龙湾二期建设工程竣工验收备案资料 1 套、南海鸿龙湾二期房屋所有权初始登记资料 1 套。证明:① 根据本案所涉项目其他标段工程所办理的建设工程竣工验收备案手续显示,办理建设工程竣工验收备案的前提为施工单位必须提供完整的技术档案和施工管理资料以及工程使用的主要建筑材料、建筑构配件和设备的进场检验报告等,且施工单位还需提供《建设工程竣工验收报告》、签署质量合格文件。② 根据本案所涉项目其他标段工程所办理的房屋初始登记资料显示,办理房屋初始登记除需提供国有土地使用证、建设用地规划许可证、建设工程规划许可证等资料外,还须提供建设工程竣工验收备案表。③ 案涉一期二标段工程,因被申请人至今未提交全部的工程资料,申请人至今无法办理竣工验收备案手续,进而导致申请人无法取得竣工验收备案表,无法办理房屋所有权初始登记,最终导致案涉工程房屋至今无法为业主办理不动产权属登记证书,造成项目整体品质严重下降,为此,引起小区业主多次集体投诉维权,给申请人造成严重的经济损失及负面影响。

被申请人的质证意见:对申请人提交的资料的真实性予以认可,程序本身也应该是这样的,这是建设方应履行的义务,但与本案没有关联性,只能作为一个参照。对于第3项证明目的不予认可,申请人的说法矛盾,没有验收不可能出售给业主。申请人与业主之间的法律关系,与被申请人无关。如果工程未验收,不可能出售,工程质量问题是使用还是管理导致的,不清楚,与施工无关。

(4)国有土地使用证、建设工程规划许可证、建设用地规划许可证、建设工程施工许可证、某市商品房预(销)售许可证、建设工程竣工验收消防备案表、建设工程消防验收意见书、(2018)某 0202 民初 417 号民事判决书、(2020)某 0202 民初 4051 号民事判决书各 1 份。证明:① 案涉的鸿龙湾一期二标段项目，除须被申请人提交的工程资料等外，申请人已具备办理竣工验收备案的全部手续。现被申请人未能移交工程资料导致申请人无法办理竣工验收备案手续，无法办理房屋所有权初始登记，进而无法为业主办理不动产权属登记证书。② 案涉项目无法为业主办理房屋不动产权属登记证书，导致自2018年起陆续有业主向人民法院提起诉讼，经法院判决确定：申请人需向业主承担逾期办理房屋不动产权属登记证书的违约金（自2013年7月30日起计算至登记至业主名下之日止，按照房屋总价款的日万分之一计算）。③ 案涉的鸿龙湾一期二标段项目共有房屋81套，每套房屋当时的销售价格在100万~400万元，如按照最低100万元的房屋总价计算，则案涉的一期二标段项目房屋总价款为8100万元，申请人每日应付业主的逾期办理房屋不动产权属登记证书违约金的金额为8100元，自2013年7月30日起暂计至2021年6月20日（合计2882天）的违约金则高达2334万余元。④ 鉴于案涉项目逾期办理房屋不动产权属登记证书的案件已在人民法院形成群体性的司法判例，因此申请人的经济损失现实存在。仅按照被申请人所承诺的1000元/天所计算的违约金根本不足以覆盖申请人的经济损失。

被申请人的质证意见：对该组证据的真实性没有异议。合同是2008年签订的，从申请人的这些证件的时间上看，是非常混乱的。首先，选址拖了很长时间；其次，申请人擅自将投资方的股权进行转让，没有告知施工方，导致股东之间的项目出现纠纷，直到2012年，股东和项目投资人都有变更，而这期间我们一直与原股东和原项目投资人靳某联系，这个工程中谈判和交涉都是与靳某沟通，现股东当然不清楚，至于他们之间的资料移交情况，我们不清楚，是申请人内部的问题。到了2016年，申请人找被申请人谈交接，其中包括几个项目，所以部分工程没有收尾，因此我们二次进场来做这个事情。申请人如果没有资料，我们可以配合补充，但是前提是申请人要给付被申请人工程款。

（5）公函、南海鸿龙湾一期二标段某建筑公司质保期问题汇总表、2017年2月22日关于再次要求履行保修义务的函、2017年6月27日关于再次要求履行保修义务的函、2017年11月1日关于再次要求履行保修义务的函、2018年9月18日关于再次要求履行保修义务的函、2018年11月12日关于再次要求履行保修义务的函、2019年8月1日关于再次要求履行保修义务的函、配合解决鸿龙湾一期遗留问题的函、2020年9月9日关于要求按《建设工程施工合同》履行相应义务并解决鸿龙湾一期遗留问题事项的函、投妥记录中国邮政速递物流单各1份。证明：① 申请人曾分别于2016年6月15日、2017年2月22日、2017年6月27日、2017年11月1日、2018年9月18日、2018年11月12日、2019年8月1日、2020年9月9日向被申请人发送函件，告知被申请人其所承包施工的工程存在质量问题，并将质量问题汇总后作为附件与公函一起发送被申请人，且申请人多次在函件中要求被申请人移交完整的工程资料，承担违约金；② 申请人向被申请人所发送的全部函件，被申请人均已签收，但被申请人自申请人首次通知至今，从未进场履行过质量保修义务，已构成严重违约。

被申请人的质证意见：对公函的真实性没有异议，证明目的有异议：申请人提交的公函发出时间最早为2016年，而且公函表明工程的竣工验收时间为2009年、2012年和2015年，这个时间段，可以表明工程已经竣工验收合格并实际交付，构成民事证据规则的自认，且自认也证明工程、资料验收已移交，按照合同约定土建保修期为一年，同时也证明早已超出保修期。另，如果有质量问题，那么原因何在？关于保修期限的问题，不是发现或提出来计算时间，根据合同约定，工程保修期从竣工验收之日起算；从竣工验收后，申请人提交的质量问题的目录可见，全部是土建和装修，那么这部分保修期限就是一年，不属于主体和基础问题，否则应出具鉴定意见，到底是什么原因导致的质量问题。该工程在湿地上建设，不符合地质条件，水位低且是湿地，回填后加盖建筑物，所以地质条件非常恶劣。这就存在地底冒水和阴湿的问题，由此涉及勘查的问题，建设方要提出相应的证据。施工方按照图纸施工，没有问题，申请人主张保修没有事实和法律依据，也不符合双方约定的条件。

被申请人辩称：（1）申请人的仲裁请求即移交一期二标段的工程资料无事实依据。2008年4月申请人与被申请人签订《建设工程施工合同》，该工程全部于2011年完工并验收交付，相应的工程资料已然交付申请人，2011年申请人委托某工程造价咨询公司对该工程进行竣工审计结算，并于同年9月出具结算审核定案表，确认该工程审定造价为45 483 271元，至今申请人未支付完毕工程价款和垫资施工利息。如果没有工程资料的移交，竣工审计结算是如何完成的？因此，申请人作为发包人建设方，应当按约定履行合同义务，但其在没有履行合同主要义务的情况下却借口再次要求履行移交该工程资料的附随义务来掩盖其严重违约行为（在此，被申请人保留通过仲裁方式要求申请人履行义务的权利），故申请人该项请求无事实依据。（2）申请人要求按每天1000元标准支付违约金，没有事实和法律依据。其一，申请人依据被申请人向申请人的母公司出具的《承诺书》来主张违约金，该承诺的主体是被申请人与申请人的母公司，与本案无关联性；其二，申请人的母公司并未按照承诺履行付款义务，所以其不能依该承诺享有权益；其三，假如申请人的母公司履行了付款义务，那么也是被申请人与申请人的母公司之间的争议，申请人无权通过仲裁主张权利；其四，申请人向被申请人支付拖欠的工程款是其应当履行的合同约定与法律规定的义务，不能作为其要挟被申请人的手段。故，该请求亦不能成立。（3）关于对工程质量进行维修问题。双方就工程竣工验收、交付于2011年完成，申请人到2016年才提及有质量保修的问题存在，其一，所谓的质量保修已经过了保修期；其二，所谓的质量问题的原因是什么，是勘察、设计还是施工？作为建设方应当在发现质量问题的同时查找原因；其三，如果确实在质量保修义务期间内，那么申请人屡次发函称：如果不履行维修义务将自行或者委托第三方进行修复，产生的费用由被申请人承担，但是申请人从2016年至今仍在要求被申请人维修而未依据合同自行或委托第三方维修，任由损失扩大，那么申请人应当对此承担责任。（4）被申请人承包的鸿龙湾一期工程出现情况的说明。2007年被申请人作为鸿龙湾土建工程的总承包人进行备案，在工程开始建设时就遇到地质条件不好、资金不足、被申请人垫资施工的情形，大家开始就这种情况均有协议解决的方案，被申请人也尽量为完成工程施工验收和预算定价，而2009年后投资方资金链断裂、工程款无法支付，导致被申请人困难重重，然令被申请人没有想到的是，申请人的股东在被申请人不知情的情况下将项目卖给申请人的母公司（时间大约是在2009年10月），而且双方因股权和项目转让事宜纠纷一直不断，原本被申请人已然提交工程资料但申请人在7年之后要求再次移交的个中情形，被申请人不得而知。截至2012年4月申请人就案涉标段工程实际欠付被申请人1300万余元及垫资利息，被申请人已无法承受申请人拖欠工程款后果，当时已然就该工程竣工并交付撤场，在向申请人索要工程款的过程中，申请人的母公司就申请人欠付案涉标段工程款，要求将案涉标段工程收尾项和提交收尾的工程资料作为条件方才代为支付400万元部分工程款，被申请人被迫向申请人的母公司出具所谓的《承诺书》，然申请人的母公司并未向被申请人支付任何款项。综上所述，被申请人认为，申请人的请求无事实依据，申请人为了掩盖其不履行合同根本义务，即无端要求被申请人配合竣工验收移交资料的请求，实难令被申请人理解，被申请人再次向仲裁庭声明，保留向申请人索赔和要求其履行合同义务的权利，并恳请仲裁庭驳回其仲裁请求。

被申请人对其提出的主张向仲裁庭提供了以下证据：

（1）基本建设工程结算审核定案表2份，证明被申请人作为施工主体，已然将施工资料及图纸交付给申请人，由申请人委托的某工程造价咨询公司根据申请人提交的工程资料进行了竣工审计结算审定造价，证明被申请人作为施工单位已然履行移交资料、配合办理竣工验收的义务。

申请人的质证意见：对该证据的真实性予以认可，证明目的不予认可。基本建议工程结算审核定案表仅是对工程价款的结算，并没有关于工程施工资料及图纸的交接明细，该证据不能证明被申请人已经履行完毕移交资料及配合申请人办理竣工验收的义务。经代理人与申请人核实，案涉工程款已经全部结清，且工程款存在超付情形，申请人保留主张超付工程款的权利。代理人事先和开发单位核实了工程款的问题，工程款目前超付约 420 万元。在此之前被申请人另案诉讼要求交付顶账的别墅，被申请人胜诉，两套别墅应该有 700 余万元，也充入工程款中，那就超付 400 余万元。即使工程款欠付，也不能通过留置工程资料行使同时履行抗辩权，此种情况不构成同时履行抗辩；工程资料移交的举证责任应由被申请人承担，审价报告仅是结算证明，不能作为工程资料移交的证明；2016 年以后案涉项目进入遗留办，一般都是因为无法办理产权，2016 年工程资料没有移交，导致无法办理相关的手续。

（2）《建设工程施工合同》1 份。证明：① 该合同通用条款第 33.1 条规定，工程施工验收报告经发包人认可后 28 天内承包人向发包人递交施工预算报告及完整的预算资料，双方按照协议书约定的合同价款及未用条款约定的合同价款，进行工程施工结算，即如果被申请人不向申请人移交工程资料如何进行结算。没有验收不可能进行结算。② 该合同专用条款第 26 条约定，双方约定的工程款支付的方式和时间，按工程进度支付，但是工程已然交付使用 9 年，申请人未按合同约定向被申请人履行完毕付款义务至今，假如该工程有部分资料未移交，那么也是合同的附随义务，其不向被申请人履行合同主要义务，亦无权要求履行附随义务。③ 根据该合同附件 3 房屋建筑工程质量保修书所示，除主体和基础外，均已超过保修期，另外造成这些质量问题的原因，申请人并未说明，而且该工程早已交付申请人并出售使用。

申请人的质证意见：对该证据的真实性予以认可，证明目的不予认可。（1）工程资料的移交并不能以工程结算为依据，该工程虽已经结算，但被申请人没有进行工程资料的移交，本案中被申请人也没有提交工程资料移交的相应证据。（2）工程资料的移交不属于合同的附随义务，根据《建筑法》规定及合同约定，工程资料的移交属于法定义务，也属于约定义务，被申请人没有权利以欠付工程款为由主张同时履行抗辩权。案涉工程款已经全部付清。如果被申请人认为案涉工程仍存在欠付工程款情形，应提起反诉或另诉。（3）案涉工程所谓的竣工验收并不是被申请人配合的竣工验收，而是申请人为了向业主履行房屋的交付义务而由质监站出具质量检测报告以后才向业主办理的交付手续，质监站的质量检测报告的出具日期是在 2012 年 1 月 18 日，申请人首次通知被申请人履行保修义务的时间是在 2016 年 6 月 15 日，案涉工程中关于防水等质量问题的质保期并没有超过期限，被申请人仍然应当履行质量保修义务。被申请人仅用《建设工程施工合同》证明以上证明目的是不充分的，合同的具体内容是怎么履行的，被申请人所陈述的证明目的仅是施工内容的推断，不是具体履行的事实的证明。（4）审价报告的形成时间是 2011 年 9 月 19 日，到 2012 年 4 月 21 日被申请人第二次进场前主要是完成收尾工程及工程资料的移交。移交前提是完成工程资料。申请人支付400万元后一个月内完成工程资料并移交,说明合同双方当事人在2012年4月对工程资料的问题是非常关注的,之所以申请人要给付被申请人400万元工程款,是因为工程资料的移交不是附随义务,而是被申请人的主要义务。施工单位应先提交竣工验收报告,后建设单位组织五方责任主体进行验收,如果没有竣工验收报告,那么不能启动五方验收。竣工验收的条件除了按照约定完成施工内容外,还应由施工单位提交完成的技术及工程资料。办理竣工验收备案表需要有档案馆出具的工程资料移交认可书,那么需要施工单位提交完备的资料,才能最终出具竣工验收备案表。《承诺书》中特意强调了被申请人提交工程资料是主要义务,非附随义务。

(3)《关于要求履行保修义务配合鸿龙湾一期遗留问题的函》8份、企业询证函1份。证明:① 申请人认可的鸿龙湾一期二标段工程已然验收且商品房已交付业主,如果没有工程资料,如何验收;② 证明申请人仍拖欠工程款,申请人自认拖欠被申请人的工程款金额为3 225 717元,询证函的时间是2019年4月11日;③ 证明工程已然于2012年交付并经过竣工验收,约定的保修期均已超过。

申请人的质证意见:对8份《关于要求履行保修义务配合鸿龙湾一期遗留问题的函》的真实性予以认可,证明目的不予认可。(1)申请人向被申请人发送的函件中载明的竣工验收程序并非被申请人所配合的正常的竣工验收程序,而是涉及申请人为了向业主履行房屋交付义务而由质监站出具的质量检测报告的日期，这一点从被申请人 2014 年 4 月 21 日向申请人母公司出具的《承诺书》可以得知。《承诺书》中明确载明部分收尾工程还需要被申请人交付工程资料，所以 2012 年 1 月 18 日前被申请人并没有履行完毕工程资料的移交义务，也没有配合申请人办理工程竣工验收手续。（2）质监站出具的质量检测报告的验收合格时间是 2012 年 1 月 18 日，申请人首次通知被申请人履行维修义务的时间是在 2016 年 6 月 15 日，因此部分防水质量问题并未超过质保期，被申请人仍应履行质量维修义务。（3）函件的陈述只是按照合同约定进行的陈述，并不能证明双方存在工程款欠付事宜。质监站出具的质量检测报告，仅是竣工验收报告的要件之一，申请人向被申请人所发函件的内容中提到的时间比向业主交付房屋的时间晚，主要是为了避免迟延交房给业主造成更大的损失不得已而为之，并不是工程已经竣工验收。实践中往往也是先交付后验收，主要也是为了避免给购房者及开发商造成更大的损失。工程竣工验收是一个非常复杂的过程，不仅有工程是否完成，还包括资料的验收，本案所涉的主要是资料验收及移交的问题。被申请人没有按照合同约定及法律规定移交工程资料导致本案纠纷。

对企业询证函的真实性予以认可。出具询证函的目的主要是和原开发商进行债权债务的清算，欠款 322 万元是因为没有将两套顶账的别墅算进去，如果算进去应该是超付 420 多万元。询证函的时间是 2019 年，2021 年对两套别墅的判决才生效；工程款和资料的移交不能作为同时履行抗辩权的权益，即使欠付工程款，也不能留置资料不移交。

(4) 2012年6月1日的支票存根、收据各1份，证明申请人向被申请人支付拖欠部分工程款400万元，与申请人的母公司无关，并不是履行《承诺书》的相关内容。

申请人的质证意见：对该证据的真实性予以认可，证明目的不予认可。(1)《承诺书》中明确载明关于案涉工程中凡是承包范围内工程，在被申请人出具《承诺书》后申请人所给付的400万元工程款也系案涉工程的工程款，给付400万元工程款的公司是申请人的母公司；(2) 被申请人出具《承诺书》后，未按照承诺约定履行工程资料移交义务，在申请人按约实际给付工程款的前提下，被申请人应承担每日1000元的违约金；(3) 虽然承诺的对方是申请人的母公司，但申请人的母公司作为申请人全资母公司，案涉合同是申请人与被申请人签订，被申请人向申请人母公司作出承诺并没有突破合同的相对性，因为案涉工程的建设单位是申请人母公司的全资子公司，施工单位应当履行的义务包括完成设计的内容及施工合同约定的内容，同时包括工程技术资料的完善和移交，《承诺书》所承诺的其在收到400万元工程款后一个月内完成收尾施工并完成工程资料的移交，该表示是对建设单位作出的真实意思表示。虽然抬头对应的是申请人的母公司，但按照合同的诚实守信原则，事后不能以与申请人的母公司无关，不承担责任为由来豁免工程资料移交的责任。被申请人作出承诺之后，应兑现承诺，否则承担相关违约责任。双方对《承诺书》从未提出过异议，该《承诺书》相当于双方施工合同的补充，应当与施工合同具有同等法律效力。

经仲裁庭审理查明：2008年4月30日，申请人与被申请人签订《建设工程施工合同》(以下简称《合同》),申请人为发包人,被申请人为承包人。《合同》第一部分"协议书"第一条约定,工程名称为某市南海鸿龙湾一期二区幼儿园、公建工程,工程内容为 I－L－(10－20#)、I－D－(14－30#) 托幼园及配套公建,工程立项批准文号为某发改委投字〔2006〕534号;第二条约定,承包范围为桩基础、土建、装饰、水暖、电气;第三条约定,开工日期为2008年4月30日,竣工日期为2008年10月30日,合同工期总日历天数为183天;第四条约定,工程质量标准为合格;第五条约定,合同价款为25 598 760元。《合同》第二部分"通用条款"第32.1条约定,工程具备竣工验收条件,承包人按国家工程竣工验收有关规定,向发包人提供完整竣工资料及竣工验收报告。《合同》第三部分"专用条款"第32.1条约定,承包人提供竣工资料及图纸各一套;第37.1条约定,本合同在履行过程中发生的争议,由双方当事人协商解决,协商不成的提交某仲裁委员会仲裁。

申请人委托某造价咨询公司对案涉工程进行竣工审计结算。某造价咨询公司于2011年9月19日出具《基本建设工程结算审核定案表》,确认该工程审定造价为45 483 271元。申请人申请某市建设工程质量监督站对案涉工程质量进行检测,2012年1月18日某市建设工程质量监督站出具质检报告,确认案涉工程主体结构质量合格。2012年4月21日,被申请人向申请人的母公司某集团公司出具《承诺书》,承诺内容为:"关于南海鸿龙湾一期二标段外墙及室内等凡是属于我司(某建筑公司)合同承包范围内的工程,我司郑重承诺,当领到本次400万元工程款后，3 天内组织施工队伍进场施工，只要是属于我司合同承包范围内的项目，我司保证在进场后 2 个月内全部完成（其中相关工程资料保证在进场后 1 个月内全部完成），并移交贵司验收。如果我司拖延 1 天进场，愿意承担 500 元/天罚款，如果不能按时经贵司验收合格及移交物业（含提交相关工程资料），我司（某建筑公司）愿意承担 1000 元/天罚款（罚款在公司剩余款项中扣除）。剩余款项贵司有权另请其他施工单位完成，费用在我司剩余款项中扣除，经贵司验收合格及移交物业后，再支付余款。"2012 年 5 月 31 日，申请人向被申请人支付 400 万元工程款。2012 年 6 月 1 日，被申请人向申请人出具收据，确认收到申请人"交来鸿龙湾工程款"400 万元。

申请人于 2016 年 6 月 15 日、2017 年 2 月 22 日、2017 年 6 月 27 日、2017 年 11 月 1 日、2018 年 9 月 18 日、2018 年 11 月 12 日、2019 年 8 月 1 日、2020 年 9 月 9 日先后共计 8 次向被申请人发送函件，提出案涉工程存在质量问题，要求被申请人进行维修并移交工程施工资料。就案涉工程款支付问题，申请人与被申请人存在争议并曾经发生诉讼，至本案仲裁庭辩论终结之时，相关争议仍未完结。

另查明，案涉工程已经取得国有土地使用证、建设用地规划许可证、建设工程规划许可证、建设工程施工许可证、某市商品房预（销）售许可证等相关许可证明。案涉工程于 2016 年被政府主管部门列入产权遗留项目。2021 年 3 月 29 日，案涉项目由政府的遗留办办理了竣工备案的相关手续，并且向房管局递交了首次登记的相关材料。目前案涉项目的初始登记已经完成，可以为业主办理分户产权。

> 争议问题

（1）被申请人是否应当向申请人交付工程资料？
（2）申请人可否根据《承诺书》向被申请人主张违约金？
（3）案涉工程是否存在施工质量问题？

> 法理分析

1. 被申请人是否应当向申请人交付工程资料？

《合同》第二部分"通用条款"第32.1条约定，工程具备竣工验收条件，承包人按国家工程竣工验收有关规定，向发包人提供完整竣工资料及竣工验收报告。《合同》第三部分"专用条款"第32.1条约定，承包人提供竣工资料及图纸各一套。因此，向申请人提供案涉工程竣工资料及图纸，是被申请人应当履行的合同义务。被申请人提出其已经将工程资料提供给申请人，但未提供相关证据予以证明。2012年4月21日，被申请人在向申请人的母公司某集团公司出具的《承诺书》中承诺限期提交工程资料，这可以佐证被申请人并未完成工程资料的提交工作。故对申请人提出的第一项仲裁请求应当予以支持。

2. 申请人可否根据《承诺书》向被申请人主张违约金？

违约金问题包括三个层面的问题，其一被申请人是否应当支付违约金，其二申请人是否可以根据《承诺书》向被申请人主张违约金，其三违约金数额应当如何确定。首先，被申请人是否应当支付违约金的问题。被申请人在《承诺书》中承诺，在收到400万元工程款后3天内组织施工队伍进场施工，相关工程资料保证在进场后 1 个月内全部完成，如果不能按时经申请人验收合格及移交物业（含提交相关工程资料），被申请人愿意承担 1000 元/天的违约金。被申请人未能在承诺的期限内向申请人提交相关工程资料，因此应当承担相应的违约责任。其次，申请人是否可以根据《承诺书》向被申请人主张违约金的问题。虽然从形式上《承诺书》是由被申请人向申请人的母公司某集团公司作出，但是《承诺书》所针对的就是案涉工程，某集团公司应当被视为加入了申请人与被申请人之间的合同关系，某集团公司与申请人共同为合同一方，被申请人为合同另一方，而且《承诺书》中约定的 400 万元工程款也是由申请人支付的，因此申请人也应当被视为被申请人承诺的对象，申请人有权主张《承诺书》项下被承诺人的权利，故申请人可以根据《承诺书》向被申请人主张违约金。最后，违约金数额应当如何确定的问题。申请人根据《承诺书》中 1000 元/天的约定向被申请人主张违约金，暂计至 2020 年 12 月 10 日为 3 084 000 元。仲裁庭认为，案涉项目已经由政府产权遗留办解决了产权登记问题，在初始登记完成后继续进行违约金的计算并不合理，因此不支持申请人关于违约金持续计算至被申请人实际提供工程资料之日的请求。同时在被申请人出具《承诺书》并陷入违约后，申请人虽然多次发函督促被申请人履约，但是未能采取合理措施防止损失扩大，申请人对于迟延办证所引发的损失也存在过错。《民法典》第五百九十一条第一款规定："当事人一方违约后，对方应当采取适当措施防止损失的扩大；没有采取适当措施致使损失扩大的，不得就扩大的损失请求赔偿。"当事人一方违约之后，相对方不采取适当措施的后果是"没有采取适当措施致使损失扩大的,不得就扩大的损失请求赔偿"。即,相对方不采取适当措施,并非要对违约一方承担责任,而是因此导致的损失扩大的风险由其自身承担,不可请求违约方承担责任。因此,采取适当措施防止损失扩大实际上是一种不真正义务,并不产生实际的损害赔偿后果,而只是损失风险自担的后果。[1] 综合考虑上述因素,仲裁庭认为按照《承诺书》中申请人所支付工程款 400 万元的 30% 确定违约金是合适的,因此仲裁庭酌定支持的违约金数额为 120 万元。

3. 案涉工程是否存在施工质量问题?

申请人认为案涉工程存在施工质量问题,请求被申请人对《南海鸿龙湾一期二标段某建筑公司质保期问题汇总表》中统计的质量问题进行维修。被申请人对申请人提出的质量问题不予认可。质量问题属于专业技术问题,在双方无法形成一致的情况下,应当通过质量鉴定予以确定。申请人向仲裁庭申请对案涉工程质量进行鉴定,仲裁庭接受申请人的鉴定申请并确定了鉴定机构,但是申请人在接到缴纳鉴定费用的通知后申请撤回鉴定,致使鉴定未完成。由于申请人原因鉴定未完成,申请人提出的工程质量问题缺乏证据支持,故对申请人的工程质量维修请求不予支持。

处理结果

根据《中华人民共和国民法典》第四百六十五条第一款、

---

[1] 龙卫球. 中华人民共和国民法典合同编释义(上册)[M]. 北京:中国法制出版社,2020:353.

第五百零九条第一款、第五百七十七条、第五百八十五条第一款、第五百九十一条第一款的规定，裁决如下：

（一）被申请人向申请人移交南海鸿龙湾一期二标段 I－L－(10#－20#)、I－D－(14#－30#) 幼儿园及配套公建的工程资料；

（二）被申请人给付申请人违约金 120 万元；

（三）驳回申请人的其他仲裁请求。

第三节　牵连缔约

案例 2－4　具有牵连关系的合同处理

> 案情介绍

申请人：刘某

被申请人：某置业公司

申请人称：2011 年 10 月 15 日，申请人与案外人某销售代理公司约定购买被申请人开发的某小区 C 区 4－801 室精装修房，建筑结构为钢混，建筑总层数为 30 层，建筑面积为 63.73 平方米，单价 5638.63 元/平方米，房款总价 359 350 元，17 万元作为贷款，交房日期为 2013 年 8 月 31 日，并于当日交定金 8 万元。申请人于 2011 年 10 月 31 日付清房屋首付款 189 350 元（含定金），交款收据号为 No.3104246，并同时交清精装修款

114 714 元，交款收据号为 No. 3504665。两笔现金都由某销售代理公司收取并开具发票。当日与被申请人签署该房屋买卖草签合同——《某市商品房买卖合同》，合同编号为 11 - C - 4801，签订《时代广场家庭居室装饰装修工程施工合同》，承包方由某装饰公司盖章。被申请人截至今日不能按照合同约定的 2013 年 8 月 31 日交房，并经查实某小区的 C 区 4 - 801 室，已经办理网签登记，业主为郭某。为维护自身合法权益，申请人提出以下仲裁请求：(1) 裁决被申请人继续履行《某市商品房买卖合同》；(2) 裁决被申请人依照合同约定及时交付位于某小区 C 区 4 号楼 801 室；(3) 裁决被申请人承担逾期交付某小区 C 区 4 - 801 室的违约责任，申请人已付款 189 350 元的利息及违约金，按照中国人民银行同期贷款利率自 2013 年 9 月 1 日起至实际交付之日止，暂计算至申请仲裁之日利息约为 74 407 元，违约金 6114 元；(4) 裁决被申请人承担逾期交付某小区 C 区 4 - 801 室的商品房配套设施运行的违约责任（违约金 359 350 元 × 0.01‰，自 2013 年 12 月 1 日起至实际付清之日止，暂计为 125 626 元）；(5) 裁决本案仲裁费由被申请人承担。在庭审过程中，申请人将第一项仲裁请求明确为请求被申请人为案涉房屋办理网签备案手续；将第三项仲裁请求中的违约金的计算基数增加 114 714 元（精装修款），违约金基数变更之后为 304 064 元，利息和违约金的数额也相应变更；由于开发商房屋编号变更，将原仲裁请求中的 C 区 4 - 801 号房屋变更为 C 区 4 - 802 号房屋。庭审后，申请人向仲裁庭递交书面《变更仲裁请求申请书》，请求撤回第四项仲裁请求。

申请人对其提出的主张向仲裁庭提供了以下证据：

（1）《某市商品房买卖合同》1份、《时代广场家庭居室装饰装修施工合同》1份，证明申请人与被申请人签订了商品房买卖合同和装饰装修施工合同，被申请人应当按照合同履行义务。

被申请人的质证意见：对两份合同的真实性予以认可，第二份装饰装修施工合同不是与被申请人签订的，但也承担合同项下的义务和责任。

（2）交款收据2张，证明申请人已经向被申请人交付购房款189 350元，交付精装修款114 714元。

被申请人的质证意见：对两张收据的真实性予以认可，已经收到款项。

（3）某小区简介、招商成果打印件各1张，证明被申请人就是案涉房地产的开发商。

被申请人的质证意见：对该组证据的真实性及证明目的均予以认可。

被申请人辩称：（1）仲裁庭送达程序错误。（2）申请人就主张利息和违约金的请求已过诉讼时效，故不应得到支持。（3）申请人以房屋款计算利息和违约金的依据不足。（4）申请人重复主张利息和违约金，故不应得到支持。

被申请人未向仲裁庭提供证据。

经仲裁庭审理查明：2011年10月31日，申请人与被申请人签订《某市商品房买卖合同》（以下简称《合同》）。《合同》约定，申请人购买被申请人开发的某小区C区4-801号房屋，房屋建筑面积为63.73平方米，房款总价为359 350元；被申请人应当在 2013 年 8 月 31 日前将竣工并经验收合格的房屋交付申请人；申请人于 2011 年 10 月 15 日付房款定金 8 万元，于 2011 年 11 月 2 日前付清房屋首付款 189 350 元（含定金），余款 17 万元作为贷款；除遇不可抗力外，被申请人如未按本《合同》第三条约定日期交付商品房，逾期在 90 日内的，申请人有权向被申请人追究已付款利息，利息自《合同》约定被申请人应交付商品房之日次日起至实际交付商品房之日止，按银行同期贷款利率计算。如超过上述约定期限的，申请人有权按照下述的第 1 种约定，追究被申请人违约责任："1. 合同继续履行。被申请人应支付申请人已付款利息，利息自合同约定被申请人应交付商品房之日次日起至实际交付商品房之日止，按银行同期贷款利率计算。此外，被申请人还应每日按商品房价款的 0.01 ‰ 向申请人支付违约金；本合同发生争议，申请人与被申请人应协商解决，协商不成向某仲裁委员会申请仲裁"。2011 年 10 月 30 日，申请人与某装饰公司签订《时代广场家庭居室装饰装修工程施工合同》，约定由某装饰公司负责案涉房屋的装修装饰；装修装饰工程总价款为 114 714 元，由申请人在合同签订当日一次性付清；某装饰公司应于申请人与被申请人签订的《合同》约定的交房日期前完成装修工程，与该房屋一并交付申请人，由申请人统一进行验收；某装饰公司应当根据第四条约定完成装修工程并交付，每延迟一日，应向申请人支付装修工程总价款万分之一的违约金。

2011 年 10 月 31 日，被申请人通过某销售代理公司收取申请人房屋首付款 189 350 元、精装修款 114 714 元，由某销售代理公司向申请人出具了收款收据。申请人与被申请人签订合同时，合同约定的房屋编号为 C 区 4-801 号房屋。据被申请人陈述，后来房管局备案时按照房管局的要求将案涉房屋的编号调整为 C 区 4-802 号房屋，申请人对此表示认可，并请求将仲裁请求中的 C 区 4-801 号房屋调整为 C 区 4-802 号房屋。案涉房屋所在楼宇目前已经取得了五证，但是由于被申请人资金紧张，工程进展比较缓慢，案涉房屋至仲裁开庭之日尚未能完成交付。

争议问题

（1）被申请人是否应当向申请人交付房屋？
（2）网签备案请求是否应当获得支持？
（3）被申请人提出的时效抗辩是否成立？
（4）精装修款是否应当计入违约金计算基数？

法理分析

1. 被申请人是否应当向申请人交付房屋？

《合同》约定被申请人应当在 2013 年 8 月 31 日前将竣工并经验收合格的房屋交付申请人，被申请人至 2023 年 5 月 4 日仲裁开庭之日仍未能将房屋交付申请人，且没有约定或法定的抗辩事由，故对于申请人要求被申请人交付房屋的仲裁请求予以支持。

2. 网签备案请求是否应当获得支持？

"网签备案作为行政管理制度，其对当事人权利义务产生的影响主要是基于行政管理相关规定而产生的行政管理效力，并不影响民事涉案房屋的物权效力和购房合同的债权效力。原告为实现民事债权，请求撤销债务人与购房人办理的网签备案，因网签备案对原告的债权实现不产生实际影响,不能认可其原告主体资格,依法应当驳回其起诉。"❶ 网签备案不具有下列法律效力:一是不影响房屋买卖合同的法律效力。《最高人民法院关于审理商品房买卖合同纠纷案件适用法律若干问题的解释》第六条第一款规定:"当事人以商品房预售合同未按照法律、行政法规规定办理登记备案手续为由,请求确认合同无效的,不予支持。"因此网签备案并非合同的生效要件,未办理网签备案,不影响合同效力。二是不影响房屋的物权效力。网签备案不属于《民法典》规定的物权变动行为,不产生物权变动或物权担保效力,购房人享有的仍然是基于房屋买卖合同的债权请求权。商品房买卖合同的网签备案仅为一种行政管理手段,并非一种民事权益,对申请人民事权利的实现没有实质性影响,故对申请人要求被申请人办理合同网签备案的仲裁请求不予支持。

3. 被申请人提出的时效抗辩是否成立?

根据《合同》第五条的约定,由于被申请人逾期交房超过90日,被申请人应当向申请人支付已付款利息及违约金。被申请人就申请人请求的已付款利息及违约金提出时效抗辩,该抗辩理由部分成立。"面对购房者提出的支付逾期交房违约金的主张,开发商大多会用已经过诉讼时效来进行抗辩。诉讼时效为3年并无争议,可是从何日开始计算诉讼时效会直接影响购房者的主张能否得到法院支持,这也成为了此类案件的纠纷焦点。"❷ 对于

---

❶ 董文玉,赵栋梁. 网签备案是否可诉应注重原告主体资格的审查[J]. 人民司法,2024(8):106-108.

❷ 李桢炀. 开发商逾期交付商品房违约责任研究[D]. 沈阳:辽宁大学,2022:10.

约定按日计付的继续性债权，以按日形成的每个个别债权分别单独适用仲裁时效，故仲裁庭确定逾期交房利息及违约金的保护范围自权利人向本委员会申请仲裁之日 2022 年 7 月 11 日起向前推算 3 年，即被申请人应当自 2019 年 7 月 11 日起按照合同约定的标准向申请人支付已付款利息及违约金。

4. 精装修款是否应当计入违约金计算基数？

关于申请人已付房款数额，仲裁庭认为应当将《时代广场家庭居室装饰装修工程施工合同》项下的精装修款 114 714 元计算在内。虽然该装修装饰合同从形式上看是申请人与案外人某装饰公司签订，实际上装修装饰单位是由被申请人指定的，而且被申请人也认可收到了申请人交付的 114 714 元装修装饰工程款，同意承担装饰装修合同项下的义务和责任，案涉房屋装修装饰的迟延也是由被申请人迟延交付房屋所致，商品房买卖合同与装饰装修合同构成牵连缔约，应当一并作出处理。故仲裁确认已付款利息和违约金的计算基数为 304 064 元，包括商品房买卖合同项下的 189 350 元及装饰装修合同项下的 114 714 元。

处理结果

依照《中华人民共和国民法典》第四百六十五条第一款、第五百零九条第一款、第五百七十七条、第五百八十五条第一款的规定，裁决如下：

（一）被申请人向申请人交付某小区 C 区 4-802 号房屋（建筑面积 63.73 平方米）；

（二）被申请人向申请人支付已付款利息（以已付款 304 064 元为基数，以中国人民银行授权全国银行间同业拆借中心公布的

一年期贷款市场报价利率为标准,自 2019 年 7 月 11 日起至实际交付房屋之日止);

(三)被申请人向申请人支付违约金(以已付款 304 064 元为基数,以每日万分之 0.01 为标准,自 2019 年 7 月 11 日起至实际交付房屋之日止);

(四)驳回申请人的其他仲裁请求。

第四节 合同的行政备案

案例 2-5 请求签订备案合同的问题

案情介绍

申请人:柳某

被申请人:某房地产开发公司

申请人称:2011 年 9 月 26 日,申请人与被申请人达成一致,被申请人将申请人原产权证号为 0004957、0005004 和 00055613 的三套房屋拆除改造,双方根据《某小区"夹心房"改造的拆迁补偿安置方案》进行安置。被申请人同意将其开发安置楼中的 2 号楼二单元三层 303 号,产权面积为 92 平方米的住房及 100 平方米一拖二的底店予以置换,且底店的准确位置,申请人享有优先选择权,双方约定搬迁 24 个月内落实《房屋拆迁协议》,若逾期则被申请人每月支付 3000 元违约金。签署协议后,申请人依约搬迁,但被申请人拒绝履行协议,单方面要求更改置换房屋面积,申请人常年与之协商未果,申请人为维护合法权益,现提起仲裁,望判如所请。为此,提出以下仲裁请求:(1)裁决被申请人继续履行《房屋拆迁协议》,签署正式的《商品房买卖合同》,交付案涉房屋,并为申请人办理网签备案登记并配合办理不动产权属登记备案的相关手续;(2)裁决被申请人支付违约金,自2013年10月3日起至落实《房屋拆迁协议》交房止,以每月3000元计算,暂计至仲裁之日止为327 000元;(3)本案的仲裁费用由被申请人承担。

申请人对其提出的主张向仲裁庭提供了以下证据:

(1)《房屋拆迁协议》(100平方米底店,2页)1份、《房屋拆迁协议》(92平方米房屋,1页)1份,证明双方针对拆迁房屋达成补偿方案,明确将安置楼中2号楼二单元三层303号产权为92平方米的房屋和1号楼和2号楼中100平方米(一拖二)底店予以置换,而且明确约定申请人有底店的优先选择权。

被申请人的质证意见:对两份《房屋拆迁协议》的真实性予以认可,92平方米房屋的安置没有意见,但是需要申请人补交结构差,每平方米800元。100平方米的房屋需要申请人补交结构差和平方米差价(拆二择一商铺),结构差还是按照每平方米800元计算,需要补交15.17平方米的平方米差价,按照每平方米12 600元进行补偿平方米差价。

(2)案涉安置楼现场视频5个及照片2张,证明被申请人未按《房屋拆迁协议》交付房产及底店,图中所显示的就是案涉拆迁房屋,被申请人不予交付,其他周边的剩余全部底店显示经

营状态,被申请人从未向申请人表示让其自行选择,损害了申请人在《房屋拆迁协议》中的优先选择权

被申请人的质证意见:对视频和照片的真实性认予以可,就是案涉房屋的现场。被申请人根据《房屋拆迁协议》的约定建设了给申请人进行置换的面积为 100 平方米的底店,底店号为 12-109 号,建设当时申请人也是同意的,现在申请人拒绝接受,责任不在被申请人,而在申请人,被申请人没有违约。

(3)《房屋拆迁协议》打印件 3 页(同证据 1)、录音 1 份,证明被申请人并未按照《房屋拆迁协议》交付 1 号楼与 2 号楼中的 100 平方米底店和 92 平方米的住宅,并拒绝申请人优先选择其住宅的坐落位置,被申请人严重违约,根据《房屋拆迁协议》"违约责任"第一条,自搬迁之日起 24 个月内要求被申请人落实《房屋拆迁协议》,每延期一个月赔付申请人 3000 元整,直至按约履行协议内容止。从录音中可以听出,被申请人认为用原 44.62 平方米房产置换 92 平方米的住宅需要另外补钱,用原 46.73 平方米和 76.21 平方米的房产置换 100 平方米上下层的底店也需要补钱。

被申请人的质证意见:对《房屋拆迁协议》和录音的真实性予以认可,从 2015 年底开始安置,就叫来申请人本人,开始拿着相关手续准备入住。2011 年至 2013 年开始拆迁,拆迁完毕之后就开始盖房,在这个期间我们帮拆迁业主包括申请人选择房屋,当时选择房屋的时候就没有图纸,也没有房屋的具体平方米面积,到 2014 年我们有了房屋的平面图,住宅的选择住宅,商业的选择底店,定好户型及面积后,我们就开始建设,到 2015

年公司新换一批工作人员,继续推进安置工作,针对申请人这件事情没有异议,还是按照《房屋拆迁协议》执行,但是申请人提出异议就是多出的平方米面积不予补偿,住宅没有问题,底店就有了问题,拿两个房的面积更换一个底店,申请人不同意补偿差价,所以就迟迟未领取钥匙。2015 年至 2021 年,我们每年因为公司的结算来办理相关的房屋安置手续,申请人一直未出现,有时候也无法与申请人取得联系,我们公司还派工作人员去水果摊寻找申请人,而且请办事处的相关人员来配合做工作。同时我们公司也作出让步,开会决定商铺 100 平方米可以安置给申请人,但补偿款抵顶平方米差互不相欠,这是在 2017 年与申请人沟通的,申请人也不同意。108 平方米是房屋测绘面积,申请人要求的是 100 平方米,多出的 8 平方米按照 5 平方米计算,每平方米 1 万元,申请人还是不同意,迟迟不来领取钥匙。

被申请人辩称:我公司于 2011 年 9 月 26 日与申请人签署了《某小区"夹心房"改造的拆迁补偿安置方案》并明确了回迁安置房的归属地及房屋面积等。我公司于 2015 年 12 月 30 日已具备回迁安置条件并与所有拆迁户取得联系,并要求办理回迁房钥匙领取的相关手续。(1)我公司与申请人签署《房屋拆迁协议》时因建设手续属于"夹心房改造项目",协议内并未明确安置房房屋结构、土地性质。拆迁完成后因规划要求该地块房屋性质改为商品房,房屋结构也变为钢混结构。基于上述原因我公司向回迁户收取 800 元/平方米的房屋建筑结构差。(2)依据当时拆迁办法及申请人底商《房屋拆迁协议》内容,我公司一直无法与申请人确认平方米置换依据,《房屋拆迁协议》内明确底商置换为原产权拆二还一，但《房屋拆迁协议》内原产权面积为122.94平方米，就所产生的平方米差双方一直未能达成一致。（3）双方约定搬迁24个月后，逾期方每月支付3000元违约金，应在我公司通知回迁户办理领取钥匙手续后停止计算。

被申请人未向仲裁庭提供证据。

经仲裁庭审理查明：2011年9月26日，申请人与被申请人签订2份《房屋拆迁协议》（以下简称《协议》）。《协议》约定，申请人将其产权证号为00055613号的房屋交由被申请人进行拆迁，被申请人相应安置申请人2号楼二单元三层303号92平方米房屋一套，并特别注明"等面积置换互不补钱，待交付$92m^2$房屋时不收钱"；申请人将其产权证号分别为0004957、0005004号的2套房屋交由被申请人进行拆迁，被申请人相应安置申请人"1#楼和2#楼之间$100m^2$上下层底店一套"。《协议》还约定："如甲方（被申请人）不能在乙方（申请人）搬迁之日起24个月内落实安置协议，甲方每逾期一个月赔偿乙方损失人民币3000元整，直至如约履行安置协议内容之日止。"

从约2011年10月底至2011年11月初，申请人将3套房屋交付给被申请人进行拆迁。被申请人已经将该3套房屋拆迁完毕。2016年底被申请人通知申请人办理接收安置房的相关手续，但因为双方对房屋结构差、建筑面积差等存在争议，安置房交接手续至仲裁开庭之日仍未完成。在庭审中，被申请人明确现可以安置给申请人的住宅为2号楼二单元三层303号92平方米房屋，可以给申请人的底店为12-109号100平方米房屋。申请人表示同意接受上述2套安置房屋。

> 争议问题

(1) 安置房屋确定和产权登记问题。

(2) 签订正式合同和网签备案问题。

(3) 违约金问题。

> 法理分析

申请人与被申请人签订的《协议》是双方真实意思表示,不违反法律、行政法规的禁止性规定和公序良俗,合法有效,应当作为确定双方当事人权利和义务的依据。就双方争议的焦点问题,分析如下:

1. 安置房屋确定和产权登记问题

根据《协议》约定,被申请人应当为申请人安置2号楼二单元三层303号92平方米房屋1套及100平方米底店1套。《协议》关于100平方米底店的具体房号没有作出约定,被申请人在庭审中表示可以给申请人安置的底店为12-109号100平方米房屋,申请人表示同意接受。《民法典》第五百一十条规定:"合同生效后,当事人就质量、价款或者报酬、履行地点等内容没有约定或者约定不明确的,可以协议补充;不能达成补充协议的,按照合同相关条款或者交易习惯确定。"申请人与被申请人在庭审过程中就100平方米底店的特定化达成一致,应当作为达成补充协议处理。补充协议不但可以在庭外达成,亦可以在庭审中达成。故仲裁庭将安置房屋确定为某小区2#楼二单元三层303号房屋(92平方米)和某小区12-109号房屋(100平方米)。房屋拆迁安置是一种转移房屋所有权的行为,被申请人应当协助申请人办理上述 2 套安置房屋的不动产权属转移登记手续，故对申请人提出的请求被申请人配合办理不动产权属登记的请求予以支持。

2. 签订正式合同和网签备案问题

至于申请人提出的签署正式的《商品房买卖合同》并为申请人办理网签备案登记的请求，由于双方并非房屋买卖合同关系，而是一种拆迁安置关系，申请人请求签订《商品房买卖合同》既不符合本案事实，也没有合同和法律依据，故对于申请人请求签订《商品房买卖合同》的请求不予支持。只有存在预约与本约的关系问题时，才可能产生根据预约签订本约的请求权问题。《民法典》第四百九十五条规定："当事人约定在将来一定期限内订立合同的认购书、订购书、预订书等，构成预约合同。当事人一方不履行预约合同约定的订立合同义务的，对方可以请求其承担预约合同的违约责任。""预约合同是指当事人约定为将来一定期限内订立合同而达成协议，是当事人在本约内容达成一致前作出的有约束力的意思表示。当事人之所以先签订预约合同，原因可以分为两种：一种是主观未决事项，即当事人就待决事项的内容暂时无法达成一致，希望未来再予明确，或者一方当事人主观上犹豫，故给予一方当事人签订本约的犹豫期；一种是客观未决事项，即当事人存在某种事实、法律上的障碍暂时不能订立本约，常表现为交易未取得有关机关批准或者取得相应的许可证，签订本约的时机尚不成熟，履行本约的某种条件尚未具备或者履行本约的时间尚未到来等。"❶ 案涉《房屋拆迁协议》已经对申请人与被申请人之间的实体性权利义务关系作出了明确安排,并非为了将来缔结其他合同而签订,不属于法律意义上的预约,因此申请人请求签订所谓正式的《商品房买卖合同》没有法律依据。办理网签备案为行政机关对房屋销售的一种行政管理手段而非一种民事权利,对申请人的利益没有实质性影响,而且现行法律、法规对于拆迁安置类房屋交易并未规定必须办理网签备案,申请人关于网签备案的请求没有法律依据,故对申请人提出的办理网签备案的仲裁请求不予支持。

3. 违约金问题

《协议》约定:"如甲方(被申请人)不能在乙方(申请人)搬迁之日起 24 个月内落实安置协议,甲方每逾期一个月赔偿乙方损失人民币 3000 元整,直至如约履行安置协议内容之日止。"关于申请人将 3 套拆迁房屋交给被申请人进行拆迁的确切时间(也就是申请人的搬迁时间),双方均没有提交书面证据。申请人在庭审中主张其搬迁时间(交付拆迁时间)为 2011 年 10 月底至 2011 年 11 月初,被申请人表示认同,仲裁庭酌情确定搬迁时间(交付拆迁时间)为 2011 年 11 月,并从 2011 年 12 月 1 日起计算安置期限。根据《协议》有关 24 个月内落实的约定,被申请人应当在 2013 年 11 月 30 日之前完成对申请人的房屋安置。庭审中申请人和被申请人均认可,被申请人已经通知申请人

---

❶ 最高人民法院民法典贯彻实施工作领导小组. 中华人民共和国民法典合同编理解与适用【一】[M]. 北京:人民法院出版社,2020:229-230.

办理接收安置房屋的相关手续,被申请人主张其在 2015 年 12 月 30 日之前通知申请人来领取两套房屋的钥匙及办理两套房屋的交房手续,申请人主张被申请人通知申请人本人去接收房屋的时间并不是 2015 年,而是 2016 年底。鉴于通知申请人办理收房手续系被申请人的合同义务,被申请人没有提供其系 2015 年通知被申请人收房的相关证据,仲裁庭以被申请人自认的 2016 年底作为被申请人通知申请人办理安置房屋交接手续的时间。根据《协议》约定,被申请人应为申请人安置房屋的时间为 2013 年 11 月 30 日之前,被申请人实际通知申请人接收安置房屋的时间为 2016 年底,故逾期时间为 37 个月。被申请人向申请人发出交接安置房屋通知后,在实际办理交接手续过程中,虽然双方仍因存在诸如房屋结构差、建筑面积差等相关争议未能实际完成交接,但不宜认定为被申请人单方违约,故对于 2017 年之后的时间仲裁庭不视为被申请人违约期间。鉴于被申请人因违约迟延为申请人安置房屋达 37 个月,根据《协议》有关每迟延一个月应当支付 3000 元违约金的约定,被申请人应当向申请人支付违约金 111 000 元(每月 3000 元×37 = 111 000 元)。

处理结果

依照《中华人民共和国民法典》第四百六十五条第一款、第五百零九条第一款、第五百七十七条、第五百八十五条第一款的规定,裁决如下:

(一)被申请人向申请人交付某小区 2#楼二单元三层 303 号房屋(92 平方米)和某小区 12 - 109 号房屋(100 平方米);

(二)被申请人协助申请人办理某小区 2#楼二单元三层 303

号房屋（92平方米）和某小区12-109号房屋（100平方米）不动产权属登记手续；

（三）被申请人给付申请人违约金111 000元；

（四）驳回申请人的其他仲裁请求。

第三章 合同的效力

第一节 合同决议的效力

案例 3-1 多数决议对个别合同的约束力

案情介绍

申请人：温某、李某

被申请人：某商贸公司

申请人称：申请人系某商业大厦-3D08号商铺的业主。2015年10月16日申请人与被申请人签订《某商业大厦租赁合同书》，约定申请人将该商铺出租给被申请人经营使用10年。双方约定：每年的租金分两次支付，支付时间为每年4月10日前、10月16日前；被申请人如未按时支付租金，自第三十一日起，每逾期一日，按照拖欠金额的万分之五向申请人支付违约金。双方约定：2016年至2018年，被申请人每年支付申请人租金2176.03元。2019年至2021年，被申请人每年支付申请人租金4352.07元。2022年至2025年被申请人每年支付申请人租金3267.84元。而2016年到2017年，被申请人未按时支付合同约定的租金。2018年至今，被申请人未支付合同约定的租金。被申请人未按约定支付租金，严重违反了诚信原则。为此，申请人提出以下仲裁请求：（1）裁决被申请人支付申请人2018年4月10日至2021年4月10日租金共计人民币14144元；（2）裁决被申请人向申请人支付截至提起仲裁之日起逾期租金的违约金共计人民币4953.664元；（3）裁决被申请人承担本案全部仲裁费用。

申请人对其提出的主张向仲裁庭提供了以下证据：

（1）编号为房权证某字第338660号的《房屋产权证书》1份、编号为房权证某字第338660-1号的《房屋产权证书》1份，证明申请人李某系某商业大厦-3D08、面积为10.53平方米的房屋所有权人，对该上述房屋享有所有权，申请人温某为该案涉房屋的共有权人。

被申请人的质证意见：对该组证据的真实性和证明目的均予以认可。

（2）编号为340的《某商业大厦租赁合同书》1份，证明案涉双方于2015年10月16日签订《某商业大厦租赁合同书》一份，约定申请人将登记在自己名下的房屋出租给被申请人使用。双方对租金及支付方式进行了明确的约定，被申请人有向申请人支付房屋租金的义务。双方具体约定如下：① 前半年为免租期，计租日期从 2016 年 4 月 16 日开始；② 每年分两次支付租金，分别为 4 月 10 日前支付和 10 月 16 日前支付，并存入申请人指定账户；③ 每年支付租金数额在合同第二条第二款进行了明确约定；④ 被申请人应按时支付租金，逾期支付租金的，应按拖欠金额的日万分之五向申请人支付违约金。

被申请人的质证意见：对该证据的真实性予以认可，对于形成租赁关系的证明目的予以认可。合同在开篇正文第一页第 1—3 行载明，达到 67% 的租赁人数及面积决定执行此租赁合同，可以看出，本合同的形成是少数服从多数的结果。合同第六条有关续约的规定，也是遵循少数服从多数的原则进行。所以按照合同所表示出来的真实意思，该合同的履行是需要经过 67% 的业主同意，这也是降租的合同基础。所以该合同 4 年至 6 年的租金也应当按照降租之后的租金进行支付，具体数额是合同中约定的 4 年至 6 年应付租金的数额的 50%。申请人的合同中是要求每年分两次支付租金，分别为 4 月 10 日前支付和 10 月 16 日前支付，并存入申请人指定账户，但是被申请人的合同中是约定每年分两次支付租金，分别为 4 月 16 日前支付和 10 月 16 日前支付，并存入申请人指定账户，我们所有的合同都是同样的模板，所以对方的 4 月 10 日应当是笔误造成的。

（3）《银行交易明细》5 份，证明：被申请人于 2015 年 10 月 29 日向申请人支付租金 1088.02 元；被申请人于 2016 年 10 月 15 日向申请人支付租金 1088.02 元；被申请人于 2017 年 11 月 16 日向申请人支付租金 1088.02 元；被申请人于 2018 年 2 月 6 日向申请人支付租金 1088.02 元；被申请人于 2019 年 1 月 5 日向申请人支付租金1088.02元。每一次被申请人支付租金都没有按时支付,应该按照合同约定来计算违约金。

被申请人的质证意见:对该组证据的真实性与证明目的均予以认可,被申请人一共向申请人支付了五次计两年半的租金。

被申请人辩称:首先房屋的租赁关系是存在的,我们欠付租金的时间是从2018年10月16日开始到2021年4月15日;2018年10月16日至2019年4月15日欠付申请人租金1088.02元,2019年4月16日至2020年4月15日欠付申请人租金2176.03元,2020年4月16日至2021年4月15日欠付申请人租金2176.03元,以上合计欠付申请人租金5440.08元。对违约金部分我们申请仲裁庭对其进行调整,申请人主张的违约金过高,被申请人主张按照年利率6%调整违约金计算标准。

被申请人为证明其主张向仲裁庭提供了以下证据:

(1)编号为340的《某商业大厦租赁合同书》1份,证明双方签订的合同是真实意愿的表示,双方降租是有合同依据的,依据就是前面对申请人证据的质证意见,被申请人的合同中是约定每年分两次支付租金,分别为4月16日前支付和10月16日前支付,并存入申请人指定账户,我们所有的合同都是同样的模板,所以对方的合同中4月10日应当是笔误造成的。

申请人的质证意见:对该证据的真实性需要核对原件。2021年12月30日被申请人提供合同原件后,申请人发表的书面质证意见为:"因合同内支付租金日期都是被申请人方书写,造成申请人方与被申请人方支付租金日期不符,说明合同有问题,对被申请人提供的合同原件除支付租金日期以外,其他都认可。"

（2）《账户转账交易明细》5 份，证明被申请人向申请人共支付了 5 次计两年半的租金 5440.10 元。

申请人的质证意见：对该证据的真实性和证明目的均予以认可。

（3）《某商业大厦租赁合同书补充协议》2 份，证明这个补充协议是被申请人与其他 513 户业主所签订的降租协议的代表，并且该降租协议的内容已经被人民法院以判决的形式进行确认，所以对本案申请人的租金，我方也应当按照降租后的租金标准进行支付。

申请人的质证意见：对该证据的真实性与证明目的均不予认可，申请人没有见过这 2 份补充协议，也没有签过类似的补充协议。

（4）某地中级人民法院（2020）某 02 民终 1642 号《民事判决书》1 份，证明在该判决中某地中院二审查明，已签订降租协议的业主户数及所涉商铺面积已分别达到了租赁业主总户数和总面积的 71.55% 和 73.86%，均超过 67%，并且该判决确认租赁业主应当按照降租后的标准收取租金，所以本案的申请人也应当按照降租后的标准来收取租金。

申请人的质证意见：对该证据的真实性与证明目的均不予认可，对法院判决所认定的均超过 67% 的业主的真实性不予认可。

（5）《某仲裁委员会仲裁裁决书》6 份，证明与本案申请人同为租赁业主的其他案件的申请人向仲裁委申请仲裁要求被申请人方支付欠付租金，仲裁裁决均支持了被申请人提出的以降租之后的标准向申请人支付的请求，并且依照法律规定，对违约金进行了合理的调整,所以本案的申请人也应当按照降租后的标准来收取租金。

申请人的质证意见:对该证据的真实性与证明目的均不予认可,因为这个降租协议的真实性存有异议,仲裁庭是否考察过均超过67%业主的真实性,我们的合同只是约定在续租和经营期满这个问题上遵循少数服从多数原则,没有任何一条约定降租也是遵循少数服从多数原则。

经仲裁庭审理查明:申请人与被申请人于2016年4月16日签订了编号为340的《某商业大厦租赁合同书》1份,合同约定申请人将其所有的3D08号商铺(建筑面积10.53平方米)租予被申请人经营。合同第一条约定,租赁经营期限为10年,租赁起始日期为2016年4月16日。合同第二条约定,第一至三年每年租金2176.03元、第四至六年每年租金4352.07元、第七至十年每年租金3267.84元,第一次租金于2015年10月25前支付,以后每年分两次支付租金,时间为4月某日(申请人合同记载为10日,被申请人合同记载为16日)前和10月16日前,按先付款后用房的原则执行;该房屋出租费自2016年4月16日开始计算,以下年份以此类推。合同第八条约定:"被申请人未按时向申请人支付约定租金,应当承担违约责任,除按合同规定支付申请人应得金额外,应自第三十一天起,每逾期一日按拖欠金额万分之五,向申请人支付违约金。逾期两个月不支付应付全部租金,申请人有权单方解除合同。"合同第十条约定:"本协议在履行中发生争议,双方本着互谅互让,友好协商的原则予以解决,若协商不成,双方同意提交物业所在地仲裁委员会仲裁。"

合同签订后，申请人按约定将商铺交与被申请人经营，被申请人分5次支付申请人两年半的租金合计5440.10元。此后的租金，被申请人一直未付。

另查明，被申请人与某商业大厦业主签订租赁合同书共计509份，涉及业主464户，商铺553个，面积8544平方米。后被申请人与上述业主中332户签订了《某商业大厦租赁合同书补充协议》，将合同约定的第四至六年的租金降低了50%，变更后与前三年的租金标准相同。该332名业主共拥有商铺371个，面积6310.39平方米，分别占到业主总户数和商铺总面积的71.55%和73.86%。

争议问题

（1）关于每年第一次支付租金的时间，应当是4月10日前还是4月16日前的问题。

（2）关于被申请人拖欠申请人租金的区间问题。

（3）关于多数业主的降租决议对申请人有无约束力的问题。

（4）被申请人应当承担的违约金的计算标准和违约金数额问题。

法理分析

申请人与被申请人签订的《某商业大厦租赁合同书》（以下简称《合同书》）是双方真实意思表示，合法有效，双方均应依约履行。申请人按约定履行了交付商铺的义务，被申请人未按约定支付租金已构成违约，应继续履行支付租金义务并承担相应违约责任。现将双方争议的焦点问题分析如下。

1. 关于每年第一次支付租金的时间,应当是 4 月 10 日前还是 4 月 16 日前的问题

申请人持有的《合同书》记载的是 4 月 10 日前,被申请人持有的《合同书》记载的是 4 月 16 日前,除此之外两份《合同书》的内容一致。《民法典》第一百四十二条第一款规定:"有相对人的意思表示的解释,应当按照所使用的词句,结合相关条款、行为的性质和目的、习惯以及诚信原则,确定意思表示的含义。"结合相关条款对合同进行解释,在理论上称为体系解释,是合同解释的一种重要方法。"体系解释,又称整体解释,是把全部合同条款和构成部分看作一个统一的整体,从各个合同条款及构成部分的相互关联、所处的地位和总体联系上阐明当事人系争的合同用语的含义,或者拟出欠缺的合同条款。甚至有时要有条件地把相关交易、连续交易看成一个整体,来解释合同。"❶根据《民法典》第一百四十二条规定的解释原则,参照《合同书》第二条第二款中有关"商铺租赁费每半年支付一次",且每年第二次支付租金的时间为 10 月 16 日前的约定,以及其他商户合同中有关前半年支付租金时间(4 月 16 日前)的记载,仲裁庭确定申请人持有的《合同书》中有关 4 月 10 日的记载系笔误,每年第一次支付租金的时间应当为当年的 4 月 16 日之前。

2. 关于被申请人拖欠申请人租金的区间问题

双方对于被申请人已经支付了 5 次租金合计 5440.10 元没有争议,但是申请人主张被申请人所支付租金的区间为 2015 年 10

---

❶ 崔建远. 合同法 [M]. 北京:北京大学出版社, 2021:430-431.

月至 2018 年 4 月，被申请人主张所支付租金的区间为 2016 年 4 月至 2018 年 10 月。《合同书》第二条约定："该房屋出租费自 2016 年 4 月 16 日起开始计算，以下年份以此类推。"故被申请人已经支付的两年半的租金，应当为 2016 年 4 月 16 日至 2018 年 10 月 15 日期间的租金，被申请人欠付租金的时间为 2018 年 10 月 16 日之后。申请人请求支付 2018 年 4 月至 2021 年 4 月三年的租金，由于 2018 年 4 月至 2018 年 10 月之间的租金被申请人已经支付，故仲裁庭支持区间为 2018 年 10 月 16 日至 2021 年 4 月 15 日期间两年半的租金。

3. 关于多数业主的降租决议对申请人有无约束力的问题，也即 2018 年 10 月 16 日至 2021 年 4 月 15 日期间被申请人应当支付租金的标准问题

被申请人未与申请人签订降租补充协议，被申请人能否主张按照其他业主签订的补充协议约定的降幅 50% 的标准向申请人支付 2018 年 10 月 16 日至 2021 年 4 月 15 日期间的租金？《民法典》第一百三十四条第二款规定："法人、非法人组织依照法律或者章程规定的议事方式和表决程序作出决议的，该决议行为成立。"《民法典》将决议行为纳入特殊民事法律行为的范畴是对传统民事法律行为的概念扩张。[1] 决议行为对处于相同地位的缔约人具有约束力。在本案中，《合同书》相关约定表明涉及签订合同和续租等重大事项，"达到 67% 人数和商铺面积"的业主具

---

[1] 殷秋实. 公司决议无效制度的类型区分与漏洞填补 [J]. 法学, 2024 (3)：107-122.

有表决权,该约定不违反法律规定,亦符合大多数业主的共同利益。某商业大厦的统一经营模式,必然要求全体业主利益共享、风险共担。鉴于当前零售百货业经营环境不理想等原因,超过70%的业主同意将第四至六年(2019年4月16日至2022年4月15日)期间的租金降低50%,仍与前三年的租金标准持平,并签订了补充协议,符合商厦实际经营状况,也有利于维护全体业主的长远利益,该降租补充协议合法有效,并对全体业主具有约束力,被申请人主张应按降租后的标准支付2019年4月16日至2021年4月15日期间的租金,理由成立,仲裁庭予以支持。故,被申请人应当支付申请人2018年10月16日至2021年4月15日租金本金为2176.03元/年×2.5年=5440.08元。

4. 被申请人应当承担的违约金的计算标准和违约金数额问题

《合同书》约定的按日万分之五的违约金计算标准是否过高,被申请人请求调减为按年利率6%计算能否成立?合同约定的日万分之五的违约金计算标准,相当于年利率18.25%,显然过高。综合考虑被申请人违约的主观过错,以及商厦的实际经营状况,同时参考人民法院针对其他业主的生效判决和本委员会已经作出的仲裁裁决,仲裁庭认为按照年利率6%的标准计算违约金较为恰当,故对被申请人提出的按照年利率6%的标准计算违约金的主张,仲裁庭予以支持。

被申请人应当承担的违约金责任,按照上述标准,区分为已经支付部分(2016年4月16日至2018年10月15日)与尚未支付部分(2018年10月16日至2021年4月15日)分别计算。根据《合同书》第八条第一款的规定,违约金从逾期的第 31 日起算,故每期应在实际逾期天数上扣减 30 日。已经支付部分的违约金:《合同书》特别约定被申请人第一次支付违约金时间为 2015 年 10 月 25 日前支付,被申请人实际支付时间为 2015 年 10 月 29 日,迟延未超过 31 日,不存在支付违约金的问题;被申请人第二次支付租金的时间为 2016 年 10 月 15 日,不违反合同关于每年第二次支付租金时间为 10 月 16 日前的约定,不存在支付违约金的问题;被申请人第三次支付租金的时间为 2017 年 11 月 16 日,晚于本次应当支付租金的最后时间 2017 年 4 月 15 日计 215 日,扣减 30 日后应当计算违约金的时间为 185 日,应当支付违约金 1088.02 元 × 6% × (185/365) = 33.09 元;被申请人第四次支付租金的时间为 2018 年 2 月 6 日,晚于本次应当支付租金的最后时间 2017 年 10 月 15 日计 114 日,扣减 30 日后应当计算违约金的时间为 84 日,应当支付违约金 1088.02 元 × 6% × (84/365) = 15.02 元;被申请人第五次支付租金的时间为 2019 年 1 月 5 日,晚于本次应当支付租金的最后时间 2018 年 4 月 15 日计 265 日,扣减 30 日后应当计算违约金的时间为 235 日,应当支付违约金 1088.02 元 × 6% × (235/365) = 42.03 元。已经支付部分的违约金合计为:33.09 元 + 15.02 元 + 42.03 元 = 90.14 元。未支付部分的违约金:根据申请人的主张,仲裁庭支持的拖欠租金期间为 2018 年 10 月 16 日至 2021 年 4 月 15 日,根据每半年支付一次的合同约定,应当支付租金的最后时间分别为 2018 年 10 月 15 日、2019 年 4 月 15 日、2019 年 10 月 15 日、2020 年 4 月 15 日、2020 年 10 月 15 日,至申请人申请仲裁之日 2021 年 7 月 15

日，五次租金逾期时间分别为1004日、822日、639日、456日、273日，总计逾期3194日，五次合计扣减150日后计算违约金的时间为3044日，总计违约金1088.02元×6%×(3044/365)=544.43元。所以，截至申请人申请仲裁的2021年7月15日，被申请人应当支付的违约金总额为90.14元+544.43元=634.57元。

> 处理结果

依照《最高人民法院关于适用〈中华人民共和国民法典〉时间效力的若干规定》第一条第三款，《中华人民共和国民法典》第一百三十四条第二款、第五百零九条、第五百八十五条、第七百二十一条的规定，裁决如下：

（一）被申请人向申请人支付2018年10月16日至2021年4月15日期间的租金5440.08元；

（二）被申请人向申请人支付违约金634.57元；

（三）驳回申请人的其他仲裁请求。

第二节　脱法合同的效力

案例3-2　规避法律的合同的法律效力问题

> 案情介绍

申请人：张某

被申请人：陈某、高某

申请人称：被申请人陈某、高某于 2009 年 5 月 31 日共同出资成立某商旅公司，对外以某商旅公司名义出售位于某养老公寓小区的房屋。申请人与某商旅公司于 2020 年 7 月 2 日签订《某养老公寓小区房屋使用权协议书》（以下简称《协议书》），签订《协议书》后申请人共计向被申请人交纳购房款 182 726 元，该公司未经合法清算于 2021 年 5 月 17 日办理了注销手续。双方签订的《协议书》违反法律规定无效。本案中，某商旅公司不具备房屋建设、销售资格，没有政府部门登记备案。申请人与某商旅公司双方签订的《协议书》中案涉房屋系在农村村民集体所有的土地上建造的房屋。根据《土地管理法》及其他相关条款的规定，因该类房屋占用土地的特殊性质，村民在未经本集体同意的情况下，只可将住房转让给本集体内符合宅基地使用权分配条件的农户，而不能转让给城镇居民。根据原《合同法》第五十二条第五项"违反法律、行政法规的强制性规定的合同无效"的规定，申请人与被申请人双方关于房屋买卖的约定违反了有关法律的强制性规定，应为无效合同。被申请人应向申请人返还收取的房款。根据原《合同法》第五十八条的规定，合同无效或者被撤销后，因该合同取得的财产，应当予以返还。本案中，被申请人因该合同收取申请人购房款 182 726 元，应当予以返还，还应承担购房款的利息损失。为此，申请人提出以下仲裁请求：(1) 裁决申请人与被申请人签订的《某养老公寓小区房屋使用权协议书》无效；(2) 裁决被申请人返还申请人购房款 182 726 元；(3) 裁决被申请人支付申请人已付购房款的利息损失（从

2020年8月21日起至给付完毕之日止按照全国银行间同业拆借中心公布的贷款市场报价利率计付，利息损失计算至2021年8月10日为6935元）；（4）本案仲裁费由被申请人承担。

申请人对其提出的主张向仲裁庭提供了以下证据：

（1）房款计算明细及定金收据1份，证明房屋销售人员张某某计算房款明细及申请人交纳购房意向金1000元。

被申请人的质证意见：对该证据的真实性及证明目的均不予认可。两份证据中均无某商旅公司的盖章，不是公司行为。

（2）购房款及物业费缴费收据8份，其中购房款为121 900元，物业水电费为4626元，编号7460385号收据写的是电器团购费，实际为购房款56 200元，合计182 726元，证明申请人张某在2020年3月23日至2020年7月2日期间向某商旅公司交纳购房款及物业费合计182 726元。

被申请人的质证意见：对编号8373140、8373144、8373167证据的真实性及证明目的均不予认可。三份收据支付的是使用权转让费而不是购房款，在收据上也并未写明是购房款，3份收据的金额总和为121 900元，某商旅公司仅收取了该数额，而申请人主张退还182 726元，已经超过了某商旅公司实收款项。对于其余5份收据的真实性和证明目的均不予认可，收据上均无某商旅公司盖章，所载明的费用某商旅公司也未收取，因此某商旅公司的股东不应承担退还责任。

（3）2021年9月23日申请人张某和房屋销售人员张某某电话录音光盘一张和电信服务费缴费发票一张，证明张某某的电话号码为×××，申请人张某购买了位于某养老公寓小区的房屋，电器是赠送的，收据内容"电器团购费"应为购房款给顾客的折扣，实际的房屋价格是30多万元。

被申请人的质证意见：对该证据的真实性及证明目的均不予认可。首先从录音及发票中均不能看出张某某是某商旅公司的员工，其次张某某如作为证人，除法定的情况，应出庭作证，因此该份证据从形式到内容均不能证明其目的。

（4）《某养老公寓小区房屋使用权协议书》1份，证明2020年7月2日申请人与某商旅公司签订《某养老公寓小区房屋使用权协议书》书面合同，申请人向某商旅公司购买位于某养老公寓小区第9栋2单元103号房屋，合同明确写着购买条件为55岁以上老人使用，也没有使用权年限，另经查询该房屋没有相关审批手续，合同违反《土地管理法》第六十三条的强制性规定，依据《民法典》第一百四十三条第三项的规定应为该无效合同。

被申请人的质证意见：对该证据的真实性予以认可，证明目的不予认可。从该协议书"鉴于"部分的1、2两条中可以明确看出，某商旅公司已告知申请人某商旅公司取得的仅为房屋使用权，且告知某商旅公司所转让的也是房屋使用权，并写明申请人自愿受让房屋使用权。从这些约定可看出双方在签订使用权协议时申请人对于房屋的现状是明知的，并且自愿受让的也是使用权而非所有权，因此本合同不涉及房屋买卖以及合同无效的问题。在合同的第2条转让价款和付款方式第2条中双方约定为分期付款，申请人于2020年7月2日前支付总房款的50%即121 900元，该数额与申请人提供的3份房款收据相加的金额是一致的，可见申请人向某商旅公司交纳的转让价款仅为121 900元，申请人所主张的超出本金额的价款没有事实依据。

（5）某养老公寓小区房屋售楼处所悬挂集体土地使用证、建设用地规划许可证照片1份，证明被申请人宣称某养老公寓小区房屋是销售房屋，有相关手续和资质，符合法律规定的建房条件，但申请人向相关部门了解到被申请人并没有建设用地规划许可证及审批手续，某商旅公司在销售房屋过程中存在欺诈行为。

被申请人的质证意见：对该证据的真实性及证明目的均不予认可。从该份证据中看不出其与本案的项目有任何关联，没有明显的标注和标识能证明是某养老公寓。

（6）某商旅公司的注销证明1份，证明某商旅公司未按照合法程序清算，属于违法清算注销，依据《最高人民法院关于适用〈中华人民共和国公司法〉若干问题的规定（二）》第二十条规定，被申请人应承担连带责任。

被申请人的质证意见：对该证据的真实性予以认可，证明目的不予认可。该清算报告中已写明公司自行成立清算组，并通知了全体债权人，且在国家企业信用信息公示系统上发布了相关公告，履行了相关程序，属于合法的清算，其清算程序、注销程序均符合法律规定，不存在违法清算行为。

（7）个人活期存款账户交易明细1份，证明2020年3月23日申请人通过POS机支付购房款56 200元。

被申请人的质证意见：对该证据的真实性予以认可，证明目的不予认可。该份证据显示2020年3月23日，申请人现场消费56 200元，备注消费地点为某金店，与本案诉争款项无关。

（8）工商局调取的某商旅公司注销的相关材料1套，证明被申请人并未按照法定的程序进行清算，仅是二股东协议注销，因此二股东应承担连带责任。

被申请人的质证意见：对该份证据的真实性予以认可，证明目的不予认可。该清算报告中已写明公司自行成立清算组，并通知了全体债权人，且在国家企业信用信息公示系统上发布了相关公告，履行了相关程序，属于合法的清算，其清算程序、注销程序均符合法律规定，不存在违法清算行为。从某商旅公司的性质来看是有限责任公司，那么股东所承担的责任应当限定为其缴纳出资的金额，而本案中二被申请人已按照认缴金额全部实缴到位，不存在承担连带责任的情形。

被申请人辩称：某商旅公司与申请人签订的《某养老公寓小区房屋使用权协议书》不存在违反法律和行政法规的效力性强制性规定的情形，不应认定为无效合同；某商旅公司已经将案涉房屋实际交付申请人使用一年半之久，申请人的合同目的已经实现，现已不具备合同无效、双方返还的实际操作性；被申请人作为某商旅公司的股东，已经全部实缴出资，在本案中不应当承担返还购房款及交付利息的责任；某养老公寓为政府确定的改善民生项目，对当地环境、生活、居民和稳定均存在重大影响。

被申请人对其提出的主张向仲裁庭提供了以下证据：

（1）《土地征用合同》1份、《某区综合社会福利中心租赁协议书》1份、《某市规划局建设工程规划设计要点通知书》1份，证明案涉房屋所在土地由某市某区民政局征收后将土地使用权转让给某商旅公司，转让面积为35亩，某商旅公司支付了140万元土地补偿款，双方明确约定用来建设老年公寓工程，某商旅公司通过上述合法途径取得土地使用权后由某区民政局协助办理了规划要点手续。由此可见某商旅公司是案涉房屋合法使用权人，某商旅公司再将房屋使用权转让给申请人有事实依据，不存在合同无效的情形。

申请人的质证意见：对上述证据的真实性、合法性、关联性及证明目的均不予认可。申请人已到某区民政局调取过相关材料，但民政局工作人员声称没有材料，并未向申请人提供。《土地征用合同》即便是真实的，也仅能证明征收的是某市城乡建设投资发展有限公司土地50亩，与该案无关。《某区综合社会福利中心租赁协议书》涉及的地块是综合社会福利中心，并不涉及某养老公寓小区，另外合同第五条明确约定了甲方（某区民政局）有权提出提前终止协议的条款为私自转租转借，也就是说即使该证据是真实的，也不允许综合社会福利中心转租转借为乙方（某商旅公司）谋福利。另外依据第十五条约定，某商旅公司经营项目指定经营为养老院、敬老院、光荣院、儿童福利院等综合性社会福利中的项目，并非本案的某养老公寓房产开发项目。该份租赁协议并没有某区民政局的公章，无法证明某区民政局与某商旅公司存在租赁协议。针对《某市规划局建设工程规划设计要点通知书》，由于被申请人提供的是复印件，对其真实性不予认可，建设单位为某市城乡建设投资发展有限公司，项目名称为某市新宇老年公寓而非本案的某老年公寓小区，不存在关联性。《土地征用合同》中也无公章。

（2）天眼查网站查询信息1份，证明从查询信息中可以看出二被申请人于2012年12月21日对某商旅公司完成了全部的实缴出资义务,因此二被申请人对某商旅公司债务不承担连带责任,没有退还申请人购房款及支付利息的义务。

申请人的质证意见:对该证据的真实性、合法性、关联性及证明目的均不予认可。被申请人为了逃避法律责任并未按照法定程序对公司进行清算,只是按股东协议注销,并且股东会决议第四条载明:公司遗留问题由公司全体股东按出资比例承担。

经仲裁庭审理查明:申请人与某商旅公司于2020年7月2日签订《某养老公寓小区房屋使用权协议书》(以下简称《协议书》)。《协议书》约定:某商旅公司将其开发的某养老公寓小区9栋2单元103号房屋使用权转让给申请人,房屋使用权总价款243 800元;申请人于2020年7月2日前向某商旅公司支付总房款的50%计121 900元,剩余房款121 900元采用分期付款的方式,分期3年付清,付款期限为2020年7月2日起至2023年7月2日止,按月支付,每月还款3386元;某商旅公司于2023年7月2日前将房屋交付申请人使用;某商旅公司保证申请人享有的房屋使用权,使用年限按照国家相关规定为准;在履行《协议书》过程中发生的争议,由双方当事人协商解决,协商不成的,双方同意提交某仲裁委员会仲裁解决。申请人向某商旅公司支付121 900元,某商旅公司向申请人出具了收款收据。2020年7月2日,某商旅公司向申请人交付了案涉房屋。2021年3月16日,某商旅公司股东会通过解散公司决议,决定对公司进行清算,《清算报告》第五条载明"若还有遗留债务,由各股东按照出资比例承担责任"。2021年5月17日,某商旅公司注销。某商旅公司解散时的股东为本案被申请人陈某和高某,二人分别持股

60%和40%。

> 争议问题

（1）仲裁委对本案是否有管辖权？

（2）案涉《协议书》是否有效？

（3）二被申请人是否应当对某商旅公司的行为承担法律责任？

（4）被申请人应当返还款项的具体数额是多少？

（5）利息请求是否应当予以支持？

（6）案涉房屋的返还问题是否应同步处理？

> 法理分析

1. 仲裁委对本案是否有管辖权？

本案申请人与二被申请人之间没有直接的仲裁协议，但是申请人与某商旅公司所签订的《协议书》约定了仲裁条款，二被申请人作为《协议书》权利义务的承受人，应当接受其中仲裁条款的约束，故仲裁委对申请人与被申请人基于《协议书》产生的纠纷有管辖权。具体理由如下：（1）二被申请人违法注销某商旅公司，依法应当对某商旅公司遗留债务承担连带责任。2018年《公司法》第一百八十五条中规定："清算组应当自成立之日起十日内通知债权人，并于六十日内在报纸上公告。"在某商旅公司清算时，申请人与某商旅公司签订的《协议书》正在履行中。对于申请人为某商旅公司债权人的事实，某商旅公司应当是明知的，但是某商旅公司清算组未能依法通知申请人，故某商旅公司的清算属于违法清算。某商旅公司提交给公司登记机关的《清算报告》第五条载明："若还有遗留债务，由各股东按照出资比例承担责任。"《最高人民法院关于适用〈中华人民共和国公司法〉若干问题的规定（二）》第二十条第二款规定："公司未经依法清算即办理注销登记，股东或者第三人在公司登记机关办理注销登记时承诺对公司债务承担责任，债权人主张其对公司债务承担相应民事责任的，人民法院应依法予以支持。"二被申请人为某商旅公司股东，基于某商旅公司违法注销及其对某商旅公司遗留债务承担责任的承诺，二被申请人应当就《协议书》项下的债务对申请人承担清偿责任。《协议书》约定的纠纷管辖方式为提交仲裁，二被申请人作为《协议书》权利义务的承受人，亦应当接受《协议书》有关纠纷解决方式的约束，故仲裁委对本案有管辖权。（2）依据《仲裁法》司法解释的精神，仲裁委对本案具有管辖权。《最高人民法院关于适用〈中华人民共和国仲裁法〉若干问题的解释》第八条第二款规定："当事人订立仲裁协议后死亡的，仲裁协议对承继其仲裁事项中的权利义务的继承人有效。"从权利义务的承继上来讲，公司注销与自然人死亡具有等质的法律效果。参照上述司法解释的规定，公司注销后仲裁协议对承继其仲裁事项中的权利义务的人亦应有效。根据《公司法》的规定，二被申请人为某商旅公司注销后遗留权利义务的承受人，《协议书》项下的权利义务应当由二被申请人承继，此处的权利义务不但包括实体性权利义务，也应当包括程序性权利义务，《协议书》约定了纠纷解决方式为仲裁，故该约定对二被申请人具有约束力，仲裁委对本案具有管辖权。（3）双方当事人均未对仲裁委对本案的管辖权提出异议，应当认为其认可了仲裁委的管辖权。申请人向仲裁委提起仲裁申请,参与了庭审,被申请人亦参与了本案全部仲裁活动,双方在全部仲裁活动中均未对仲裁委管辖权提出异议,应当认为申请人与被申请人均认可仲裁委对本案的管辖权。(4)《民法典》第五百零七条规定:"合同不生效、无效、被撤销或者终止的,不影响合同中有关解决争议方法的条款的效力。"故,无论《协议书》是否有效,因《协议书》约定了仲裁管辖,故仲裁委对本案有管辖权。

2. 案涉《协议书》是否有效?

申请人与某商旅公司签订的《协议书》名为"房屋使用权"转让协议,实为商品房买卖协议。《协议书》约定了"总房款"、申请人对案涉房屋的使用、收益和处分权,第四条第四款中特别言明"如办理房屋产权各项税费均由乙方承担",且未约定"使用权"期限,完全符合商品房买卖的一般特征,与出租、借用等临时让渡房屋使用权的债权行为存在显著差异,应当认定为房屋买卖行为。案涉《协议书》由被申请人制定,属于格式合同。被申请人之所以要将本质上的商品房买卖行为包装为使用权转让行为,意在规避法律对商品房买卖行为的监管。罗马法学家在将规避法律与违反法律作界定时,就对规避法律下了定义:"为法律所禁止之行为者,即违反法律;未违反法律之文意而避开法律之意义者,即规避法律。"❶ 规避法律的行为在本质上是一个法

---

❶ 《学说汇纂》1.3.29,见保罗语。转引自梅迪库斯.德国民法总论[M].邵建东,译.北京:法律出版社,2001:493.

律解释问题，其实就是一个行为意义的阐明问题。如果某种规避行为意图规避法律的强制性规定，如同直接违反法律的强制性规定的后果是一样的。我国对商品房预（销）售实行许可制度，未取得预（销）售许可证明，不得销售商品房。《最高人民法院关于审理商品房买卖合同纠纷案件适用法律若干问题的解释》第二条规定："出卖人未取得商品房预售许可证明，与买受人订立的商品房预售合同，应当认定无效，但是在起诉前取得商品房预售许可证明的，可以认定有效。"案涉房屋未取得预（销）售许可证明，申请人与被申请人签订的《协议书》因违反法律的强制性规定而无效。同时，从社会效果来考虑，如果纵容房地产开发企业以转让使用权之名，规避预（销）售许可制度行商品房买卖之实，必将架空法律对商品房销售的监管制度，致使国家对商品房销售失去必要监管，进而会损害社会公共利益。根据《城市房地产管理法》第四十五条的规定，商品房预售应当取得土地使用权证书和建设工程规划许可证。本案中，申请人并未取得上述必要证件，不可能取得预（销）售许可资格。如果允许本案中的这种"使用权"转让行为，必将产生前述架空国家对商品房销售监管制度的不良后果，损及公共利益。基于上述理由，申请人与被申请人签订的《协议书》应当被宣告无效，因此，对申请人所提出的第一项仲裁请求，仲裁庭予以支持。

3. 二被申请人是否应当对某商旅公司的行为承担法律责任？

如前所述，二被申请人违法注销某商旅公司，根据《最高人民法院关于适用〈中华人民共和国公司法〉若干问题的规定（二）》的相关规定，二被申请人应当对某商旅公司遗留债务承担法律责任。《协议书》被宣告无效后,某商旅公司应当返还其所收取的申请人的款项,也即二被申请人应当承担相应的返还责任。

4. 被申请人应当返还款项的具体数额是多少?

经庭审查明,有某商旅公司盖章的三张收据合计金额为121 900元,某商旅公司对此亦予以认可,二被申请人应当承担返还责任。其余合计金额为60 826元的收据并非某商旅公司出具,申请人所提供的证据也不能证明这部分款项交纳给了某商旅公司或应某商旅公司要求而交纳,某商旅公司对这些收据及其对应款项不予认可,申请人未能完成要求某商旅公司承担这部分款项返还责任的举证责任,故仲裁庭不予支持。

5. 利息请求是否应当予以支持?

《民法典》第一百五十七条规定:"民事法律行为无效、被撤销或者确定不发生效力后,行为人因该行为取得的财产,应当予以返还;不能返还或者没有必要返还的,应当折价补偿。有过错的一方应当赔偿对方由此所受到的损失;各方都有过错的,应当各自承担相应的责任。法律另有规定的,依照其规定。"申请人明知《协议书》约定的为使用权转让仍予以签订,被申请人以转让使用权为名规避国家对商品房销售的监管制度,对案涉《协议书》的无效双方均具有过错,且难以区分大小,就案涉交易无效给双方造成的损失应当各自分别承担,故对于申请人以支付利息为名主张的损失赔偿,仲裁庭不予支持。同时,被申请人已经将案涉房屋交付申请人使用,在双方返还时申请人的利息损失与被申请人的房屋使用费损失可以予以抵销,对一方损失进行赔偿亦不公平。

6. 案涉房屋的返还问题是否应同步处理？

根据《民法典》第一百五十七条的规定，《协议书》被宣告无效后，申请人和被申请人基于该《协议书》取得的对方的财产均应予以返还。但是鉴于被申请人并未提出反请求，根据《民事诉讼法》第十三条第二款规定的诉权处分原则，仲裁庭对案涉房屋返还事宜不作处理，被申请人可以另案主张。

处理结果

依照《中华人民共和国民法典》第一百五十三条、第一百五十七条、第五百零七条，《中华人民共和国公司法》第一百八十五条，《最高人民法院关于适用〈中华人民共和国公司法〉若干问题的规定（二）》第二十条第二款，《最高人民法院关于适用〈中华人民共和国仲裁法〉若干问题的解释》第八条第二款，《中华人民共和国城市房地产管理法》第四十五条，《最高人民法院关于审理商品房买卖合同纠纷案件适用法律若干问题的解释》第二条，《中华人民共和国民事诉讼法》第十三条第二款的规定，裁决如下：

（一）宣告申请人张某与某商旅公司于2020年7月2日签订的《某养老公寓小区房屋使用权协议书》无效；

（二）被申请人陈某、被申请人高某共同返还申请人张某121 900元；

（三）驳回申请人的其他仲裁请求。

第三节 合同无效的后果

案例3-3 合同无效的法律后果问题

案情介绍

申请人：郑某

被申请人：某置业公司

申请人称：申请人于2012年7月28日申购被申请人公开售卖的某小区B区10栋26号87平方米框架楼房一套，每平方米售价为12 042元，售价款1 047 654元。当时支付总价款的50%以上，实际首付款项为527 654元。该项目开工后不久，因故停工。停工已近九年之久，至今未有复工收尾迹象。因此，根据双方所签合同第五条第二款的规定，双方的合同关系应予解除，被申请人应退还申请人已付款及支付已付款利息，按银行同期贷款利率计算。每日按照商品房房价款的1‰向申请人支付违约金。申请人的实际损失超过甲方支付的违约金时，还应承担赔偿责任。综上所述，购房款产生的利息按2013年3月1日至2021年3月1日八年同时期年均利率5.4%计算，合计利息227 946.528元，租住房损失按每月2000元共8年计算192 000元，总计被申请人应返款额，购房款＋利息＋租房损失合计为：947 600.528元。第二，按照第十五条争议处理其中第一项向某仲裁委员会申请仲裁。申请人为维护自身权益，提出以下仲裁请求：（1）裁决解除被申请人与申请人签订的《某市商品房买卖合同》，并向申请人返还购房款 527 654 元；（2）裁决被申请人返还申请人因占用申请人购房款所产生的利息损失 227 946.528 元；（3）裁决被申请人返还申请人因未按期交房产生的住房损失 192 000 元；（4）本案仲裁费由被申请人承担。申请人当庭明确，请求被申请人承担的仲裁费中包含了 200 元公告费。

申请人对其提出的主张向仲裁庭提供了以下证据：

（1）《某市商品房买卖合同》1 份，证明申请人与被申请人签订了商品房买卖合同，合同约定了交房时间以及逾期交房的违约责任。

（2）收据 1 份、工商银行刷卡凭条 1 份，证明申请人已经按照合同约定交付了全部首付款 527 654 元。首付款中 512 654 元通过中国工商银行刷卡支付，另有 15 000 元通过现金支付给被申请人，合计 527 654 元，被申请人统一出具了收据。

（3）被申请人案涉项目宣传单 1 份、相关销售人员名片 7 张，证明被申请人承诺的购房回报率情况以及被申请人销售人员的相关信息。

（4）租房租金收条 5 张，证明由于被申请人逾期交房，申请人被迫另行租房所产生的租房损失 192 000 元。

被申请人未向仲裁庭提交书面答辩意见和质证意见，也未向仲裁庭提交书面证据。

经仲裁庭审理查明：2012 年 7 月 28 日，申请人与被申请人签订了《某市商品房买卖合同》（以下简称《合同》）1 份，《合同》第一条约定申请人购买被申请人开发的位于某小区 B 区 10 栋 26 号的房屋 1 套，建筑面积 87 平方米；第二条约定，每平方米价格为 12 042 元，房屋总价款为 1 047 654 元；第三条约定，被申请人应当于 2013 年 3 月 1 日前将验收合格的商品房交付申请人；第四条约定，2012 年 7 月 28 日申请人交清首付款 527 654 元，其余房款走银行按揭；第五条约定，除遇不可抗力外，被申请人如未按本合同第三条约定日期交付商品房，逾期在 90 日内的，申请人有权向被申请人追究已付款利息，利息自合同约定应交付商品房之日次日起至实际交付商品房之日止，按银行同期贷款利率计算。如超过上述约定期限，合同继续履行，被申请人应支付已付款利息，利息自合同约定应交付商品房之日次日起至实际交付商品房之日止，按银行同期贷款利率计算，此外，被申请人还应每日按商品房价款的 1‰向申请人支付违约金；第十五条约定，因履行本合同发生争议，双方应协商解决，协商不成时，向某仲裁委员会申请仲裁。

另查明，至仲裁开庭之日，案涉房屋所在楼宇未取得商品房预售许可证明，案涉《合同》亦未经过网签备案。

> 争议问题

（1）案涉《合同》的效力问题。

（2）《合同》宣告无效的法律后果问题。

（3）被申请人所主张的租房损失问题。

> 法理分析

1. 案涉《合同》的效力问题

《最高人民法院关于审理商品房买卖合同纠纷案件适用法律

若干问题的解释》第二条规定："出卖人未取得商品房预售许可证明，与买受人订立的商品房预售合同，应当认定无效，但是在起诉前取得商品房预售许可证明的，可以认定有效。"案涉房屋所在楼宇至仲裁开庭之日尚未取得建设行政主管部门颁发的商品房预售许可证明，因此申请人与被申请人签订的《合同》依法应属无效。合同解除，是指在合同成立以后，当解除的条件具备时，因当事人一方或双方的意思表示，使合同关系自始或仅向将来消灭的一种法律制度。以有效成立的合同为标的，是合同解除区别于合同无效、合同被撤销、要约或承诺的撤回制度的关键点。法律设置解除制度的目的是解决如下矛盾：合同有效成立之后，由于主客观情况的变化，合同的履行成为不必要或不可能，如果再让合同继续发生法律效力，约束当事人双方，则不但对其中一方甚至双方有害无益，而且有时会阻碍市场经济的顺利发展；只有允许有关当事人解除合同，或赋予法院适用情势变更原则或打破合同僵局的权力，才会使局面改观。由此可见，合同的解除制度是要解决有效成立的合同提前消灭的问题。❶ 申请人在其第一项仲裁请求中，请求解除申请人与被申请人签订的《合同》，但是鉴于双方所签订的《合同》无效，因此应当按照宣告无效处理，而不按照解除处理。

2.《合同》宣告无效的法律后果问题

《民法典》第一百五十七条规定："民事法律行为无效、被撤销或者确定不发生效力后，行为人因该行为取得的财产，应当

---

❶ 崔建远. 合同法［M］. 北京：北京大学出版社，2021：288.

予以返还；不能返还或者没有必要返还的，应当折价补偿。有过错的一方应当赔偿对方由此所受到的损失；各方都有过错的，应当各自承担相应的责任。法律另有规定的，依照其规定。"因此，案涉《合同》被宣告无效后，被申请人应当向申请人返还已经收取的申请人所支付的首付款，故对申请人请求被申请人返还购房款 527 654 元的仲裁请求予以支持。案涉《合同》无效是被申请人未能办理商品房预售许可证明导致的，因此《合同》无效的过错责任在被申请人方，被申请人依法应当赔偿申请人因合同无效所遭受的损失。

申请人主张被申请人应当赔偿已付款 527 654 元的利息损失，具有法律根据。利息损失的计算标准，应当以申请人申请仲裁时中国人民银行授权全国银行间同业拆借中心公布的贷款市场报价利率为标准。鉴于被申请人占有申请人购房款的时间已经超过 5 年，因此仲裁庭确认按照申请人申请仲裁时 5 年期贷款市场报价利率 4.65% 为标准来计算。申请人请求被申请人承担 2013 年 3 月 1 日至 2021 年 3 月 1 日期间的利息损失，具有事实依据。故被申请人应当向申请人支付的 2013 年 3 月 1 日至 2021 年 3 月 1 日共 8 年期间的利息损失为：527 654 元 ×4.65% ×8 = 196 287.29 元。对申请人所提出的第二项仲裁请求在上述范围内予以支持。

3. 被申请人所主张的租房损失问题

被申请人所提供的现有证据不足以证明租房损失的存在及其具体数额，同时在已付款利息之外另行主张租房损失，既与已付款利息损失存在重叠，亦缺乏法律依据。所谓租房损失，实际上是为了解决因被申请人不能按期交付房屋，申请人被迫采取租房这一替代措施而发生的实际费用。鉴于案涉《合同》无效，被申请人交付房屋的合同义务不成立，不存在因不能履行交房义务致使申请人遭受损失的问题。故仲裁庭对申请人第三项仲裁请求不予支持。

处理结果

依照《中华人民共和国民法典》第一百五十七条、《最高人民法院关于审理商品房买卖合同纠纷案件适用法律若干问题的解释》第二条的规定，裁决如下：

（一）宣告申请人与被申请人于 2012 年 7 月 28 日签订的《某市商品房买卖合同》无效；

（二）被申请人向申请人返还已付购房款 527 654 元；

（三）被申请人向申请人支付 2013 年 3 月 1 日至 2021 年 3 月 1 日期间的已付款利息 196 287.29 元；

（四）驳回申请人的其他仲裁请求。

CHAPTER 04 >>

第四章

合同的履行

第一节 标的质量

案例 4-1 标的质量的确定

> 案情介绍

申请人：某材料公司

被申请人：某科技公司

申请人称：申请人与被申请人签订了多份《售货合同》，由申请人向被申请人供应钕铁硼合金。合同实际供货金额为 6 822 525.19 元。合同签订后，申请人按照合同的约定履行供货义务，但被申请人仅支付货款 328 662.4 元。截至仲裁申请日，被申请人仍欠付申请人货款 6 493 862.79 元。被申请人欠付货款的行为严重违反了双方合同的约定，申请人有权要求被申请人按照合同的约定向其支付违约金。为此，提出以下仲裁请求：（1）裁决被申请人向申请人支付欠付货款6 493 862.79元；（2）裁决被申请人向申请人支付从仲裁申请日到实际付清之日止的违约金（违约金的计算标准：未按合同约定期限付款，每日按2‰收取违约金）；（3）本案仲裁费用由被申请人承担。

2020年5月7日，申请人向仲裁庭提交《增加仲裁请求申请书》，请求增加一项仲裁请求，即请求依法裁决申请人对被申请人提供的抵押物拍卖、变卖的价款享有优先受偿权。请求增加仲裁请求的事实与理由为：2018年10月22日，申请人与被申请人、房地产使用权人宗某共同签订《房屋抵押协议》，约定为担保《售货合同》的履行，被申请人、房地产使用权人宗某将某别墅（抵押价值为600万元）抵押于申请人。现被申请人未按照双方《售货合同》的约定履行支付货款的义务，申请人有权要求被申请人拍卖、变卖抵押财产，以实现申请人的抵押权。

申请人对其提出的主张向仲裁庭提供了以下证据：

（1）《售货合同》7份。证明：①申请人与被申请人于2018年8月7日、2018年8月15日、2018年8月21日、2018年9月30日、2018年10月18日、2018年11月5日、2018年12月7日通过传真的方式订立7份《售货合同》。双方之间存在真实、合法、有效的合同关系。合同约定先货后款，被申请人仅支付部分货款，现仍然剩余6 493 862.79元货款未支付，被申请人欠付货款的行为已经构成违约。②《售货合同》第9条规定双方之间争议解决方式为，"提交本合同签订地点仲裁委员会仲裁解决"，合同明确规定合同的签订地点为某市，在某市仅有唯一的某仲裁委员会，某仲裁委员会对本案具有管辖权。③《售货合同》第6条第三项约定"未按合同期限履行付款，每日按2‰收取违约金"，被申请人逾期支付货款的行为已经构成违约，申请人要求被申请人支付违约金于法有据。

被申请人对该组证据的真实性、合法性予以认可。被申请人确认7份《售货合同》项下的货物已经收到，货款金额共计6 822 525.19元，被申请人已经支付款项328 662.4元；对双方的仲裁管辖约定认可，违约金部分不予认可。被申请人认为，申请人提供的产品存在重大质量问题，所以被申请人无须支付剩余款项，更不存在支付违约金的问题。

（2）增值税专用发票10份，证明申请人已向被申请人履行了合同约定的全部供货义务，并按照实际供货向被申请人开具增值税专用发票，实际供货金额为6 822 525.19元，被申请人已接收增值税专用发票。

被申请人对该组证据的真实性予以认可，增值税专用发票10份已经收到，其他质证意见同答辩意见。

（3）收款明细2份，证明2018年11月1日被申请人向申请人支付货款28 662.4元，2018年12月3日被申请人向申请人支付货款30万元，共计支付328 662.4元。现仍欠付申请人货款6 493 862.79元。

被申请人对该组证据的真实性予以认可，对已经支付金额328 662.4元予以认可，但对欠付申请人货款6 493 862.79元不予认可。被申请人认为，因为申请人提供的产品存在重大质量问题，所以无须支付剩余款项。

（4）《房屋抵押协议》1份，证明2018年10月22日，申请人与被申请人、房地产使用权人宗某共同签订《房屋抵押协议》，约定为担保《售货合同》的履行，被申请人、房地产使用权人宗某将位于某市某区的别墅（抵押价值为600万元）抵押于申请人。现被申请人违反《售货合同》约定的支付货款的义务，申请人有权依照《房屋抵押协议》的约定，要求实现抵押权，并就抵押财产拍卖、变卖后的价款享有优先受偿权。

被申请人对该组证据的真实性、合法性予以认可，证明目的不予认可，认为是否享有优先受偿权由仲裁庭依法确认。

被申请人辩称：请求仲裁庭驳回申请人的仲裁请求。理由是：从申请人与被申请人供货情况看，第一份《售货合同》于2018年8月7日签订，合同金额是300 500元，申请人提供的产品合格，被申请人向申请人支付货款328 662.4元，多付了28 162.4元。第二份合同于2018年8月15日签订，该合同第二条约定了产品的技术标准，第七条约定了验收标准、方法及提出异议期限。被申请人检测了申请人供应的产品，发现申请人供应产品的磁偏角，分别是6度、11度、12度、13度，正常值在3~4度，最多不能超过5度，所以案涉产品未达到质量标准。虽然合同第二条没有对磁偏角的计算标准进行约定，但被申请人认为磁偏角在业界是常识。关于合同第七条约定15日内提出质量异议的问题，因为产品是毛坯产品，产品生产周期最少要用15日，所以15日内不可能提出异议，只有在使用中才能知道产品参数是否合格。第三份合同于2018年8月21日签订，第四份合同于2018

年 9 月 30 日签订，第五份合同于 2018 年 10 月 18 日签订，第六份合同于 2018 年 11 月 5 日签订，对第二、三、四、五、六份合同的答辩意见同第二份合同。第七份合同于 2018 年 12 月 7 日签订，申请人供应的产品是合格的，合同金额是 541 500.00 元，该笔货款未付的原因是第二至第六份合同项下的产品不合格，但该产品已被安装到终端产品上，必定会产生巨额索赔，所以被申请人基于不安抗辩权拒付第七份合同产品货款。

被申请人对其提出的主张向仲裁庭提供了以下证据：

（1）被申请人与其客户的往来电子邮件的截图（客户投诉产品质量问题的邮件）打印件 1 组，包括 2018 年 12 月 7 日、2018 年 12 月 21 日、2019 年 1 月 17 日电子邮件截图，另有导航截图 1 页，证明案涉产品存在严重质量问题，不具有使用价值，达不到合同目的，所以不应支付剩余货款。同时，大批量检测终端产品需要很长时间。

申请人对该组证据的真实性、合法性、关联性均不予认可。申请人认为本组证据与申请人供应的货物没有关联，该证据无法证明申请人供应的产品存在质量问题。

（2）产品质量问题投诉函及回复函 1 组，包括 2018 年 11 月 23 日被申请人向申请人发出的传真件 1 份；2019 年 1 月 22 日被申请人向申请人发出的编号为 1901003 的质量问题投诉函扫描件；2019 年 3 月 4 日被申请人向申请人发出的编号为 1901004 的质量问题投诉函扫描件；标定测量日期为 2020 年 3 月 27 日的磁偏角试验报告扫描件 1 份；2019 年 6 月 23 日被申请人向申请人发出的《律师函》回复扫描件 1 份；2019 年 11 月 15 日被申请人致申请人的函件扫描件。证明被申请人多次向申请人反映案涉产品质量问题,但申请人没有回复和解决。

申请人对该组证据的真实性、合法性、关联性、证明目的均不予认可。申请人认为,该组证据无法证明申请人提供的产品存在质量问题。关于苹果手机问题,材料中无法证明是申请人提供的产品质量问题导致的,申请人提供的钕铁硼合金符合《售货合同》约定的产品质量技术标准,申请人提供的产品是合格产品。

经仲裁庭审理查明:申请人和被申请人于 2018 年 8 月 7 日、2018 年 8 月 15 日、2018 年 8 月 21 日、2018 年 9 月 30 日、2018 年 10 月 18 日、2018 年 11 月 5 日、2018 年 12 月 7 日通过传真的方式订立 7 份《售货合同》。合同签订后,被申请人进行了货物供应,合同实际供货金额为 6 822 525.19 元,申请人为被申请人开具了相应数额的增值税专用发票 10 份。截至本案开庭审理,被申请人支付货款 328 662.4 元,欠付货款 6 493 862.79 元。7 份《售货合同》的第九条均约定,本合同在履行过程中发生的争议,由双方当事人协商解决,协商不成的,合同任何一方有权将争议提交本合同签订地点仲裁委员会仲裁解决;合同标明"签订地点:某市"。7 份《售货合同》的第一条均明确了产品名称、规格、数量和价格,第二条明确了产品的技术标准(包括质量要求),第六条明确了产品货款的结算方式、期限、违约责任,第七条明确了产品的验收标准、方法及提出异议的期限。

> 争议问题

(1) 磁偏角是否为产品质量要求之一?
(2) 产品是否符合合同对于质量的要求?

（3）被申请人提出的不安抗辩权是否成立？

（4）申请人提出的优先受偿权是否成立？

（5）违约金数额应当如何计算？

> **法理分析**

申请人与被申请人签订的7份《售货合同》是双方真实意思表示，不违反法律、行政法规的强制性规定，合法有效，应当作为认定案件事实和确定双方当事人责任的基础。就本案争议焦点分析如下。

1. 磁偏角是否应当作为案涉钕铁硼合金的质量要求以及是否应当对此进行鉴定的问题

前6份《售货合同》购销的标的物为钕铁硼合金，被申请人认为产品存在因磁偏角过大而不敷使用的问题，并提出鉴定请求，申请人对此不予认可，不认为磁偏角构成产品质量的指标之一。《售货合同》并没有将磁偏角规定为一项技术指标，如果被申请人认为确保磁偏角的度数范围构成一项合同没有明确约定的质量要求的话，根据原《合同法》第六十二条第一项的规定，应当提供证据证明存在相应的国家标准、行业标准、通常标准或者符合合同目的的特定标准，但是被申请人未能证明这些标准的存在，也就意味着磁偏角度数不应该作为判断产品质量的一项技术指标。既然磁偏角不构成合同要求的一项产品技术指标，也就不存在就此进行鉴定的问题。

2. 《售货合同》明确规定的质量要求是否达到以及是否需要对此进行鉴定的问题

被申请人认为第二至第六份《售货合同》的相关条款明确

规定了案涉产品的质量要求，申请人供应的产品存在没有达到质量要求的情况，并提出鉴定请求。原《合同法》第一百五十七条规定："买受人收到标的物时应当在约定的检验期间内检验。没有约定检验期间的，应当及时检验。"第一百五十八条第一款规定："当事人约定检验期间的，买受人应当在检验期间内将标的物的数量或者质量不符合约定的情形通知出卖人。买受人怠于通知的，视为标的物的数量或者质量符合约定。"《售货合同》第七条明确规定了质量异议期限为 15 日。被申请人收货后未能在合同约定的期限内提出质量异议，根据原《合同法》第一百五十七条、第一百五十八条第一款的规定，应当视为标的物质量符合约定，因此无须对相关质量要求进行鉴定。

3. 被申请人提出的不安抗辩权的问题

被申请人认可第 7 份《售货合同》项下的产品不存在质量问题，但是辩称拒付该笔产品货款的理由为行使不安抗辩权，因为第二至第六份合同的产品质量不合格必然会给被申请人造成较大经济损失，被申请人将会就该等损失主张赔偿，被申请人担心一旦对第 7 份合同进行付款且申请人缺乏赔偿能力，将会导致应得的赔偿款不能落实。在双务合同中，负有先履行合同义务的一方，如欲行使不安抗辩权，"在证明互负债务的前提下，需要充足的证据证明对方有不能履行合同债务的现实风险，履约能力明显下降，才能行使不安抗辩权，具体则需依据《合同法》第 68 条规定的情形进行举证，而且还需要证明自己以明示的方式向对方主张过不安抗辩权"。❶ 仲裁庭认为,第二至第六份合同项下的标的物不存在被申请人主张的质量不合格问题,同时被申请人对不安抗辩权的主张也不符合原《合同法》第六十八条的相关规定,仲裁庭不予支持。

4. 申请人提出的优先受偿权的问题

申请人以与被申请人、房地产使用权人宗某签订的《房屋抵押协议》为据,主张对位于某市某区的别墅拍卖、变卖的价款享有优先受偿权。原《物权法》第一百八十条第一款规定:"债务人或者第三人有权处分的下列财产可以抵押:(一)建筑物和其他土地附着物;(二)建设用地使用权;(三)以招标、拍卖、公开协商等方式取得的荒地等土地承包经营权;(四)生产设备、原材料、半成品、产品;(五)正在建造的建筑物、船舶、航空器;(六)交通运输工具;(七)法律、行政法规未禁止抵押的其他财产。抵押人可以将前款所列财产一并抵押。"第一百八十七条规定:"以本法第一百八十条第一款第一项至第三项规定的财产或者第五项规定的正在建造的建筑物抵押的,应当办理抵押登记。抵押权自登记时设立。"仲裁庭认为,根据原《物权法》第一百八十七条的规定,以不动产设定抵押的应当办理抵押登记,抵押权自登记时设立。申请人与被申请人、房地产使用权人宗某虽签订了《房屋抵押协议》,但是未办理抵押登记,申请人主张的抵押权依法未成立,故对申请人有关优先受偿权的主张不予支持。

---

❶ 刘凯湘. 合同法 [M]. 北京:中国法制出版社,2010:319.

5. 违约金标准问题

《售货合同》第六条第三款规定,未按合同期限履行付款义务,每日按2‰收取违约金。在庭审过程中,被申请人提出约定违约金过高的抗辩,申请人同意按照日万分之五的标准计算违约金。原《合同法》第一百一十四条第二款规定:"约定的违约金低于造成的损失的,当事人可以请求人民法院或者仲裁机构予以增加;约定的违约金过分高于造成的损失的,当事人可以请求人民法院或者仲裁机构予以适当减少。"仲裁庭认为,被申请人逾期付款构成违约应当支付违约金,《售货合同》约定的违约金过分高于申请人的实际损失,根据原《合同法》第一百一十四条的规定,应当适当减少;参照《保障中小企业款项支付条例》第十五条对于逾期利息的规定,按照日万分之五的标准计算违约金是合适的。

处理结果

根据原《中华人民共和国合同法》第八条、第六十条、第六十二条、第一百一十四条、第一百五十七条、第一百五十八条,原《中华人民共和国物权法》第一百八十条、第一百八十七条的规定,裁决如下:

(一)被申请人向申请人支付欠付货款 6 493 862.79 元;

(二)被申请人向申请人支付违约金,违约金以所欠付货款 6 493 862.79 元为基数,按照日万分之五的标准,自仲裁申请日起至欠付货款和违约金全部付清之日止。

案例 4-2　质量问题应在质保期内主张

> 案情介绍

申请人：高某

被申请人：某装饰公司

申请人称：2016 年，申请人就其购买的某小区三期的房屋装修事宜，与被申请人签订《装修施工合同》，合同总价款 99 940 元。申请人出于对装饰公司的高度信任，在被申请人未提供全部装修费用清单的情况下，就将装修款全部付清。当年底，申请人打算入住新房时，发现家中异味很浓，遂请朋友帮助检测，才发现是甲醛超标，导致晾晒至 2019 年初方入住。申请人入住后发现房屋装修存在很多问题，客厅地砖部分位置高低不平、卫生间地漏高于地平面造成地面积水、墙砖鼓包裂缝、地脚线发霉、填充墙不实等，遂找被申请人进行协商，被申请人拒不承认上述问题。申请人遂将此问题投诉至市消费者协会，经过该协会近一年半的不断调解，双方始终无法达成一致意见。为此，申请人提出以下仲裁请求：（1）裁决被申请人就所造成质量问题的项目，按市场价格假一罚三赔偿申请人的损失，申请人的损失暂估为 5 万元；（2）本案仲裁费由被申请人承担。

申请人对其提出的主张向仲裁庭提供了以下证据：

（1）《装修施工合同》1 份、"某品牌装饰家装施工白皮书" 1 份，证明被申请人没有按照合同的约定履行装修义务。

被申请人的质证意见：对该证据的真实性予以认可，证明目的不予认可。该合同仅能反映签约情况，无法证明被申请人未按合同约定履行装修义务。事实上被申请人全面履行了合同和白皮书手写部分的全部装修义务，且并不存在质量问题，已经过申请人验收合格。

（2）《装修定金协议》及背面的广告信息1份，证明被申请人没有履行定金协议下方的手写部分的义务。

被申请人的质证意见：对该证据的真实性予以认可，证明目的不予认可，被申请人已全面履行了定金协议下方的手写部分的义务。

（3）被申请人出具的总额为99 940元的《收据》8张，证明申请人已经全面履行了《装修施工合同》项下的付款义务。

被申请人的质证意见：对该证据的真实性予以认可，证明目的不予认可。申请人已支付全额装修费用，但并不是99 940元，而是101 340元，这是8张收据的合计金额，其中1400元是申请人额外增加酒柜的费用。

（4）装修照片复印件18张，证明被申请人为申请人装修的工程质量不合格。

被申请人的质证意见：对该证据的真实性与证明目的均不予认可。该照片为屋内局部照片，照片来源和拍摄对象无法辨认为本案装修房屋内的情况，且照片无法显示部分房屋问题的成因是装修公司造成的还是建筑方造成的，抑或是申请人日常使用造成的损耗或损坏。

（5）《投诉材料》1份、《某市消费者协会投诉终止调解通知书》1份，证明申请人在发现装修工程存在质量问题后，向被申请人主张相关权利的事实。

被申请人的质证意见：对该证据的真实性和证明目的均不予认可，这组证据均为复印件无法与原件核对，投诉日期和终止调解日期均需要进一步调查核实。

根据被申请人的申请，2021年7月28日仲裁庭向某市消费者协会调取了上述《投诉材料》和《某市消费者协会投诉终止调解通知书》。2021年8月3日，申请人和被申请人就仲裁庭调取的上述两份证据提供了书面质证意见。申请人质证意见为：申请人在入住使用该房屋后即发现被申请人的装修工程存在大面积严重质量缺陷，小修小补已无法解决质量问题，于是及时向市消协申请解决争议，仲裁庭向市消协调取的证据真实合法有效。被申请人质证意见为：对调取的调解通知书、投诉材料真实性予以认可。

被申请人辩称：申请人提起仲裁申请超过法定诉讼时效，丧失仲裁胜诉权；申请人陈述"未提供装修费用清单"，与事实不符；申请人主张"装修甲醛超标"和入住房屋时间，缺乏相关证据；申请人主张装修质量问题缺乏有力证据，且无法证明房屋质量系被申请人装修造成；被申请人实施的装修工程符合行业规定，不存在违约行为和质量问题；被申请人不存在欺诈行为，不应承担加倍赔偿责任，且申请人主张5万元为假一罚三的损失标准缺乏依据。

被申请人对其提出的主张向仲裁庭提供了以下证据：

（1）《装修施工合同》1份、《客户信息》1份，证明被申请人在2016年5月13日承包了某小区三期17号楼2单元204房屋的装修项目，发包人是房主高某，承包人是某装饰公司。该合同

第二条约定"工程总造价99 940元，合同签订时支付20%的定金，进场施工后补齐首期款69 960元，瓦工结束木工进场前支付二期款27 980元，尾款2000元待竣工验收合格后支付。甲方应配合乙方进行分阶段验收"。合同第四条第二款第六项约定"未出现在《工程报价单》及《工程变更报价单》上的项目，乙方均不予保修"。合同第十二条约定"本工程竣工二个月内，甲方须向乙方支付工程整体决算款，并填写《装饰工程质量保修单》。乙方承诺对工程实行保修（保修内容如本合同上述）"。《客户信息》证明了申请人实际结清工程款为合同约定工程款99 940元，再加额外增加的酒柜费用1400元。本组证据证明了被申请人按照合同约定履行装修义务和保修义务，不存在违约行为。

申请人的质证意见：对证据中合同的真实性予以认可，证明目的不予认可，被申请人没有全面和正确地履行合同。对证据中客户信息的真实性无法确认，证明目的不予认可，客户信息即便是真实的也无法证明被申请人履行了《装修施工合同》约定的义务。

（2）《某品牌装修项目明细表》1份，证明某装饰公司按照《装修施工合同》的约定，在装修总价99 940元的范围内，制定了装修项目明细表，详细列明了装修费涵盖的具体项目名称、规格、数量、单位、单价以及合价等信息。该费用明细表已经过申请人本人签字确认，并实际按照明细标准实施装修。被申请人收取装修费用做到了明码标价和对申请人的告知。

申请人的质证意见：对该证据的真实性无法确定，证明目的不予认可。该证据即使有申请人本人的签名,以至于能够证明各项目明码标价和告知申请人,也仍然无法证明装修建材质量和施工质量合格。庭审结束后,2021年7月31日申请人又向仲裁庭提交了《关于对"被申请人"提供的"项目说明"的质证意见》,申请人认为:被申请人在该项目说明中所列项目计量单位、单价、用量均未按承诺的五星标准作出起码的展示,并且存在严重的"重复计费"、"虚构建筑面积""偷工减料",提供"伪劣商品、用具",甚至没有产品合格证。公开承诺五星级的装修材料,诱使申请人与其签订《装修施工合同》。为了达到损害申请人对装修材料使用知情权的目的,项目说明使用了最小号的字体。

(3)《某品牌装饰工程保修单》1份,《收据》1份,证明2016年8月18日双方对装修完工的房屋进行了验收,申请人在验收合格后,当日支付尾款2000元,并签署了《某品牌装饰工程保修单》。该装修工程的保修期自2016年8月18日起算,主材保修期为一年,水电路保修期为五年,暖路和其他装饰工程项目保修期为二年。申请人主张的相关维修项目已超过质保期,且无法证明是被申请人装修不合格造成,保修单的签订表明被申请人向申请人交付的装修后的房屋已经过其验收合格;被申请人依据合同约定履行义务,不存在违约行为,也不存在对申请人的欺诈行为,不应承担假一罚三的赔偿责任。

申请人的质证意见:对该证据的真实性予以认可,证明目的不予认可。保修单仅为装饰工程施工企业对自己施工的工程在交付使用后,向用户作出的在一定时间范围内和一定项目范围内出现质量问题给予免单维修的承诺。用户签署保修单不是对施工企业施工质量和使用建材质量的认可，恰恰相反，签署保修单是用户对施工企业的工程质量当时无法确认和"以观后效"的结果，因为工程质量问题只有在工程交付后的使用过程中才会逐渐暴露，所以即使申请人主张质量责任超过质保期，也并不能反向推导出质量合格的结论。被申请人以申请人签署保修单主张案涉工程质量合格的证明目的完全错误。申请人对案涉工程的所谓"验收合格"其实仅为肉眼观察，并不存在专业的验收手段和程序。反过来说，如果申请人肉眼就能够看出来工程质量存在问题，那问题得有多严重。综上，被申请人所举《某品牌装饰工程保修单》证据的证明目的完全无理、完全错误。

经仲裁庭审理查明：2016年5月13日，申请人与被申请人签订《装修施工合同》，约定申请人将位于某市某小区三期17栋2单元204号房屋交给被申请人进行装修，工程总价款99 940元，开工日期2016年5月16日，竣工日期2016年8月16日，纠纷解决方式为提交某仲裁委员会仲裁。合同签订当日，被申请人向申请人出具了《某品牌装修项目明细表》，列明了装修项目名称、规格型号、数量、单位、单价、合价以及项目说明等相关信息，申请人在该明细表上签字。合同签订后，被申请人对案涉房屋进行了装修，申请人分8次共计向被申请人支付了101 340元，其中包括合同内工程价款99 940元，工程变更（酒柜）部分1400元。2016年8月18日，申请人与被申请人签订了《某品牌装饰工程保修单》。该保修单载明竣工日期为2016年8月18日，保修范围包括水、电、瓦、木、油、主材，水电路工程保修期为五年，自2016年8月18日至2021年8月18日，暖路和其他装饰工程项目保修期为二年，自2016年8月18日至2018年8月18日，主材保修期为一年。保修范围以合同报价单上的工程项目为准，非被申请人施工项目被申请人不负责保修，并且虽由被申请人供应主材但非由被申请人负责安装的项目，不予保修。申请人声称2019年初入住后发现装修质量问题。2019年6月12日，某市消费者协会受理了申请人对被申请人的投诉。但是未能促成双方达成一致，2020年8月28日某市消费者协会出具了《某市消费者协会投诉终止调解通知书》，终止了调解程序。

【争议问题】

（1）被申请人是否承担保修义务和赔偿责任？

（2）申请人提出的质量鉴定和损失鉴定申请是否应予准许？

【法理分析】

1. 被申请人是否承担保修义务和赔偿责任？

申请人与被申请人签订的《装修施工合同》及《某品牌装饰工程保修单》，是双方真实意思表示，合法有效，申请人与被申请人应按照合同约定履行。《建设工程质量管理条例》第四十条规定："在正常使用条件下，建设工程的最低保修期限为：（一）基础设施工程、房屋建筑的地基基础工程和主体结构工程，为设计文件规定的该工程的合理使用年限；（二）屋面防水工程、有防水要求的卫生间、房间和外墙面的防渗漏，为5年；（三）供热与供冷系统，为2个采暖期、供冷期；（四）电气管线、给排水管道、设备安装和装修工程，为2年。其他项目的保修期限由发包方与承包方约定。建设工程的保修期，自竣工验收合格之日起计算。"申请人与被申请人签订的《某品牌装饰工程保修单》约定，水电路工程保修期为五年，自2016年8月18日至2021年8月18日，暖路和其他装饰工程项目保修期为二年，自2016年8月18日至2018年8月18日，主材保修期为一年。保修范围以合同报价单上的工程项目为准，非被申请人施工项目被申请人不负责保修，并且虽由被申请人供应主材但非由被申请人负责安装的项目，不予保修。申请人与被申请人签订的《某品牌装饰工程保修单》对保修项目和保修期限的约定不违反《建设工程质量管理条例》的规定，应当作为确定案涉装修装饰工程保修问题的依据。申请人在仲裁申请书中主张的装修装饰质量问题为：客厅地砖部分位置高低不平、卫生间地漏高于地平面造成下水不畅地面积水、墙砖鼓包裂缝、地脚线发霉、填充墙不实。申请人在《工程质量检测鉴定申请书》中主张的装修装饰质量问题为：客厅、餐厅、卧室的地板砖铺装质量；卧室、卫生间窗口周围及卫生间东侧的墙砖贴装质量；卫生间地漏排水不畅积水严重的施工质量和地漏质量；卫生间洗面池水龙头和灯罩的质量；全部壁纸墙面裂缝的壁纸贴装质量。申请人所提出的上述项目均属于《建设工程质量管理条例》第四十条中"装修工程"的范围，在申请人与被申请人签订的《某品牌装饰工程保修单》中属于"其他装饰工程项目"，依法依约适用二年的质保期。根据《某品牌装饰工程保修单》的约定，上述项目的质保期间为2016年8月18日至2018年8月18日。申请人声称2019年初入住后发现装修质量问题，向被申请人提出维修要求，并向某市消费者协会进行了投诉。《建设工程质量管理条例》第四十一条规定："建设工程在保修范围和保修期限内发生质量问题的，施工单位应当履行保修义务，并对造成的损失承担赔偿责任。"由于申请人向被申请人提出质量问题时已经超过了保修期限，根据上述规定，被申请人不再承担保修义务和赔偿责任。故申请人所提出的要求被申请人赔偿损失的仲裁请求于法无据，不予支持。案涉装修装饰工程已经双方验收合格，申请人没有举证证明被申请人在履行合同过程中存在欺诈行为，对申请人所提出的假一罚三的惩罚性赔偿请求不予支持。

2. 申请人提出的质量鉴定和损失鉴定申请是否应予准许？

司法鉴定结果要应用于诉讼之中，必须满足诉讼的功能和价值需要，因而必然要体现出诉讼上的必要性。鉴定事项对于证明待证事实具有意义，方有鉴定的必要。这里所谓有无"意义"主要是指拟鉴定事项的结论意见作为定案依据时有无价值、有多大价值。证据的生命力在于证据价值，按证据价值（证据效力、证明力）大小，一般可以分为绝对证据价值、相对证据价值和无证据价值三种情形，无证据价值的鉴定意见会被无情排除采信。❶ 鉴于申请人存在质量异议的项目，在申请人向被申请人提出保修请求时已经超过了法律规定及合同约定的保修期限，被申请人依法不再承担保修义务和赔偿责任，所以申请人申请对相关

---

❶ 张向阳. 鉴定事项的可鉴定性及专门性问题研究［J］. 中国司法鉴定，2022（5）：76.

项目进行质量鉴定和损失鉴定已经没有法律意义。无论鉴定结果如何，均无法改变被申请人不承担责任的法律结论，出于节省司法资源和减少当事人诉累的目的，仲裁庭对申请人提出的鉴定请求不予准许。

处理结果

根据《建设工程质量管理条例》第四十条、第四十一条的规定，裁决如下：驳回申请人的仲裁请求。

第二节 价款或报酬

案例4-3 占有使用费的确定

案情介绍

申请人：某运输公司

被申请人：某客运公司

申请人称：2019年11月1日，申请人与被申请人订立《某区客运站租赁合同》，约定由被申请人租赁申请人位于某市某区团结大街22号街坊的"某区长途客运站"及相关设施设备，月租金2万元，租赁期限自2019年11月1日至2020年10月31日。合同到期后双方未续签合同，被申请人一直占有使用申请人上述房屋及设备设施。2021年3月2日，因被申请人拒绝履行支付租金义务，申请人向某仲裁委员会提出仲裁请求，要求被申请人支付欠付租金。2021年5月11日，某仲裁委员会作出（2021）某仲裁字第30号仲裁裁决书，裁决被申请人支付申请人2020年11月至2021年1月的占有使用费共计6万元。2022年4月30日被申请人迁离，双方就房屋退还形成书面文件，但被申请人仍欠付申请人自2021年2月至2022年4月的占有使用费30万元。申请人多次就上述欠付费用向被申请人主张债权未果。根据双方订立的合同以及《民法典》第七百二十一条、第七百二十二条的规定，被申请人应当按照约定向申请人支付租赁费或者占有使用费。申请人为维护其合法权益，提出以下仲裁请求：（1）裁决被申请人支付申请人2021年2月至2022年4月的房屋、设备占有使用费30万元；（2）裁决被申请人支付申请人逾期付款利息，以30万元为基数，按照同期贷款市场报价利率计算，自2022年5月1日起至全部付清之日止；（3）本案仲裁费用由被申请人承担。

申请人在庭审中明确其第一项仲裁请求占有使用费涉及的时间段为2021年2月1日至2022年4月30日。

申请人对其提出的主张向仲裁庭提供了以下证据：

（1）《某区客运站租赁合同》1份、国家企业信息公示报告1份、《房屋退还协议书》1份、某仲裁委员会（2021）某仲裁字第30号仲裁裁决书1份，证明：① 2019年11月1日，申请人与被申请人签订《某区客运站租赁合同》，约定由被申请人租赁申请人的某区长途客运站及相关设施设备，月租金2万元；② 申请人与被申请人订立的合同于2022年4月30日终止；

③被申请人于2021年11月3日将公司名称变更为某客运公司，被申请人即本案租赁合同的承租人；④被申请人房屋、设备占有使用费支付至2021年1月，尚有2021年2月至2022年4月，共计15个月的房屋、设备占有使用费30万元未支付。

被申请人的质证意见：对该组证据的真实性、合法性、关联性均予以认可，对第①至第③项证明目的予以认可，对第④项证明目的中所述事实予以认可，但对支付的数额不予认可。

（2）房屋所有权证书1份，证明申请人对案涉租赁房屋享有所有权，并已经取得案涉房屋建设工程规划许可，案涉房屋租赁合同合法有效。

被申请人的质证意见：对该证据的真实性、合法性及证明目的均予以认可。但案涉房屋的用途仅能用于交通，不能用于其他行业。

被申请人辩称：根据一事不再审的原则，某仲裁委员会不应当受理申请人的仲裁申请；关于本案争议双方当事人没有仲裁协议，某仲裁委员会受理不当；《房屋退还协议书》已经全部解决了双方基于《某区客运站租赁合同》所产生争议，申请人又申请仲裁背信弃义，应予以驳回；申请人请求逾期付款利息没有依据。

被申请人对其提出的主张向仲裁庭提供了以下证据。

某市人民政府办公室关于印发某市积极应对新冠肺炎疫情影响稳定和扩大就业若干政策措施经办流程的通知1份、国家发展改革委等部门印发《关于促进服务业领域困难行业恢复发展的若干政策》的通知（发改财金〔2022〕271号）1份，证明按照国家相关政策,申请人应当对被申请人的租金予以部分减免,具体要求减免 2020 年度 6 个月、2022 年 4 个月,共计 10 个月的租金。

申请人的质证意见:对该组证据的真实性予以认可,关联性不予认可,证明目的不予认可。认为:(1)国家发改委 271 号文件第 6 条明确说明 2022 年被列为疫情中高风险地区所在的县级行政区域内的服务业、小微企业及个体工商户承租国有房屋时,2022 年减免 6 个月租金,本案申请人不是国有企业,被申请人也不是小微企业及个体工商户,故不适用该政策规定,被申请人无权主张租金减免;(2)根据前述文件第 3 条的规定,基于同样的理由,故不应当减免;(3)某市并非文件中所述的中高风险地区,故与本案无关。

经仲裁庭审理查明:2019 年 11 月 1 日,申请人与被申请人签订《某区客运站租赁合同》(以下简称《合同》),约定由被申请人租赁申请人建设的"某区长途客运站"及相关设施设备,月租金 2 万元,租赁期限自 2019 年 11 月 1 日至 2020 年 10 月 31 日。《合同》第六条约定:"本合同在其履行中若发生争议,双方应协商解决,协商不成时,双方同意由某仲裁委员会仲裁。"《合同》约定的租赁期限届满后,被申请人未能按照约定将租赁物返还申请人。2021 年 3 月 2 日,申请人就租赁物返还和拖欠租金事宜向某仲裁委员会申请仲裁。2021 年 5 月 17 日,某仲裁委员会作出(2021)某仲字第 30 号仲裁裁决书,裁决被申请人限期将租赁物返还申请人,并支付 2020 年 11 月 1 日至 2021 年 1 月 31 日期间的租赁物占有使用费 6 万元。裁决作出后,被申请人迟至 2022 年 4 月 30 日才将租赁物返还申请人，2021 年 2 月 1 日至 2022 年 4 月 30 日的占有使用费未返还。2022 年 4 月 30 日，申请人与被申请人签订《房屋退还协议书》，协议书约定："经甲、乙双方友好协商，乙方于 2022 年 4 月 30 日前已将车站房屋、场地及附属设备等全部交回并与甲方进行了清点和核对，该房屋在此次移交后房屋及内部设施与乙方无关，乙方在该协议签订后不得以任何理由对该房屋及设施、设备进行权利主张，甲方在该协议签订后也不得要求乙方对该房屋及内部设施、设备进行维修维护及赔偿，该协议双方签字盖章后生效。"

另查明，《合同》签订后，被申请人于 2021 年 11 月 3 日将原单位名称某市运输总公司变更为某客运公司。

争议问题

（1）仲裁委对本案是否具有管辖权？
（2）被申请人应当承担的占有使用费数额如何确定？
（3）申请人是否有权主张占有使用费？
（4）被申请人的调取证据申请是否应予准许？
（5）申请人主张的租赁物占有使用费的利息是否应予支持？

法理分析

1. 仲裁委对本案是否具有管辖权？

被申请人认为，申请人仲裁请求 30 万元占有使用费是在仲裁委第一次作出仲裁裁决后发生的费用，双方《合同》约定的仲裁纠纷已经处理完毕，对于新增的占有使用费纠纷以及双方 2022 年 4 月 30 日签订的《房屋退还协议书》均没有约定仲裁协议，因此不同意仲裁委就本案进行仲裁。仲裁庭认为，租期届满后向申请人返还租赁物是被申请人应当履行的基本合同义务，因该等义务未能履行而应当承担的支付租赁物占有使用费的责任，亦属于因案涉《合同》履行问题引发的法律纠纷，没有超出《合同》第六条有关仲裁范围的约定，仲裁委对本案具有管辖权。虽然《房屋退还协议书》未约定仲裁，但是本案纠纷并非因履行《房屋退还协议书》而引发，且《房屋退还协议书》处理的仍为申请人与被申请人之间的租赁事宜，应当视为《合同》的组成部分，其纠纷管辖方式应当同于《合同》。

2. 被申请人应当承担的占有使用费数额如何确定？

《合同》约定租赁物月租金 2 万元。《最高人民法院关于审理城镇房屋租赁合同纠纷案件具体应用法律若干问题的解释》第十三条规定："房屋租赁合同无效、履行期限届满或者解除，出租人请求负有腾房义务的次承租人支付逾期腾房占有使用费的，人民法院应予支持。"参照上述司法解释，申请人请求被申请人参照《合同》约定的租金水平支付 2021 年 2 月 1 日至 2022 年 4 月 30 日的租赁物占有使用费 30 万元，应当予以支持。被申请人提出 2020 年和 2022 年某市发生了新冠疫情，根据相关政策文件，应当减免其应当承担的租金。由于申请人主张的租赁物占有使用费发生在 2021 年 2 月 1 日至 2022 年 4 月 30 日，故不涉及 2020 年疫情的影响问题。《民法典》第五百九十条第二款规定："当事人迟延履行后发生不可抗力的，不免除其违约责任。"本规范系基于下述考虑：应当归责于债务人的给付迟延，自然应当归属于债务人之风险范围,故其应对于迟延的后果承担广泛的责任。❶某仲裁委员会在 2021 年 5 月 17 日作出(2021)某仲裁字第 30 号仲裁裁决书,裁决被申请人 30 日内将租赁物返还申请人。但被申请人未能按照仲裁裁决书指定的期限将租赁物进行返还,迟至 2022 年 4 月 30 日才履行完毕返还义务。申请人主张的租赁物占有使用费,实为被申请人违反《合同》应当承担的违约责任。虽然某市在 2022 年 2 月曾发生新冠疫情,但是被申请人在该期间已经处于违约状态,依法不能据此免除其应当承担的违约责任。故对被申请人提出的上述抗辩不予支持。

3.《房屋退还协议书》是否消灭了申请人请求支付租赁物占有使用费的权利?

被申请人主张,《房屋退还协议书》已经全部解决了双方《合同》争议,申请人又申请仲裁背信弃义,应予以驳回。2022 年 4 月 30 日,申请人与被申请人签订《房屋退还协议书》,该协议书约定:"经甲、乙双方友好协商,乙方于 2022 年 4 月 30 日前已将车站房屋、场地及附属设备等全部交回并与甲方进行了清点和核对,该房屋在此次移交后房屋及内部设施与乙方无关,乙方在该协议签订后不得以任何理由对该房屋及设施、设备进行权利主张,甲方在该协议签订后也不得要求乙方对该房屋及内部设施、设备进行维修维护及赔偿,该协议双方签字盖章后生效。"可见,该《房屋退还协议书》仅涉及租赁物返还和交接问题,

---

❶ 杜景林,卢谌. 德国民法典:全条文注释(上册)[M]. 北京:中国政法大学出版社,2015:191.

未涉及租赁物返还前的占有使用费问题,被申请人所提出的《房屋退还协议书》已经全部解决了双方《合同》争议的抗辩不能成立,仲裁庭不予支持。

4. 被申请人的调取证据申请是否应予准许?

被申请人认为,申请人所建设的案涉汽车站享受了政府部门给予申请人的专项补贴 1900 万元,因此该租赁物只能用于汽车运输业务,申请人不能自由处置该租赁物,被申请人应当享有优先承租权。申请人虽然在建设案涉租赁物的过程中享受了政府专项补贴,但是与被申请人和本案纠纷无关,被申请人的主张缺乏合同和法律依据。被申请人请求仲裁庭调取的相关证据与本案处理无关,仲裁庭不予支持。

5. 申请人主张的租赁物占有使用费的利息是否应予支持?

参照《民法典》第七百三十四条"租赁期限届满,承租人继续使用租赁物,出租人没有提出异议的,原租赁合同继续有效,但是租赁期限为不定期"的规定,《合同》约定的租期届满后,被申请人继续占有使用租赁物,应当视为不定期租赁。《民法典》第七百二十一条规定:"承租人应当按照约定的期限支付租金。对支付租金的期限没有约定或者约定不明确,依据本法第五百一十条的规定仍不能确定,租赁期限不满一年的,应当在租赁期限届满时支付;租赁期限一年以上的,应当在每届满一年时支付,剩余期限不满一年的,应当在租赁期限届满时支付。"被申请人 2022 年 4 月 30 日将租赁物返还申请人,所以支付租赁物占有使用费的届满期限亦为 2022 年 4 月 30 日,申请人主张自 2022 年 5 月 1 日起按照中国人民银行授权全国银行间同业拆借中心公布的同期贷款市场报价利率计付利息，具有事实和法律依据，应予支持。经查，申请人申请仲裁立案时（2022年6月16日），由中国人民银行授权全国银行间同业拆借中心计算并公布的一年期贷款市场报价利率为3.7%，故被申请人应当自2022年5月1日起以30万元为基数，以年利率3.7%为标准，向申请人支付利息，至本息全部付清止。

处理结果

根据《中华人民共和国民法典》第五百六十五条第一款、第五百零九条第一款、第五百七十七条、第五百七十九条、第五百九十条第二款、第七百二十一条、第七百三十四条，《最高人民法院关于审理城镇房屋租赁合同纠纷案件具体应用法律若干问题的解释》第十三条的规定，裁决如下：

（一）被申请人给付申请人租赁物占有使用费30万元；

（二）被申请人给付申请人逾期付款利息，利息计付以30万元为基数，以年利率3.7%为标准，自2022年5月1日起至本息全部付清之日止。

案例4-4 瑕疵履行的减价问题

案情介绍

申请人：某物业公司

被申请人：张某

申请人称：2015年5月8日，申请人与被申请人签订《某小区前期物业服务协议》，协议约定：申请人提供物业服务的受益人为该物业的全体业主和使用人，受益人按房屋面积向申请人支付物业管理费用，缴费时间为2015年10月4日至2019年7月31日，逾期缴费的从逾期之日起按每天应缴费用的千分之三缴纳违约金。被申请人系上述物业白露苑16-105号的业主，物业面积685.26平方米，按约定应当向申请人缴纳从2015年10月4日至2019年7月31日的物业管理费用110 094.18元，但被申请人一直拒绝缴费，产生违约金68 013.57元；缴纳2016年12月19日至2019年6月30日的公摊电费1198.71元，缴纳2014年10月4日至2019年7月12日的公摊水费8410.47元。协议履行至今，申请人按照约定为被申请人所在的小区提供了物业管理服务，但被申请人却拒不履行自己的缴费义务，申请人多次催费，未有效果。为此，提出以下仲裁请求：（1）裁决被申请人支付申请人物业管理费110 094.18元、违约金68 013.57元、公摊电费1198.71元、公摊水费8410.47元，合计187 716.93元；（2）本案仲裁费用由被申请人承担。

申请人对其提出的主张向仲裁庭提供了以下证据：

（1）申请人营业执照、某市住房保障和房屋管理局房屋与物业管理科出具的备案证明。证明申请人于2011年6月28日在某市住房保障和房屋管理局房屋与物业管理科已进行备案。

被申请人的质证意见：对营业执照的真实性不能确定，因为营业期限处为空白，真实性请仲裁庭核实确认。对备案证明的真实性予以认可，证明目的不予认可。该证据仅能证实申请人具有民事主体资格，不能证实其有权入驻案涉小区并提供物业服务。

（2）某小区前期物业服务合同、《某小区前期物业服务协议》。证明被申请人作为业主具有缴费主体资格；协议第六条第二款规定了物业费的收费标准，别墅及商业每平方米每月3.5元，以及物业服务费主要用于的支出内容。物业费实行包干制方式，不包括公共设施设备分摊水电费用。协议第十一条第四项规定："不按本协议约定的收费标准和时间交纳有关费用的，甲方有权要求乙方补交并从逾期之日起按实际应收款每天千分之三的标准缴纳违约金。"

被申请人的质证意见：对《某小区前期物业服务合同》的真实性不予认可，被申请人并非该合同主体，对其真实性无法确定。对《某小区前期物业服务协议》的真实性予以认可，证明目的不予认可。被申请人支付物业费的前提是申请人提供了符合协议约定的服务，根据被申请人的答辩，申请人并没有履行协议第2、4条及协议附件三所约定的义务，被申请人有权拒绝支付物业费。另，根据协议显示，被申请人的房屋面积为681.93平方米，与申请人在申请书中主张的面积不符。根据该协议对付款期限的约定，申请人主张的2016年10月4日之前的物业费已经超过仲裁时效，不应予以支持。

(3) 催费通知书照片2张、催费通知书2张、催缴函1张、催缴记录表1份，证明申请人已经履行催告义务，但被申请人至今未缴费。

被申请人的质证意见：对该证据的真实性、证明目的均不予认可。催缴函是复印件，其他也是申请人单方出具，并没有被申请人签收的证明，不能证明被申请人收到了上述通知。其中，在催缴通知书上明确表明是业主留存，该份反而是申请人持有，证明并未向被申请人送达。另，在催缴记录表中，显示该小区有大量业主拒绝缴纳物业费的情况，反而证实申请人物业服务质量差，业主满意率极低。在被申请人的催缴欠款中，申请人也特意备注是因为："东西丢了没处理"，足以证实申请人明知被申请人因为其安保不到位，导致被申请人家中被盗的事实，且也认可该情形下被申请人不予缴纳物业费。

庭审结束后，申请人向仲裁庭补充提交如下证据：（1）某地商品房销售管理系统 2.0 中有关被申请人房屋面积信息的表格 2 张；（2）白露苑 16-105 张某违约金核算依据与金额；（3）申请人应收款账龄分析表；（4）增值税电子普通发票 1 张；（5）费用核算依据 1 张。

被申请人提交书面质证意见，对上述证据均不予认可。

被申请人辩称：申请人提供的物业服务不符合法律规定及协议约定，且因此给被申请人造成巨大损失，被申请人不仅有权拒绝支付物业费，亦不应支付违约金；退一步讲，即便被申请人应当缴纳物业费，数额也应当予以调减；申请人主张的 2016 年 10 月 4 日前的物业费已过仲裁时效，其主张应予驳回；申请人主张的公摊水电费缺乏事实及法律依据，不应予以支持。

被申请人对其提出的抗辩向仲裁庭提供了以下证据：

（1）某市公安局某区分局立案告知单、受案回执、照片 1 张，证明 2017 年 8 月被申请人家中被盗，产生财产损失 300 万左右，该案至今尚未侦破，该案的发生与申请人未履行 24 小时站岗、巡逻同时配备 24 小时监控设备，对小区人员车辆进行管理并实行出入证制度有关，其未适当履行治安安保及秩序管理义务。

申请人的质证意见：对证据的真实性予以认可，证明目的不予认可。被申请人单方估算的财产损失申请人不予认可，而且小区的保安也是 24 小时值班，被申请人所述小区无安保不属实。

（2）照片 8 张、视频 3 段，证明申请人未履行对小区绿化、水系、照明、地库等公用部位或设施设备的管理、维护、维修义务，且违反协议约定，私自占用地下车库，小区环境脏乱差。上述证据共同说明申请人提供的物业服务存在严重的瑕疵，不符合协议约定，被申请人拒绝交纳物业费有合理理由。三段视频的拍摄时间是 2019 年 5 月 17 日。

申请人的质证意见：对照片 8 张真实性不予认可，对水系的拍摄视频认可，其他两个视频不认可，因为不确定是否拍摄的是本小区。对该组证据的证明目的均不予认可，照片无法确定是本小区。目前申请人服务的公共区域包括设施设备都是完好的。对水系的拍摄视频认可，但是因为当时要清洗水系，不能就此否定申请人的物业服务工作。

经仲裁庭审理查明：被申请人系某小区白露苑 16 - 105 号房屋的业主，该房屋建筑面积为 681.93 平方米。2015 年 5 月 8 日，被申请人与申请人签订了《某小区前期物业服务协议》。根据协议约定，申请人为被申请人提供物业管理服务。协议第六条第二款约定物业服务费的收费标准是 3.5 元/平方米/月，物业服务费用不包括公共设施设备分摊水电费用和需要向业主收取的其他合理费用，物业服务费用按每 12 个月为一周期缴纳，被申请人应在每周期前 10 日缴纳当周期的物业服务费用。协议第十一条第四项约定，逾期缴费的，业主还应向物业公司支付应缴款每日千分之三的违约金。协议第十五条约定，争议解决方式为向当地有管辖权的仲裁委员会提起仲裁。自 2015 年 10 月 4 日至 2019 年 7 月 31 日，被申请人未缴纳物业服务费用。

> 争议问题

（1）案涉物业的建筑面积应当如何确定？
（2）调减物业服务费用数额的抗辩是否成立？
（3）被申请人是否应当交纳公摊水费和电费？
（4）被申请人是否应当支付逾期付款违约金？
（5）申请人的部分仲裁请求是否超过仲裁时效？
（6）被申请人应当支付物业费的数额是多少？

> 法理分析

1. 案涉《某小区前期物业服务协议》项下被申请人物业的建筑面积如何确定？

《某小区前期物业服务协议》第六条第二款第一项约定，物业服务费用由业主按其拥有物业的建筑面积缴纳，已核发《房地产权证》的按证内核准的建筑面积计算，未核发《房地产权证》的按《商品房买卖合同》记载的建筑面积计算。申请人与被申请人均未向仲裁庭提交《房地产权证》或《商品房买卖合同》以证实被申请人物业的建筑面积，故应当以《某小区前期物业服务协议》中记载的面积 681.93 平方米来确定被申请人物业的建筑面积。

2. 被申请人调减物业服务费用数额的抗辩是否成立？

《民法典》第九百四十四条规定："业主应当按照约定向物业服务人支付物业费。物业服务人已经按照约定和有关规定提供服务的，业主不得以未接受或者无须接受相关物业服务为由拒绝支付物业费。业主违反约定逾期不支付物业费的，物业服务人可以催告其在合理期限内支付；合理期限届满仍不支付的，物业服务人可以提起诉讼或者申请仲裁。物业服务人不得采取停止供电、供水、供热、供燃气等方式催交物业费。"2015年10月4日至2019年7月31日，申请人提供了物业服务，被申请人接受了申请人提供的物业服务，故被申请人应当根据《某小区前期物业服务协议》的约定和《民法典》的规定缴纳物业服务费用。至于被申请人所提出的因申请人提供的物业服务存在瑕疵从而应当调减物业服务费用数额的抗辩，虽然通过被申请人提供的证据能够看出申请人提供的物业服务并非无可挑剔，但是仅凭在案证据仲裁庭难以确定因申请人提供的物业服务存在瑕疵而应当调减的物业服务费用的具体数额。"在物业服务纠纷中，法院一般以物业服务是否存在瑕疵来评价服务质量。然而，对于如何定义'服务瑕疵'，何种程度才能认定为一般瑕疵或重大瑕疵，仅凭法官自由心证极易导致个案失衡。对于服务质量瑕疵，如果物业服务合同有约定，则从约定；若无约定或约定不明，则应请鉴定机构评估：一定期限内服务瑕疵分值在50%以上，应当认定为重大瑕疵，业主可以拒交物业费并要求物业服务企业承担违约责任。而一般瑕疵则是瑕疵分值在50%以下，业主可以要求物业服务企业在指定期间内排除妨碍、消除危险、恢复原状、继续履行等。如在指定期限内，物业服务企业不作为或者消极作为，业主有权要求参照瑕疵比例返还已交纳的物业费或少支付物业费，并由物业服务企业承担违约责任。"❶ 虽然《民法典》第九百四十四条第二款并没有规定业主逾期缴纳的抗辩理由，但就同时履行抗辩原理而言，业主依然应当享有正当的抗辩权，只不过应当对抗辩理由作严格限制。例如，针对物业服务人违规收费、重复收费、没有提供物业服务等，业主有权提出拒绝缴纳物业服务费的抗辩，但如果仅以物业服务人员提供的服务不达标为理由提出抗辩，则对此应当作严格限制。例如，小区治安环境差，物业服务人员也怠于进行小区环境管理，导致小区垃圾成堆，即便出现上述问题，单个业主也不得以物业服务企业服务不达标为由拒绝支付物业服务费。因为物业服务合同不是单个业主订立的，在出现上述情形时，应当由业主大会、业主委员会依据法定程序解聘物业服务合同，或者与物业服务人协商，变更物业服务合同。更何况，全体业主享有任意解除权，这也有利于督促物业服务人员提高服务质量。❷ 故对被申请人提出的调减物业服务费的抗辩不予支持。

3. 被申请人是否应当缴纳公摊水费和电费？

《某小区前期物业服务协议》约定，物业服务费用不包括公共设施设备分摊水电费用和需要向业主收取的其他合理费用，故业主应当在物业服务费用外缴纳公摊水电费用。但申请人就其主

---

❶ 雷霞. 住宅小区物业服务纠纷化解的实践困境与纾解路径：基于 W 市 Y 区法院物业服务合同纠纷案件的思考 [J]. 上海房地, 2024 (1): 44-48.
❷ 王利明. 合同法（下册）[M]. 北京：中国人民大学出版社, 2021: 397.

张的公摊水电费用未向仲裁庭充分举证,仅凭《某小区前期物业服务协议》的约定和申请人主张的数额,仲裁庭无法认定,故对其主张不予支持。

4. 被申请人就其逾期交纳物业服务费用的行为是否应当向申请人支付违约金?

《民法典》第五百九十二条规定:"当事人都违反合同的,应当各自承担相应的责任。当事人一方违约造成对方损失,对方对损失的发生有过错的,可以减少相应的损失赔偿额。"在当事人双方违约的情形下,相互造成损害,双方向对方承担违约责任。❶根据过失相抵原则,双方违约造成的损害难以区分大小时,可以相互抵销,相互不承担赔偿责任。虽然被申请人逾期缴纳物业服务费用构成违约,但申请人没有提供证据证明其完全按照《某小区前期物业服务协议》的约定履行了服务义务,被申请人提供的证据能够证明申请人的服务存在一定瑕疵,双方均存在违约行为,且难以区分大小,就双方违约给对方造成的损失应当各自承担,故对申请人支付违约金的主张不予支持。

5. 2015年10月4日至2016年10月3日的物业服务费用请求是否已经超过仲裁时效?

申请人所提供的证据能够证实,申请人多次向被申请人催收包括2015年10月4日至2016年10月3日在内的物业服务费用,催收行为构成仲裁时效中断,故截至提起本案仲裁之日,其请求

---

❶ 最高人民法院民法典贯彻实施工作领导小组. 中华人民共和国民法典合同编理解与适用【二】[M]. 北京:人民法院出版社,2020:837.

并未超过仲裁时效;催收工作是物业服务公司的常规性工作,申请人设有专人从事该项工作,被申请人所提出的申请人从未催收过 2015 年 10 月 4 日至 2016 年 10 月 3 日物业服务费用的抗辩,不符合常情常理,仲裁庭依法不予采信。

6. 2015 年 10 月 4 日至 2019 年 7 月 31 日,被申请人应当支付物业费的具体数额?

根据《某小区前期物业服务协议》,物业服务费用标准为 3.5 元/平方米/月。2015 年 10 月 4 日至 2019 年 7 月 3 日,共计 45 个月,物业服务费用为 681.93 平方米 × 3.5 元/平方米/月 × 45 个月 = 107 403.98 元。2019 年 7 月 4 日至 7 月 31 日不足一月,根据《最高人民法院关于贯彻执行〈中华人民共和国民法通则〉若干问题的意见(试行)》(现已失效)第一百九十八条"当事人约定的期间不是以月、年第一天起算的,一个月为三十日,一年为三百六十五日"的规定,2019 年 7 月 3 日后剩余未付物业服务费用的时间应为 30 日 − 3 日 = 27 日,7 月 3 日后剩余时间应当支付的物业服务费用为 681.93 平方米 × 3.5 元/平方米/月 × 27/30 个月 = 2148.08 元。综上,2015 年 10 月 4 日至 2019 年 7 月 31 日应支付物业服务费用总额为 107 403.98 元 + 2148.08 元 = 109 552.06 元。

处理结果

根据原《中华人民共和国合同法》第四十四条第一款、第六十条第一款、第一百零七条、第一百零九条的规定,裁决如下:

(一)被申请人向申请人支付物业服务费用 109 552.06 元;

(二) 驳回申请人的其他仲裁请求。

第三节　履行期限

案例 4-5　履行时间的判断

案情介绍

申请人：何某

被申请人：某房地产开发公司

申请人称：申请人为回迁安置户，在与某市某区城乡房屋征收中心签署了《产权调换补偿协议》后，2017 年 8 月 29 日又与被申请人签订《某市商品房买卖合同》，合同约定：申请人购买被申请人开发的某小区 11-202 号房屋，购买价格为 357 162.30 元，房屋建筑面积为 92.29 平方米，房屋为住宅；被申请人应于 2017 年 6 月 30 日前将竣工验收合格的房屋交付给申请人，如逾期交付，逾期期间被申请人自愿承担已交付购房款所产生的利息并支付每逾期一日万分之 0.01 的违约金。合同签订后，申请人如约支付了全部购房款。但被申请人并未在规定的期限交付验收合格的房屋，现房屋虽已交付但属于未验收合格的房屋，作为住宅存在不可估量的风险。申请人认为被申请人违法交付未验收合格房屋的行为已经构成违约，应依法承担合同约定的违约责任。为此，提出以下仲裁请求：(1) 依法裁决被申请人向申请人支付逾期交付房屋的违约金391.5元及已付款所产生的利息53 538.6元（以360 529.20元为基数，按照中国人民银行同期贷款利率年5%计息），上述利息及违约金自2017年6月30日起暂计至仲裁申请之日，直至房屋验收合格之日终止；（2）依法裁决被申请人向申请人退还多收取的物业费851元、取暖费1513.09元，合计2364.09元；（3）仲裁所产生的费用由被申请人承担。

申请人对其提出的主张向仲裁庭提供了以下证据：

（1）合同编号为2017-0002854的《某市商品房买卖合同》、增值税普通发票各1份。证明双方存在商品房买卖合同关系，商品房买卖合同明确约定了双方的权利义务，双方应按照合同约定享有权利、履行义务；申请人已经履行了合同义务，向被申请人足额交纳了购房款360 529.2元。

被申请人对该组证据的真实性和证明目的予以认可。

（2）某市住房和城乡建设局、某市城乡建设委员会分别出具的关于某小区11号楼竣工验收备案情况说明函各1份。证明截至2020年6月24日被申请人并没有按照相关法律规定就申请人购买的房屋所在的某小区11号楼向行政主管部门进行竣工备案验收，被申请人向申请人交付的房屋属于未验收合格的房屋，存在违反合同约定的行为。

被申请人对该证据的真实性予以认可，但对证明目的不予认可。被申请人称，2017年8月29日申请人与被申请人已经签订网签合同，申请人在明知该房未进行验收的情况下依然办理了入住手续，证明申请人对房屋现状是默认的。

（3）被申请人 2017 年 8 月 18 日出具的申请人缴纳 11-202 取暖费收据 1 张（编号：NO.5167076，缴费数额为 1938.09 元），某物业服务公司 2018 年 3 月 6 日出具的申请人缴纳某小区 11-202 缴物业费（2017 年 9 月 1 日至 2018 年 8 月 30 日）收据 1 张（编号：NO.1117325，缴费数额为 1661.2 元），证明申请人缴纳物业费和取暖费的事实。

被申请人对取暖费收据的真实性予以认可，但称被申请人代收后已经全额缴纳给了供热公司，不存在多收的问题；对物业费收据，因某物业服务公司与被申请人没有关系，真实性无从判断。

（4）某物业服务公司出具的房屋交付验收表 1 份，证明被申请人于 2018 年 3 月 6 日向申请人交付房屋的事实。

被申请人对该证据的真实性和证明目的均不予认可。被申请人称，交付房屋是申请人与被申请人之间的义务，与某物业服务公司没有关系。

被申请人辩称：2017 年 8 月 29 日被申请人与申请人签订了《某市商品房买卖合同》，合同约定 2017 年 6 月 30 日前交付房屋。实际上，被申请人在 2017 年 6 月 30 日前已具备了交付房屋的条件，其他业主也于该日期前办理了领钥匙的手续，申请人逾期办理领钥匙手续的责任应该由其自行承担。被申请人没有违约，无须承担违约责任。物业费和取暖费的收缴部门不是被申请人，因此不存在多收取而退还的情况。

被申请人对其提出的抗辩向仲裁庭提供了以下证据：

（1）热力销售平推机打发票 1 张，证明某小区 2 期 11 号楼

1单元202缴纳2017—2018年度取暖费1956元,被申请人并未多收申请人的取暖费。

申请人对该证据的真实性予以认可,但对证明目的不予认可。2017年至2018年3月6日,被申请人并未向申请人交付房屋,其间所发生的取暖费用应当退还申请人。

(2)案外人周某与被申请人签订的《某市商品房买卖合同》及《入住通知书》1份,证明与申请人购买同样小区的其他业主于2017年6月30日前即办理完了入住手续,申请人之所以逾期办理,是其个人原因,与被申请人无关。

申请人对该证据的真实性予以认可,但对证明目的不予认可。《入住通知书》并未明确载明其实际交付入住的时间,所交付的房屋为2期10楼,而案涉房屋为2期11楼,该证据与本案无关。

(3)申请人与被申请人签订的《某市商品房买卖合同》及《入住通知书》各1份,证明申请人从被申请人处购买房屋,合同约定交房日期为2017年6月30日,而申请人于2017年8月29日办理了入住手续,并非申请人所陈述的2018年3月6日入住。

申请人对该组证据的真实性予以认可,但辩称申请人虽签署了《入住通知书》,实际上被申请人并未于2017年8月18日交付房屋,由于当时房屋不具备验收合格的条件,申请人于2018年3月6日因拆迁等原因无房可住,无奈接收该房屋。该证据同时印证被申请人并未在商品房买卖合同中所约定的交付房屋时间期限内向申请人交付房屋,已构成违约。

（4）某市建设工程质量监督站出具的建设工程质量监督报告1份，证明案涉工程在质量监督方面具备备案条件。

申请人称因是复印件，对该证据真实性存疑，假定该证据真实存在，也无法实现被申请人的证明目的。根据国务院发布的《建设工程质量管理条例》第四十九条的规定，建设单位应当自建设工程竣工合格之日后的15日内向行政机关进行备案登记，被申请人并未在该期间内备案，且该证据上单位盖章所签署的日期为2020年7月22日，也证明了被申请人在2020年7月22日前并未达到相应的竣工验收标准。截至开庭之日，被申请人也未取得相应的竣工验收备案，在某市住建局网站也未检索到被申请人备案的信息。该证据印证了被申请人存在瑕疵履行的情形。

（5）棚户区改造结算单1份，证明2017年8月18日申请人办理了领钥匙的手续。

申请人对该证据的真实性予以认可，但对证明目的不予认可。申请人称，该结算单是申请人与被申请人对被征收的房屋和安置房屋的坐落、面积、价款和补偿的结算情况，并不能证实被申请人向申请人交付了钥匙。

经仲裁庭审理查明：2017年8月29日申请人与被申请人签订《某市商品房买卖合同》，约定申请人购买被申请人开发的某小区2期11号楼1单元202号房屋，房屋价款为357 162.30元；合同第三条约定交房时间为2017年6月30日前，同时约定房屋竣工经验收合格方可交付；合同第五条约定，逾期交房超120日的，被申请人应当按照银行同期贷款利率支付已付款利息，还应当每日按商品房价款的万分之0.01支付违约金。申请人实际交纳购房款360 529.2元。2017年8月18日，被申请人代收申请人缴案涉房屋取暖费1938.09元，后被申请人将案涉房屋取暖费转交给供暖单位某热电厂，转交金额为1956元。2018年3月6日，申请人向案涉小区的物业服务单位某物业服务公司缴案涉房屋物业费（2017年9月1日至2018年8月30日）1661.2元。案涉房屋所在的11号楼至仲裁开庭之日未完成竣工验收手续。

争议问题

（1）房屋交付的时间问题。

（2）被申请人逾期交房的时间起算点问题。

（3）被申请人逾期交房责任的截止日期问题。

（4）逾期利息和违约金计算问题。

（5）物业费和取暖费退还问题。

法理分析

1. 房屋交付的时间问题

被申请人主张案涉房屋交付时间为合同签订的当日即2017年8月29日，但是被申请人提供的证据均无法证实在这一时间已经实际上完成房屋的交付。由于案涉房屋至仲裁开庭之日没有完成竣工验收，根据《建筑法》第六十一条、《城市房地产管理法》第二十七条第二款、《城市房地产开发经营管理条例》第十七条的规定以及申请人与被申请人签订的《某市商品房买卖合同》第三条的约定，被申请人交付房屋的条件尚不具备，即使合同约定的交房时间到来且被申请人发出交房通知，申请人亦可拒绝接收。"开发商明知商品房未完成竣工验收备案，不符合交付条件,却通知购房人办理交付手续,违反了诚实信用原则,理应承担由此产生的民事责任。"❶ 房屋交付时间应当以申请人自愿接收的时间为准,而不以被申请人的通知交付时间为准。申请人在庭审中自认实际接收房屋的时间为 2018 年 3 月 6 日,故仲裁庭将案涉房屋的交付时间确定为 2018 年 3 月 6 日。

2. 被申请人逾期交房的时间起算点问题

申请人与被申请人签订的《某市商品房买卖合同》第三条第二款规定,被申请人应于 2017 年 6 月 30 日前将案涉房屋交付申请人。虽然案涉《某市商品房买卖合同》签订的时间为 2017 年 8 月 29 日,双方约定的交房时间早于合同签订时间,但是鉴于案涉房屋为棚户区改造回迁安置房,双方实际形成合意的时间早于合同的签订时间,如在 2017 年 8 月 18 日双方即达成了《棚户区改造清算单》,且在庭审中申请人与被申请人均未对合同中约定的交房时间提出异议,故仲裁庭确定被申请人交房义务履行的截止日期为 2017 年 6 月 30 日,也即自 2017 年 7 月 1 日起被申请人处于逾期交房状态。

3. 被申请人逾期交房责任的截止日期问题

申请人认为,由于案涉房屋至仲裁开庭之日未完成竣工验收,被申请人的交付存在瑕疵履行,应当承担瑕疵履行责任。结合申请人所提交的仲裁申请书的相关内容和仲裁请求,申请人实际上是按照合同第五条"甲方(被申请人)逾期交付商品房的

---

❶ 江西省高级人民法院立案二庭课题组. 商品房交付条件的有关法律问题 [J]. 人民司法, 2022 (13): 113.

处理"第二款的规定向被申请人主张权利的。合同第五条适用的情形是"甲方如未按照本合同第三条约定日期交付商品房",针对的是单纯交付时间上的迟延,并非甲方交付的商品房未完成竣工验收的情形。《最高人民法院关于审理商品房买卖合同纠纷案件适用法律若干问题的解释》(2020年12月29日已修正)第十一条第一款规定:"对房屋的转移占有,视为房屋的交付使用,但当事人另有约定的除外。"根据该司法解释,对房屋的转移占有即视为交付的完成。申请人自认在2018年3月6日实际接收了被申请人对案涉房屋的交付,故应当视为被申请人在2018年3月6日履行了交房义务,逾期交房责任在该时间截止。至于申请人提出的被申请人所交付的房屋未完成竣工验收从而构成瑕疵履行的问题,仲裁庭认为,买卖合同中的瑕疵履行包括权利瑕疵和物的瑕疵,申请人未能证明本案标的物存在权利瑕疵或物的瑕疵,仅依据未经竣工验收这一事实主张标的物存在权利瑕疵或物的瑕疵依据不足,故对其所主张的瑕疵履行责任不予支持。

4. 逾期利息和违约金计算问题

合同约定的交房截止日期为2017年6月30日,被申请人收房时间为2018年3月6日,故被申请人逾期交房的时间为249天。申请人与被申请人签订的《某市商品房买卖合同》第五条第二款约定,逾期交房超120日的,被申请人应当按照银行同期贷款利率支付已付款利息,同时还应当每日按商品房价款的万分之0.01支付违约金。申请人实际交纳购房款360 529.2元。2018年8月29日申请人与被申请人签订《某市商品房买卖合同》时,中国人民银行执行的一年以内(含一年)金融机构人民币贷款基准利率为 4.35%。被申请人应当支付的逾期交房利息为 $360\,529.2 \times 4.35\% \times (249/365) = 10\,698.83$ 元。被申请人应当支付的违约金为 $360\,529.2 \times 0.01‰ \times 249 = 89.78$ 元。被申请人应当承担的违约责任合计 $10\,698.83$ 元 $+ 89.78$ 元 $= 10\,788.61$ 元。

5. 物业费和取暖费退还问题

申请人主张被申请人应当退还 2018 年 3 月 6 日交房之前所产生的取暖费和物业费。仲裁庭认为，物业费的收费单位为某物业服务公司，取暖费虽然由被申请人代收，但是被申请人已经将费用转交实际收费单位某热电厂，被申请人并非取暖费的实际收费主体，申请人请求由被申请人退还交房之前的物业费和取暖费，属于主张对象错误；物业费和取暖费是在房屋实际使用过程中产生的费用支出，申请人自愿交纳未使用期间的费用后又要求退还，缺乏合同和法律依据，仲裁庭不予支持。

处理结果

根据原《中华人民共和国合同法》第八条、第六十条、第一百一十四条，《中华人民共和国建筑法》第六十一条，《中华人民共和国城市房地产管理法》第二十六条第二款，《城市房地产开发经营管理条例》第十七条，《最高人民法院关于审理商品房买卖合同纠纷案件适用法律若干问题的解释》第十一条第一款的规定，裁决如下：

（一）被申请人向申请人支付已付款利息和违约金合计 $10\,788.61$ 元；

（二）驳回申请人的其他仲裁请求。

案例 4-6　履行期限约定不明的处理方法

案情介绍

申请人：某房地产开发公司

被申请人：赵某

申请人称：申请人系某小区开发商，2014 年 3 月 3 日申请人与被申请人就某小区 F 甲 25 栋 305 号房屋的买卖事宜订立《某市假日·风景房屋定购合同书》。该合同对双方买卖房屋的具体位置、购房价款、违约责任等事项进行了明确约定。其中合同第三条约定，房屋总价款为 366 920 元；第五条约定，被申请人以贷款形式付款，首付款金额为 116 920 元，贷款金额为 25 万元；第七条约定，被申请人未按合同第五条约定的日期付款时合同继续履行，但被申请人应支付逾期付款及利息，利息自合同约定的应付款之日起至实际付款之日止，按银行同期贷款利率计算，此外，被申请人还应每月按房屋价款的千分之三向申请人支付违约金。合同签订后，申请人已于 2014 年 4 月 29 日向被申请人交付了房屋，履行了合同义务，但经申请人多次催告，被申请人至今仅向申请人支付了首付款，就拖欠的剩余房款既不按照约定办理银行贷款，亦拒绝向申请人支付。被申请人的上述行为已严重违反合同约定，应承担相应违约责任，故为维护申请人合法权益，特依据《仲裁法》及双方约定的仲裁条款，提出以下仲裁请求：(1) 裁决被申请人继续履行《某小区房屋定购合同书》向申请人支付剩余房款 25 万元及逾期利息（利息以 25 万元为本金，自 2018 年 1 月 19 日起按中国人民银行同期贷款利率计算至房款付清之日止，暂计至 2019 年 8 月 19 日为 18 772 元；自 2019 年 8 月 20 日起按照同期全国银行间同业拆借中心公布的贷款市场报价利率计算至房款付清之日止，暂计至申请仲裁之日为 14 188 元），本息暂合计至申请仲裁之日为 282 960 元；（2）本案仲裁等全部费用由被申请人承担。

申请人对其提出的主张向仲裁庭提供了以下证据：

（1）《某市假日·风景房屋定购合同书》1 份，首付款交费收据 1 份，证明：① 2014 年 3 月 3 日申请人与被申请人就某市假日风景小区 F 甲 25 栋 305 号房屋的买卖事宜订立《某市假日·风景房屋定购合同书》，该合同系双方真实意思表示，合法有效；② 双方约定案涉房屋总价款为 366 920 元，其中首付款 116 920 元，以贷款形式支付 25 万元，如被申请人未按合同约定的日期付款时合同继续履行，但被申请人应支付逾期付款及利息，利息自合同约定的应付款之日起至实际付款之日止，按银行同期贷款利率计算，此外被申请人还应每月按房屋价款的千分之三向申请人支付违约金；③ 合同签订后，被申请人仅向申请人支付首付款 116 920 元，尚欠购房款 25 万元。

（2）物业费收据 1 份，证明 2014 年 4 月 29 日申请人与被申请人就案涉房屋办理了交接手续，申请人履行了房屋交付义务，涉案房屋已由被申请人占有使用至今。申请人已完成合同义务，被申请人应依据合同约定履行付款义务，并承担违约责任。

（3）《某市人民政府关于印发〈某市推进城市规划区房屋产权登记集中治理工作实施方案〉的通知》（某府发〔2016〕34 号）1 份、《某市人民政府办公厅关于印发〈某市城市规划区房屋产权登记集中治理实施细则〉的通知》1份,证明:① 2016年3月,某市人民政府决定就2015年12月31日前已交付使用、未办理产权登记的房屋项目,及已开工未批先建的项目进行集中治理,同时成立某市城市规划区房屋产权登记集中治理工作领导小组负责具体实施;② 某市政府就上述文件所涉集中治理项目出台实施《细则》,对相关项目的产权登记具体办理程序进行规范,案涉房屋所在某小区C地块F区属于上述规范性文件的集中整治范围,按政府要求及上述文件办理了相关手续。

(4)《建设用地规划许可证》(地字第150207201600035号)1份、《建筑结构工程质量检测鉴定报告》1份、某市某区住房城乡建设和交通运输局文件《关于某区办理房屋产权遗留问题需进行房屋结构安全鉴定项目处理意见的函》1份、某市某区住房城乡建设和交通运输局文件《关于某区某小区项目工程质量情况的说明》1份、《某市城乡建设委员会房屋产权登记集中治理工作项目意见确认表》1份、《某市国土资源局房屋产权登记集中治理工作项目意见确认表》1份,证明根据第3组证据中某府发〔2016〕34号文件、《实施细则》的规定及政府要求,申请人已办理完毕全部行政审批手续,案涉项目的工程质量、土地使用及规划建设均经相关部门予以确认。

(5)某市城市规划区房屋产权登记集中治理工作领导小组办公室《关于房屋产权登记集中治理项目转办函》(函字第2017第064号)1份,证明2017年8月24日经某市城市规划区房屋产权登记集中治理工作领导小组办公室确认,案涉项目已具备办理不动产登记的条件,并将相关材料转交市不动产登记局,申请人适当履行了协助办理不动产登记证的义务。

（6）《各区具备不动产登记项目名录》中列明的案涉景富家园 C 地块 F 区《不动产产权情况表》1 份，证明案涉房屋所在项目已具备办理不动产登记证条件，并已在某市不动产登记局登记备案，被申请人房屋的不动产登记证号已由某市不动产登记局确认，被申请人具备办理不动产登记证并进行抵押贷款的条件。

（7）中国工商银行某地分行办公室《关于某市某房地产开发公司个人信贷业务合作机构的准入批复》1 份，2018 年 1 月 18 日公告照片《致"某小区"业主的一封信》1 份，证明：①申请人与中国工商银行某地分行建立了个人信贷业务合作，被申请人作为申请人开发项目的买受人，具备办理贷款支付购房款的条件，为此 2018 年 1 月 18 日申请人以公告的形式通知业主提交相关资料办理贷款及不动产权证；② 经申请人通知及催告，在贷款条件已经具备的情况下，被申请人既未办理贷款亦未以其他形式支付剩余房款，其行为严重违反合同约定，被申请人不仅应继续履行付款义务同时应按合同约定支付逾期付款的利息，利息应自申请人催告次日，即 2018 年 1 月 19 日起算。

（8）某市某区人民法院（2018）某 0207 民初 1153 号民事判决书 1 份、某市中级人民法院（2019）某 02 民终 714 号民事判决书 1 份、某高级人民法院（2019）内民申 4322 号民事裁定书（再审）1 份、某市某区人民法院（2018）某 0207 民初 1147 号民事判决书 1 份、某市中级人民法院（2019）某 02 民终 680 号民事判决书 1 份、某高级人民法院（2019）内民申 4318 号民事裁定书（再审）1 份、证明：① 上述裁判文书的当事人张某、耿某均系案涉项目的房屋买受人，因其迟延支付房款申请人诉至法院。上述案件与本案情况完全一致，经人民法院通过一审、二审、再审认定案涉项目已具备办理产权证的条件且业主能够办理贷款，购房业主应当根据合同约定履行支付购房款的义务。②上述裁判文书认定，申请人自案涉项目能办理不动产权证及贷款的公告发出之后要求被申请人承担逾期付款的利息，符合法律规定。

被申请人对申请人提供的上述八组证据统一发表质证意见：对申请人提供的所有证据被申请人不予认可，法院裁判文书中涉及的张某、耿某与本案没有关系，不能证明本案的问题。且据被申请人了解，申请人并没有五证，其销售的房屋与给被申请人承诺的不一致，办理的房产证是经济适用房，且签订的合同书也不规范。

被申请人辩称：（1）被申请人当时买的是商品房，而现在申请人为其办理的是经济适用房产权证，属于严重违约；（2）申请人违约在先，应当承担违约责任，返还被申请人已付购房款，并承担利息；（3）申请人承诺将业主未交尾款办成贷款，但由于其原因未能办成贷款，系申请人原因所致，故其应承担责任；（4）申请人出具的《假日风景项目产权承诺书》以及某物业服务公司与被申请人签订的《借款协议》均证明，申请人没有按照承诺书内容履行，是申请人违约在先，申请人给被申请人办理的是经济适用房的产权证，就应该按照经济适用房的标准来付款。

被申请人对其提出的主张向仲裁庭提供了以下证据：

《假日风景项目产权承诺书》1份、某物业服务公司与被申请人签订的《借款协议》1份、《某小区商品房还是经济适用房?》记者采访文字稿1份、《开发商某某答记者问》记者采访文字稿1份、《某市不动产登记中心答记者问》记者采访文字稿1份、某市不动产权第0067167号《中华人民共和国不动产权证书》1份,证明目前申请人销售给被申请人的房屋是经济适用房,被申请人要求申请人办理正式的商品房产权证。

申请人的质证意见:对被申请人提供的所有证据均不予认可,且所有证据与其证明目的之间没有任何关联性。所谓的承诺书是复印件,不具有真实性,事实上包括案涉房屋在内的F区所有房屋均具备了办理产权证的条件,能够办理不动产权登记证书。在被申请人按约交付购房款的情况下就能够取得不动产证书。《借款协议》与申请人无关,不具有真实性,申请人也从未收到所谓的款项。该证据与本案不具有关联性,提交的不动产权证书复印件没有原件,且进行了涂改,不具有任何证明效力,在其所自认的该不动产权证上已经明确载明其为城镇住宅,证明了F区所有房屋已经具备了办理不动产权证书的条件,能够办理不动产权证书。所有证据均不能显示案涉房屋为经济适用房,只能证明案涉房屋为城镇住宅,申请人所交付的房屋符合合同约定。

经仲裁庭审理查明:2014年3月3日,申请人与被申请人签订《某市假日·风景房屋定购合同书》,申请人购买被申请人开发的某小区F甲25栋305号房屋1套,房屋建筑面积92平方米,房屋价款366 920元;合同第五条约定,首付款金额116 920元,贷款金额25万元;合同第七条约定,"乙方(被申请人)

未按本合同第五条约定的日期付款,逾期在 90 日内的,甲方(申请人)有权追究乙方逾期付款及其利息,利息按合同约定乙方应付款之日次日起至实际付款之日止,按银行同期贷款利率计算支付甲方。如超过上述约定期限的,甲方有权按照下述的第 1 种约定,追究乙方违约责任:1. 合同继续履行。乙方应支付逾期付款及其利息,利息自合同约定乙方应付款之日起至实际付款之日止,按银行同期贷款利率计算。此外,乙方还应每月按房屋价款的 3‰向甲方支付违约金";合同第十六条约定,因履行该合同发生争议,甲乙双方应协商解决;协商不成时向某仲裁委员会申请仲裁。

合同签订后,被申请人于 2014 年 3 月 5 日向申请人交付首付款 116 920 元,申请人于 2014 年 4 月 29 日将案涉房屋交付被申请人。合同签订后,案涉地产项目名称由"假日·风景"小区更名为某小区。由于案涉地产项目批建手续不全,案涉房屋的买卖合同未能办理网签备案,且合同签订后一个时期内房屋无法办理产权登记,业主无法办理贷款。2017 年案涉地产项目被纳入某市房屋产权登记集中治理工作项目范围,经过办理相应行政手续,案涉房屋具备了办理产权登记和银行贷款的条件。2018 年 1 月 18 日,申请人向业主发布公告,通知业主提交相关资料办理不动产权证书及银行贷款。某物业服务公司与被申请人签订的《借款协议》未实际履行,申请人未收到《借款协议》中约定的 25 万元借款,被申请人仍欠 25 万元购房款。

争议问题

(1)被申请人是否欠付购房款?

（2）欠款利息的计算标准和起算时间如何确定？

（3）被申请人提出的经济适用房抗辩是否成立？

> 法理分析

1. 被申请人是否欠付购房款 250 000 元，以及如果欠付，被申请人是否应当支付？

根据申请人与被申请人签订的《某市假日·风景房屋定购合同书》的约定，案涉房屋的合同总价为 366 920 元，首付款 116 920 元，贷款金额 25 万元。合同签订后被申请人支付了首付款 116 920 元，申请人交付了房屋，剩余购房款 25 万元未支付。虽然被申请人辩称其通过与某物业服务公司签订《借款协议》，已经由某物业服务公司将欠款 25 万元支付给申请人。但是经庭审查明，该《借款协议》并未实际履行，申请人未收到《借款协议》中约定的 25 万元借款。因此，被申请人仍然欠付申请人购房款 25 万元。虽然《某市假日·风景房屋定购合同书》约定 25 万元房款的支付方式为贷款支付，但是在 2018 年 1 月 18 日申请人通知被申请人可以办理银行贷款之后，被申请人并未办理银行贷款，至仲裁开庭之日已经三年有余。被申请人在申请人已经交付房屋且具备办理贷款的条件下，迟迟未按照约定办理贷款，致使长时间拖欠房款，有违合同约定和诚实信用原则，申请人请求被申请人支付 25 万元购房款，具有合同依据，应当予以支持。

2. 被申请人是否应当支付所欠 25 万元房款的利息，以及如果应当支付，利息的计算标准和起算时间如何确定？

申请人与被申请人签订的《某市假日·风景房屋定购合同

书》第七条约定，如果被申请人逾期付款，被申请人应当自应付款之日起向申请人支付利息，利率标准为银行同期贷款利率。因此申请人对欠款利息的主张具有合同依据，所主张的利息计算标准符合合同约定和相关法律规定，应予支持。关于被申请人应予支付利息的起算时间问题，合同第七条指向第五条，第五条亦未作出明确约定。合同第五条约定其余25万元购房款的支付方式为贷款，但是未明确贷款办理时间，申请人直到2018年1月18日才通过公告的方式通知被申请人可以办理银行贷款，也就是说此时才具备了履行合同第五条所约定的通过办理银行贷款支付其余25万元购房款的条件。但是办理银行贷款需要一段合理的时间，被申请人自可以办理银行贷款之日超过合理期限仍未将贷款办理完毕才应承担逾期付款的违约责任。原《合同法》第六十二条第四项规定："履行期限不明确的，债务人可以随时履行，债权人也可以随时要求履行，但应当给对方必要的准备时间。"仲裁庭认为，根据办理银行按揭贷款的实际情况，给予被申请人三个月的履行准备时间是适当的，因此被申请人逾期付款的责任应当在申请人通知办理贷款届满三个月之次日开始起算，即应当从2018年4月19日起算。综上，被申请人应当从2018年4月19日起，以所欠购房款25万元为基数，2019年8月19日前以中国人民银行公布的同期银行贷款利率为标准，2019年8月20日之后以中国人民银行授权全国银行间同业拆借中心公布的贷款市场报价利率为标准，直至本息全部付清之日，向申请人支付欠款利息。

3. 被申请人所提出的因申请人违约，案涉房屋只能办理经济适用房产权证以及案涉房屋的土地使用权的取得方式为划拨取得，致使被申请人利益受到损害，因此其有权拒绝支付剩余购房款的抗辩是否成立？

经查，申请人与被申请人签订的《某市假日·风景房屋定购合同书》并未对案涉房屋的产权性质和土地使用权的取得方式作出约定，即使被申请人主张的事实存在，亦难以认定申请人违反了合同约定。从被申请人提供的《某市不动产登记中心答记者问》可知，案涉房屋可办理的不动产权登记证书，虽与以出让方式取得土地使用权的地产项目有所不同，但并不影响被申请人对案涉房屋的所有权，其市场交易方式亦未受到特别约束。出卖人的权利瑕疵担保义务是指出卖人保证其所转移的标的物不被他人主张权利以及不存在未告知的权利负担的义务。权利瑕疵大致有以下几种情况：权利部分或全部属于第三人；权利受第三人权利的限制；在标的物上有其他人享有的知识产权。根据原《合同法》的规定，权利瑕疵必须在买卖合同成立时已经存在，且于合同成立后仍未能除去，同时买受人不知道权利瑕疵的存在，否则出卖人不承担权利瑕疵担保义务。[1] 被申请人未能证明案涉房屋的产权存在权利上的瑕疵。2014年5月28日某大学建筑工程学院实验中心出具的《建筑结构工程质量检测鉴定报告》证明，案涉房屋结构主体工程质量合格，即不存在物的瑕疵。在案涉房屋不存在权利瑕疵和物的瑕疵的条件下，被申请人拒绝

---

[1] 苏号朋. 合同法教程 [M]. 北京：中国人民大学出版社，2015：313.

支付剩余 25 万元购房款，无事实和法律依据。因此，被申请人所提出的拒绝支付剩余购房款的抗辩不能成立，对于其抗辩不予支持。

> 处理结果

根据《最高人民法院关于适用〈中华人民共和国民法典〉时间效力的若干规定》第一条第二款，原《中华人民共和国合同法》第八条、第六十二条第四项、第一百零七条、第一百零九条、第一百一十四条第一款的规定，裁决如下：

（一）被申请人向申请人支付剩余 25 万元购房款；

（二）被申请人向申请人支付逾期付款的利息，利息以 25 万元为基数，自 2018 年 4 月 19 日起计付，2018 年 4 月 19 日至 2019 年 8 月 19 日以中国人民银行公布的同期银行贷款利率为标准，2019 年 8 月 20 日之后以中国人民银行授权全国银行间同业拆借中心公布的贷款市场报价利率为标准，至本息全部付清之日止。

案例 4-7　工程竣工验收时间的确定

> 案情介绍

申请人：某数字公司

被申请人：某建设公司

申请人称：2017 年 3 月 31 日，申请人与被申请人签订《某事迹展览馆内容征集与制作项目工程合同》，合同约定申请人负责某事迹展览的内容征集与制作、多媒体内容制作与开发、剧目演出、展厅布置和展示，合同金额为1302万元。申请人按照合同约定完成了上述工作内容，经验收后按被申请人要求将项目整体移交给某区政府、某区文旅局。被申请人已支付申请人合同价款1171.8万元，目前被申请人尚欠申请人130.2万元未支付，其中65.1万元为工程款，应于竣工验收后（2017年9月）支付；另外65.1万元为质保金，应于质保期过后支付，两笔款项被申请人一直拖欠未付。根据原《合同法》第三百六十条的规定，"技术服务合同的委托人应当按照约定提供工作条件，完成配合事项；接受工作成果并支付报酬"，以及申请人、被申请人双方签订的合同第四条约定的项目验收后满一年支付质保金，被申请人应向申请人支付合同尾款及质保金130.2万元。同时被申请人应承担相应的利息和因本案发生的律师费、差旅费等相关费用。为此，申请人提出以下仲裁请求：（1）裁决被申请人支付合同尾款及质保金130.2万元；（2）裁决被申请人支付自2017年9月2日起至2020年7月15日止的利息共计189332.5元（利息按照银行同期贷款利率计算）；（3）裁决被申请人支付自2020年7月15日至实际返还欠款之日止的利息（暂计至立案之日为8329元，按照银行同期贷款利率计算）；（4）裁决被申请人承担申请人因本案发生的律师费、差旅费等相关费用；（5）裁决被申请人承担本案的仲裁费。

申请人对其提出的主张向仲裁庭提供了以下证据：

（1）《中标通知书》1份、《某事迹展览馆内容征集与制作项目工程合同》1份，证明申请人与被申请人签订的合同真实有效，申请人合同义务已完成，合同总金额为1302万元。

被申请人的质证意见：对该组证据的真实性、合法性和关联性予以认可。

（2）《展陈策划方案及专家评审意见表》1套、《纪念馆内容制作及展馆详细设计、专家评审意见表》1套、光盘1张，证明申请人根据合同内容进行了方案策划、内容制作及展馆详细设计，并经专家评审通过，按照评审方案进行设计和制作，验收合格进行了交付。

被申请人的质证意见：对该组证据的真实性、合法性和关联性予以认可。

（3）《项目交接清单》1套、"项目开馆新闻报道"截图1份、"项目内容成果及开馆仪式（开幕式照片、非遗展照片、舞台剧剧本及视频、其他相关视频、光盘及情况说明）（光盘与第二组证据为同一张）"1套、"文创产品"1套，证明申请人按照合同要求完成了某事迹展览的内容征集与制作等工作内容，于2017年9月2日按照被申请人要求将相关工作成果移交给某区政府和某区文旅局。

被申请人的质证意见：对该组证据的真实性、合法性和关联性予以认可。

（4）《收款回单》2张、《付款回单》1张，证明被申请人已支付申请人合同价款1171.8万元，尚须支付合同尾款及质保金130.2万元；申请人因被申请人违约产生律师代理费用4万元。

被申请人的质证意见：对该组证据中的工程已付款和尚欠款部分认可，律师费部分不予认可，律师费应该由仲裁庭依法作出判断。

被申请人辩称：我是公司员工，非专业法律人员，对法律不是很熟悉，申请人所述的事实部分我们予以认可，全部属实，法律适用问题由仲裁庭予以裁决。

被申请人对其提出的主张向仲裁庭提供了以下证据：

《"某事迹展览馆内容征集与制作"项目验收专家组意见》及《"某事迹展览馆内容征集与制作项目"验收会签到表》各1份，证明案涉项目于2019年1月16日通过验收，并不是申请人说的2017年6月8日。

申请人的质证意见：对该证据真实性和证明目的均不予认可，因为本案合同属于技术服务合同，以软件开发为主，包括初始设计以及最终设计，关于本案专家论证的2次过程，第一次于2017年1月17日完成，第二次于2017年6月8日完成，在第二次完成专家验收之后，本案设计成果已经完成。另外本案设计成果完成交付的时间是2017年9月2日，对方对该证据无异议，同时在该日被申请人使用了设计成果，双方签订的合同第34页第13.2条约定了成果交付条件及竣工验收等内容。2017年9月2日被申请人已经接收资料并验收完毕进行使用，应当向申请人支付相应费用，但被申请人所提供的证据和被申请人认可的事实之间存在矛盾。因此本案实际验收时间应当为2017年6月8日，交付时间为2017年9月2日。

经仲裁庭审理查明：2017年3月31日，申请人与被申请人在招投标的基础上签订《某事迹展览馆内容征集与制作项目工程合同》，合同约定申请人负责某事迹展览的展品内容征集与制作、多媒体内容制作及开发、剧目演出、展厅布置和展示等七项内容，合同金额为 1302 万元；合同签订之日起，被申请人向申请人支付项目总价款 50%，各项目完成总工作量后，被申请人向申请人支付项目总价款 40%，待项目完成后，经被申请人验收合格后，5 日内被申请人向申请人支付总价款 5%，余款 5% 留作质量保证金，待项目验收后满一年支付；因合同及合同有关事项产生的争议，合同当事人可以向某仲裁委员会申请仲裁。

合同签订后，申请人依约完成了项目的设计、制作和交付。2017 年 6 月 8 日，被申请人在某地组织专家组对申请人提出的某事迹展览馆项目的详细设计进行了评审，肯定了申请人的设计方案并提出了修改意见，评审结论为："评审组专家一致通过某事迹展览馆内容制作及展馆详细设计，建议在吸收专家组修改意见的基础上进一步深化设计，方可实施。"2017 年 9 月，申请人将所完成的"展览展示区"、"风情体验区"及"数字空间建设"项目成果交付某区文旅局。2019 年 1 月 16 日，被申请人组织专家组对案涉项目进行了验收，验收结论为："项目圆满完成了合同所规定的任务内容，展览项目丰富，制作优良，主体内容连贯，符合展馆的定位要求，专家组一致同意通过本项目验收。"2017 年 5 月 9 日，被申请人向申请人支付 651 万元，2017 年 8 月 4 日，被申请人向申请人支付 520.8 万元，被申请人尚欠申请人合同价款 130.2 万元（其中含质量保证金 65.1 万元）。

争议问题

（1）案涉项目的验收时间应如何确定？

（2）剩余合同价款的支付时间节点和利息应如何确定？

（3）律师费和差旅费是否应由被申请人承担？

> **法理分析**

申请人与被申请人签订的《某事迹展览馆内容征集与制作项目工程合同》是双方真实意思表示，不违反法律、行政法规的强制性规定，合法有效，应当作为认定案件事实和确定双方当事人责任的基础。

1. 案涉项目的验收时间应如何确定？

申请人主张案涉项目验收时间为2017年6月8日，交付使用时间为2017年9月2日。被申请人认为验收时间应为2019年1月16日。根据申请人提交的2017年6月8日《某事迹展览馆项目评审专家组意见》的记载，2017年6月8日所进行的验收仅为设计验收，不包括作为合同内容一部分的物理制作成果验收，因此不能认定为是对项目整体进行的验收。申请人提交的2017年9月18日形成的3份《"某事迹展览馆"项目交接单》，仅表明了项目成果交接的意思，没有验收的意思表示，因此亦不能认定为对项目进行了验收。被申请人提交的2019年1月16日《"某事迹展览馆内容征集与制作"项目验收专家组意见》及《"某事迹展览馆内容征集与制作项目"验收会签到表》，清晰地表明了完成项目整体验收的意思表示，签到表中有申请人工作人员的签字，应当认定为是申请人与被申请人共同进行的项目验收行为，因此案涉项目的验收时间应确定为2019年1月16日。

2. 剩余合同价款的支付时间节点和利息应如何确定？

申请人与被申请人共同确认未付合同价款为130.2万元，其中包括质量保证金65.1万元。申请人与被申请人签订的《某事迹展览馆内容征集与制作项目工程合同》之"合同协议书"第四条约定:"待项目完成后,经被申请人验收合格后,5日内被申请人向申请人支付总价款5%;余款5%留作质量保证金,待项目验收后满一年支付。"如前所述,案涉项目验收通过时间为2019年1月16日,因此5%的合同价款计65.1万元的支付期限届满时间为2019年1月21日,5%质量保证金计65.1万元的支付期限届满时间为2020年1月16日。申请人与被申请人签订的《某事迹展览馆内容征集与制作项目工程合同》之"专用合同条款"第14.1.1条第(2)款约定:"因甲方(被申请人)原因未能按合同约定支付合同价款的违约责任:甲方承担按照未支付的价款的银行同期贷款利息计算乙方损失。"因此,被申请人应当在尚欠款支付期限届满日之次日向申请人支付相应的利息。申请人在庭审中明确,2019年8月19日之前,欠款利息按照银行同期贷款利率计算,2019年8月20日之后,欠款利息按照贷款市场报价利率(LPR)计算。申请人对于利息计算方法的主张具有事实和法律依据,应予支持。

3. 律师费和差旅费是否应由被申请人承担?

申请人请求被申请人支付因本案发生的律师费4万元,但是申请人与被申请人签订的《某事迹展览馆内容征集与制作项目工程合同》对律师费问题未作出约定,法律对于普通合同案件律师费问题也没有明确规定。自《民事诉讼法》颁布实施以来,我国已经构建了相对完善的民事诉讼制度,但是关于律师费负担的制度目前没有明确的法律规定。在实际的司法实践中,法院处理律师费的裁判规则基本是以"分别承担律师费"为主,以"败诉方承担律师费"为例外。在通常的案件中，秉承的是各自聘请律师，各自支付律师费的模式，只有在少数知识产权、侵权和合同有明确约定律师费负担的情况下会由败诉方承担胜诉方的律师费。❶ 在合同案件中，针对原告以赔偿损失名义提出的律师费问题，法院通常以不符合合同法规定的可预见性规则为由不予支持。鉴于被申请人不认可申请人提出的律师费诉求，故对申请人支付律师费的仲裁请求不予支持。申请人请求被申请人支付因本案发生的差旅费，但是未向仲裁庭举证差旅费支出情况，同时基于与不支持律师费请求同样的理由，仲裁庭决定对申请人支付差旅费的请求不予支持。

处理结果

根据原《中华人民共和国合同法》第八条、第六十条、第一百零七条、第一百零九条、第一百一十四条的规定，裁决如下：

（一）被申请人向申请人支付剩余合同价款 130.2 万元；

（二）被申请人向申请人支付 130.2 万元欠款的利息，其中 65.1 万元的利息起算点为 2019 年 1 月 22 日，另 65.1 万元的利息起算点为 2020 年 1 月 17 日，利息计算至本息全部付清之日止，利息计算标准为 2019 年 8 月 19 日之前按照银行同期贷款利率计算，2019 年 8 月 20 日之后按照贷款市场报价利率（LPR）计算。

---

❶ 刘竹义，张祖义. 应构建民事诉讼律师费败诉方负担制度［J］. 西部学刊，2023（21）：132 - 135.

CHAPTER 05>>

第五章

合同的变更和转让

第一节 合同的变更

案例 5-1 合同变更的意思应当明确

[案情介绍]

申请人：某卫生防疫服务公司

被申请人：某疾病预防控制中心

申请人称：2022 年 10 月，某区人民政府在区委党校开会。当时，因某市暴发新冠疫情，党校实行封闭管理。为保障某区人民政府参会人员健康安全，被申请人聘请申请人每日为某区党校南北楼进行消毒灭菌工作，以降低传染病暴发流行风险。申请人与被申请人于 2022 年 10 月 5 日签订《消毒服务合同》，合同约定：乙方根据甲方提供地点进行消毒；服务场所面积为南北楼共计 7500m^2；服务费用为每平方米 2 元；服务频率为每日一次；服务期限为 2022 年 10 月 9 日至 2022 年 10 月 23 日；服务费用支付期限为消毒结束后 30 日内。同时，双方约定"如甲方不能以约定方式付款的，乙方有权延后服务，并有权要求按每日未付数额的千分之一承担逾期付款违约金"。合同签订后，申请人于 2022 年 10 月 9 日下午开始提供消毒服务，并持续服务至 2022 年 10 月 23 日，共计服务 15 天。服务期间内，申请人除 10 月 9 日消毒北楼外，剩余 14 天均完成南北楼总计 7500m^2 的消毒任务。根据双方合同约定，被申请人应当于 2022 年 11 月 22 日前向申请人支付《消毒服务合同》全部款项总计 217 500 元。但被申请人拖延至 2023 年 6 月 30 日才支付 165 000 元，尚欠申请人合同价款本金 52 500 元。同时，被申请人逾期支付合同价款已经构成违约，其中：已付款 165 000 元逾期 7 个月，逾期付款违约金为 34 650；未付款 52 500 元，截至申请人申请仲裁时已逾期 12 个月，产生违约金暂计 18 900 元。申请人认为：申请人与被申请人签订的《消毒服务合同》是双方真实意思表示，不违反法律、行政法规的强制性规定，不违背公序良俗，合法有效。双方在合同中明确约定了服务费的计算方法、支付期限和违约责任。申请人完全按约定履行合同，被申请人应当在支付期限内向申请人支付全部款项。被申请人逾期付款的行为构成对申请人的违约。根据《民法典》第五百零九条、第五百七十七条、第五百七十九条和第五百八十二条、第五百八十五条之规定及《消毒服务合同》第八条第七款之约定，被申请人应当继续向申请人支付剩余合同款项并承担相应的逾期付款违约金。为此，提出以下仲裁请求：（1）裁决被申请人向申请人支付消毒服务合同欠款 52 500 元；（2）裁决被申请人向申请人支付合同欠款的逾期付款违约金直至欠款付清之日（违约金以 52 500 元为基数，自 2022 年 11 月 23 日起按每日 1‰计算至欠款本金实际清偿之日）截至 2023 年 11 月 23 日逾期付款违约金数额暂计为 18 900 元；（3）裁决被申请人向申请人支付已付款的逾期付款违约金 34 650 元；（4）本案仲裁费用由被申请人承担。

申请人对其提出的主张向仲裁庭提供了以下证据：

（1）申请人营业执照 1 份，证明申请人具备仲裁主体资格。

被申请人的质证意见：对该证据的真实性及证明目的予以认可。

（2）《消毒服务合同》1 份。证明：① 双方于 2022 年 10 月 5 日签订《消毒服务合同》。② 合同第一条约定由申请人为被申请人提供消毒服务。③ 合同第二条约定服务面积为 7500m^2、服务频率为每天一次；第三条约定服务期限为 2022 年 10 月 9 日至 10 月 23 日；第四条约定服务费用为 2 元/m^2，支付方式为消毒结束后 30 日内支付全部费用；第八条第七款约定逾期付款违约金按天计算，每日为欠付金额的千分之一。以上条款为本案计算被申请人应付款和逾期付款违约金的依据。④ 合同第八条第八款约定仲裁条款，证明本案属某仲裁委员会管辖范围。

被申请人的质证意见：对该证据的真实性予以认可，证明目的中的第①、②项予以认可，对第③项证明目的不予认可，首先本合同为单价合同，双方最终按照实际工作量进行结算，本案双方于 2023 年 6 月 29 日确认结算金额为 165 000 元，被申请人于

2023年6月30日一次性向申请人支付完毕全部费用,不存在拖欠款项及需要承担违约责任的情形。对于第④项证明目的不予认可,具体理由同《仲裁管辖权异议申请书》。

(3)《消杀作业确认单》29张,证明:① 自2022年10月9日至2022年10月23日,共计15天,申请人每日均对被申请人指定的某区委党校南北楼进行消毒服务,由某区政府办主任吴某签字确认;② 2022年10月9日,受被申请人指示,申请人仅对北楼进行消毒,所以按约定面积的一半计算消毒服务费用,金额为7500元(7500 m^2 ×2元/m^2 ÷2);③ 2022年10月10日至10月23日,共计14天,申请人每日对南北楼共计7500 m^2 进行消毒,应全额计算消毒服务费用,金额为21万元(7500 m^2 ×2元/m^2 ×14);④ 上述15天总计消毒服务费用应为217 500元(21万元+7500元)。

被申请人的质证意见:对该组证据的真实性予以认可,证明目的不予认可。该组证据仅为工作过程中的工作日志,确认单中并未显示消毒的面积及金额,且2022年10月23日18—19时的确认单中没有被申请人处工作人员的签字,无法确认申请人该日是否进行消毒,故该组证据无法证明申请人每日消毒的面积及金额,申请人所述没有事实依据。

(4)《中国银行国内支付业务收款回单》1张,证明:① 被申请人于2023年6月30日向申请人支付165 000元合同价款,尚欠申请人合同价款52 500元;② 被申请人于2023年6月30日付款165 000元,该款项逾期付款7个月,应承担相应的逾期付款违约金34 650元(165 000元×1‰×30×7);③ 被申请人对欠付的 52 500 元合同价款应承担相应的逾期付款违约金,直至欠款本金清偿完毕之日。

被申请人的质证意见:对该组证据的真实性予以认可,证明目的不予认可。该组证据恰好能够说明被申请人已经一次性向申请人支付完毕全部款项,不存在需支付违约金的情形。

被申请人辩称:申请人的主张无事实及法律依据。(1)本案的事实。2022 年 10 月 5 日,被申请人与申请人签订《消毒服务合同》,对于服务项目、服务场所、双方职责等进行了约定。2023 年 6 月 29 日,申请人向被申请人提交《消杀明细表》一份,确认最终结算金额为 165 000 元。同时,申请人向被申请人开具发票一张。2023 年 6 月 30 日,经审批,被申请人一次性向申请人支付完毕全部服务费。至此,双方对于案涉合同中载明的权利义务均已履行完毕。故,本案不存在申请人所说的拖欠服务费的情形。(2)关于违约金。本案中被申请人不应承担违约责任。首先,被申请人与申请人确认结算金额的时间为 2023 年 6 月 29 日,双方确认后,被申请人已经于 2023 年 6 月 30 日一次性向申请人支付完毕全部服务费,不存在欠款问题。申请人主张被申请人向其支付欠款的逾期付款违约金无事实及法律依据。其次,民法的公平原则旨在利用违约金惩罚故意违约的行为,应限制在严重故意违约和守约方损失严重的情形下。本案服务结束后,双方未就结算金额达成一致。直至申请人于 2023 年 6 月 29 日向被申请人提交结算明细表,确认最终结算金额,被申请人于 2023 年 6 月 30 日向申请人支付全部服务费。在此期间,申请人从未向被申请人提及延期付款事宜,在接受被申请人付款时也未主张过违约金，视为双方已经对合同履行期限达成了新的合意。故，申请人主张已付款项的逾期付款违约金无事实及法律依据。综上，申请人的请求无事实及法律依据，请求依法驳回申请人的仲裁请求。

被申请人对其提出的主张向仲裁庭提供了以下证据：

（1）《消毒服务合同》1份，证明2022年10月5日，申请人与被申请人签订《消毒服务合同》，申请人与被申请人的代表在合同末尾处签字并加盖公章。申请人与被申请人成立合法有效的服务合同关系。

申请人的质证意见：对该组证据的真实性及证明目的均予以认可。

（2）微信聊天记录3张、《消杀明细表》2张、预算单位财政直接支付业务申请表1张、电子发票（普通发票）1张、国库集中支付凭证1张，证明：① 经双方确认，服务合同最终按照165 000元进行结算。申请人向被申请人提交《消杀明细表》一份：载明服务费为165 000元。同日，申请人向被申请人开具发票一张。② 2023年6月30日，被申请人按照双方确定的金额上报请款后，一次性向申请人支付全部服务费，在此期间申请人从未就被申请人延期付款主张支付违约金，视为双方对合同履行期限达成新的合意。故，双方对于案涉合同中载明的权利义务均已履行完毕，不存在拖欠款项及需要支付违约金的情形。

申请人的质证意见：对微信聊天记录的真实性予以认可，证明目的不予认可。微信聊天记录载明2023年6月29日上午8时58分，被申请人方郭某向申请人方高某发送信息为："高总你们那的款财政根据明细给了16.5万元,一开始我们提交的多了半天超了17万元了,最后就定成16.5万元。"2023年6月29日13点53分,高某向郭某发送《消杀明细表》照片2页,也就是本案的第二组2号证据。从双方信息往来的时间上可以看出,《消杀明细表》是在被申请人确定16.5万元之后由申请人向其发送,也就是说本案实际上是被申请人单方确定合同金额在先,申请人发送明细表在后,并非如被申请人所述是双方根据明细表确定结算金额。对该组证据中的《消杀明细表》真实性予以认可,证明目的不予认可,该表格的名称是《消杀明细表》,并不是被申请人所说的合同结算单,其不产生结算的效力。这份表格形成的原因是,被申请人当时根据财政付款金额要求申请人列出一份16.5万元的明细表,才能履行财政付款手续,申请人提供明细表是为了获取当时财政审批的16.5万元,不等于申请人认可合同最终价款为16.5万元,所以《消杀明细表》不能作为双方结算的依据。对于本组的第3、4、5号证据的真实性予以认可,申请人认可被申请人实际已付款金额为16.5万元,但申请人在付款期间未主张违约金,并不代表申请人放弃违约金的诉求,双方没有就付款期限达成变更原合同的一致意见,被申请人的证明目的不能成立。

经仲裁庭审理查明:2022年10月5日,申请人(乙方)与被申请人(甲方)签订《消毒服务合同》(以下简称《合同》)。《合同》第一条约定,乙方根据甲方提供地点提供消毒服务;第二条约定,服务项目:某区委党校(南楼、北楼),服务场所及面积:7500m^2,服务频率:每日一次;第三条约定,本合同自

2022年10月9日起至2022年10月23日止；第四条约定，服务费用：每平方米2元，支付方式：消毒结束后30日内支付全部费用；第五条约定了甲方的职责；第六条约定了乙方的职责；第七条约定了无故终止合同时的违约责任；第八条第七款约定，如果甲方不能以约定的方式付款，乙方有权延后服务，日期直至甲方履行付款义务并有权要求客户按每日应付未付数额的千分之一承担逾期付款违约金；如果甲方违约并且未能在乙方指定的期限内予以纠正，乙方有权中止本协议，且甲方应支付已提供服务的费用；第八条第八款约定，凡由于执行本合同而发生的一切争执，应先通过友好协商解决，如不能解决，则可申请仲裁；第八条第九款约定，仲裁应提交合同签订地仲裁委员会仲裁。

《合同》签订后，申请人向被申请人提供了消杀服务，2022年10月9日下午至2022年10月23日上午的28张《消杀作业确认单》由被申请人工作人员吴某签字确认，可以证明申请人于2022年10月9日下午对北楼、2022年10月10日至2022年10月22日对南楼和北楼、2022年10月23日上午对南楼进行了消杀服务。2022年10月23日18：00—19：00的《消杀作业确认单》，仅由申请人工作人员签字，无被申请人工作人员签字，被申请人不予认可，也没有其他证据可以证明申请人于2022年10月23日18：00—19：00对北楼进行了消杀服务，因此对于申请人有关2022年10月23日下午也提供了消杀服务的主张，仲裁庭不予确认。

2023年6月29日上午8时58分，被申请人方郭某向申请人方高某发送信息："高总你们那的款财政根据明细给了16.5万元,一开始我们提交的多了半天超了17万元了,最后就定成16.5万元。""上午有空来把合同那签字吧,我们就送核算中心报账了。""把发票带上。"2023年6月29日13点53分,高某向郭某发送《消杀明细表》2页。《消杀明细表》显示,北楼建筑面积为4000m²,一次消杀服务费用为8000元,南楼建筑面积为3500m²,一次消杀服务费用为7000元。2023年6月29日,申请人向被申请人开具项目名称为"*现代服务*消毒服务"、金额为165 000元的《电子发票(普通发票)》1张。2023年6月30日,被申请人向申请人支付消毒服务费165 000元。

> 争议问题

（1）被申请人提出的管辖权异议是否成立？

（2）申请人应得的消毒服务费用总额是多少？

（3）申请人与被申请人是否达成了变更消毒服务费用的合意？

（4）被申请人欠付消毒服务费用数额是多少？

（5）被申请人是否应当支付违约金，如果应当支付，违约金如何计算？

> 法理分析

1. 被申请人提出的管辖权异议是否成立？

本案仲裁立案后，被申请人向仲裁庭提交《仲裁管辖权异议申请书》，对仲裁委受理本案提出管辖权异议。被申请人认为：2022年10月5日，申请人与被申请人签订《消毒服务合同》，其中第八条第九款约定："仲裁应提交合同签订地仲裁委员会仲裁。"案涉合同中未写明合同签订地，且双方未就该仲裁约定达成补充协议，属于仲裁条款约定不明的情形。《仲裁法》第十八条规定："仲裁协议对仲裁事项或者仲裁委员会没有约定或者约定不明确的，当事人可以补充协议；达不成补充协议的，仲裁协议无效。"故，本案仲裁条款因对仲裁机构约定不明确而无效。综上，被申请人认为，仲裁委对本案没有管辖权，恳请依法驳回申请人的仲裁请求。仲裁庭认为，《仲裁法》第十六条规定："仲裁协议包括合同中订立的仲裁条款和以其他书面方式在纠纷发生前或者纠纷发生后达成的请求仲裁的协议。仲裁协议应当具有下列内容：（一）请求仲裁的意思表示；（二）仲裁事项；（三）选定的仲裁委员会。"申请人与被申请人签订的《消毒服务合同》第八条第八款约定，"凡由于执行本合同而发生的一切争执，应先通过友好协商解决，如不能解决，则可申请仲裁"；第九款约定："仲裁应提交合同签订地仲裁委员会仲裁。"上述合同条款已经明确了请求仲裁的意思表示和仲裁事项，只是没有具体指明仲裁机构的名称，但是明确"仲裁应提交合同签订地仲裁委员会仲裁"。庭审中申请人与被申请人一致确认，案涉合同的签订地为被申请人的办公场所。被申请人的办公场所位于某市某区。《最高人民法院关于适用〈中华人民共和国仲裁法〉若干问题的解释》第六条规定："仲裁协议约定由某地的仲裁机构仲裁且该地仅有一个仲裁机构的，该仲裁机构视为约定的仲裁机构。该地有两个以上仲裁机构的，当事人可以协议选择其中的一个仲裁机构申请仲裁；当事人不能就仲裁机构选择达成一致的，仲裁协议无效。"某市现仅有某仲裁委员会一个仲裁机构，故合同约定的"仲裁应提交合同签订地仲裁委员会仲裁",应当确定为"提交某仲裁委员会仲裁"。综上,仲裁委对本案具有管辖权,被申请人提出的管辖权异议不能成立。

2. 申请人应得的消毒服务费用总额是多少?

《合同》签订后,申请人向被申请人提供了消杀服务,2022年10月9日下午至2022年10月23日上午的28张《消杀作业确认单》由被申请人工作人员吴某签字确认,可以证明申请人2022年10月9日下午对北楼、2022年10月10日至2022年10月22日对南楼和北楼、2022年10月23日上午对南楼进行了消杀服务。《消杀明细表》显示,北楼建筑面积为4000 m^2,一次消杀服务费用为8000元,南楼建筑面积为3500m^2,一次消杀服务费用为7000元。《合同》第四条约定,服务费用:每平方米2元。故根据《合同》约定及消杀服务履行情况,被申请人应向申请人支付的消杀服务费用总额为8000元+13×(8000元+7000元)+7000元=21万元。

3. 申请人与被申请人是否达成了变更消毒服务费用的合意?

申请人向被申请人发送的总金额为165 000元的《消杀明细表》,仅列出了2022年10月9日下午至2022年10月20日上午期间的消毒服务费清单,并没有放弃2022年10月20日下午及其之后消毒服务费的意思表示,也没有对《合同》项下服务费用总额进行最终结算的意思表示。同时,根据2023年6月29日被申请人方郭某与申请人方高某的微信聊天记录,申请人也没有以165 000元了结《合同》项下全部消毒服务费用的明确意思表示。如欲认定申请人与被申请人打算以165 000元了结全部消毒服务费，这与合同约定的结算方式就明显矛盾了，需要通过合同变更才能做到这一点。《民法典》第五百四十四条规定："当事人对合同变更的内容约定不明确的，推定为未变更。"依照该条规定，当事人协商一致要求双方当事人必须有明确的变更合同的合意，如果一方当事人要求变更合同，对方虽然未反对，但也没有明确表示同意，或者没有以其行为表示同意的，则不能认定对方当事人同意该变更。❶ 最高人民法院裁判认为，只有法律有明确规定的情况下，默示才能产生相应的法律效力，虽然一方当事人有间接证据证明对方已经知道变更合同的情况，但对方当事人既未用语言或者文字明确表示同意的，又未用行为表示同意的，则不能直接认定对方已经同意变更合同的内容。❷ 法律作出此种规定是为了减少当事人可能就合同的变更产生的纠纷，维护合同关系的稳定性。❸ 现有证据尚难以证明申请人与被申请人就《合同》项下的消毒服务费用计算方式进行了变更，故对被申请人提出的结算总额为 165 000 元的抗辩，仲裁庭不予支持。

4. 被申请人欠付消毒服务费用数额是多少？

如上所述，被申请人应向申请人支付消毒服务费用总额为 21 万元，被申请人已经支付 165 000 元，故尚欠申请人消毒服务费用数额为 45 000 元。对于申请人所提出的第一项仲裁请求，仲

---

❶ 最高人民法院民法典贯彻实施工作领导小组. 中华人民共和国民法典合同编理解与适用【一】[M]. 北京：人民法院出版社，2020：559.
❷ 王利明. 债法总则 [M]. 北京：中国人民大学出版社，2016：301.
❸ 王利明，房绍坤，王轶. 合同法 [M]. 北京：中国人民大学出版社，2013：175.

裁庭按照 45 000 元予以支持。

5. 被申请人是否应当支付违约金，如果应当支付，违约金如何计算？

《合同》项下的消毒服务费为固定单价，非固定总价，消毒服务费用总额需要根据《合同》履行情况结算确定。现有证据尚不能证明双方就《合同》项下的消毒服务费用总额进行过结算。故《合同》第三条约定的"消毒结束后 30 日内支付全部费用"，在双方未完成结算的情况下，不具有实际意义，难以据此认定被申请人构成迟延履行。仲裁庭认为，应以本委员会受理申请人仲裁申请之日为被申请人向申请人支付迟延履行违约金的起算日期。《合同》第八条第七款约定，如果甲方不能以约定的方式付款，乙方有权延后服务，日期直至甲方履行付款义务并有权要求客户按每日应付未付数额的千分之一承担逾期付款违约金。《合同》第八条第七款有关违约金的约定过高，被申请人提出调减违约金的申请，仲裁庭根据《民法典》第五百八十五条第二款的规定，酌定以中国人民银行授权全国银行间同业拆借中心公布的一年期贷款市场报价利率（LPR）为标准确定被申请人应当支付的违约金。

处理结果

依照《中华人民共和国民法典》第四百六十五条第一款、第五百零九条第一款、第五百四十四条、第五百七十七条、第五百七十九条、第五百八十五条第二款的规定，裁决如下：

（一）被申请人向申请人支付消毒服务费用 45 000 元；

（二）被申请人向申请人支付违约金（违约金以 45 000 元为

基数,以中国人民银行授权全国银行间同业拆借中心公布的一年期贷款市场报价利率(LPR)为标准,自仲裁立案之日起至本金和违约金全部付清之日止);

(三)驳回申请人的其他仲裁请求。

案例 5-2　合同是否变更需要综合考量

> 案情介绍

申请人:(被反请求人):某工贸公司

被申请人(反请求人):某电气自动化公司

一、本请求部分

申请人称:2021 年 7 月 5 日,申请人与被申请人签订《供货安装合同》。其中,甲方为"某乳业公司淘汰更换高能耗落后电机项目"中标人,乙方为某品牌授权经销商,甲乙双方代理人分别为李某、康某。合同约定申请人委托被申请人对"某乳业公司淘汰更换高能耗落后电机项目"提供某品牌电机及安装服务。《供货安装合同》附件 1 中"二、技术描述(一)改造内容"约定:"1. 压缩机电机:需要将一二期的 14 台压缩机电机改为二级节能电机(包含 250kW 的电机 11 台,315kW 的电机 3 台。需要将原设备上的电机拆卸下来,放到甲方指定位置,在将新电机更换到对应设备上。更换电机同时需要将原先与压缩机头连接的联轴器更换为与新电机配套的联轴器)。"另外,附件 1 中"二、技术描述(二)更换电机参数要求"约定更换螺杆压缩机电机共11 台,新电机参数要求为"1LE8 低压大功率,能效等级:IE3,

中心高：315，3000rpm 2p，280kW，380V△/660VY50Hz，安装方式：IMB3"；压缩机电机 4 台，参数要求为"1LE8 低压大功率，能效等级：IE3，中心高：355，3000rpm 2p，355kW，380V△/660VY50Hz，安装方式：IMB3"；联轴器 14 个。2021 年 7 月 12 日，申请人依约定支付第一笔货款 432 000.00 元。后申请人到项目地经考察，确认某乳业公司要求更换为功率参数为 250kW 的螺杆压缩机电机和功率参数为 315kW 的压缩机电机。于是申请人通知被申请人修改合同约定的电机参数为某乳业公司要求的电机参数，被申请人同意，双方就更换电机型号达成新合意，同意变更《供货安装合同》约定的 11 台螺杆压缩电机、3 台压缩机电机功率参数，由"280kW、355kW"变更为"250kW、315kW"。2021 年 8 月 3 日，被申请人承诺电机设备将于 6 至 8 周内（2021 年 9 月 14 日至 9 月 28 日）达到甲方指定现场，其后电机设备并未于被申请人承诺的期间到货，而是直至 2022 年 1 月 1 日 12 台主电机才到达项目地，逾期到货 94 天。2021 年 9 月 23 日，申请人为促成合同，积极履行付款义务。依被申请人微信通知向被申请人支付第二笔货款 279 505.20 元。2021 年 11 月 30 日，申请人依被申请人微信通知向被申请人支付第三笔货款 584 494.80 元，综上，申请人分三次共计支付货款 1 296 000 元。2021 年 12 月 31 日，案涉 12 台电机到达某市银古物流中心。申请人方在此处查看货物时发现其中一台螺杆压缩机电机铭牌显示功率参数为 280kW，于是立即向郗某（某品牌厂家供货负责人）电话询问，其回复铭牌贴错，需要铭牌返厂更换正确铭牌。2022 年 1 月 1 日，案涉机器到达某乳业公司并进行电机更换安装，其间，被申请人方在更换电机时违反操作规范,压缩机电机带负荷试车,电机反转带负荷电流是正常工作的几倍,冲击电流造成某乳业公司全厂停电,11条生产线(巴氏杀菌)的牛奶全部从地沟排掉,给某乳业公司造成经济损失。1月27日,被申请人安装队伍结束安装撤出工厂。3月17日,某乳业公司就安装器件造成的损害对申请人进行追责,甲方通过放弃某乳业公司旧电机回收收益以折抵损失赔偿。其后,被申请人向申请人主张质保金144 000元,即以原合同约定价额主张给付,申请人以250kW、315kW电机应较280kW、355kW电机价格低为由,拒绝继续支付,被申请人方告知案涉电机实为280kW、355kW的电机,只是用了假冒的250kW、315kW的铭牌。2023年1月16日,被申请人承认,被申请人向申请人主张的货款共计1 296 000元也是依照功率参数为280kW、355kW的电机价目所收取,较事实上功率参数为250kW、315kW的电机费用多收取了7万元的差价。后申请人多次联系被申请人,要求其更换合同约定电机,被申请人始终予以拒绝。同时,被申请人至今尚未完成安装《供货安装合同》附件1中"一、改造及增加清单"所约定的14个联轴器(其中有5个没更换)。

(1)被申请人安装"功率参数为280kW、355kW"的电机,属于履行合同不符合约定的违约行为,应当依照合同约定继续履行。2021年7月5日,申请人与被申请人双方签订书面合同后,双方就变更约定电机功率参数为"250kW、315kW"达成新的合意。8月3日申请人与被申请人还在讨论提交厂家订单的修改事宜,其后在合同履行过程中,郗某也反复确认,其所提供的电机功率参数为"250kW、315kW"。甚至，电机到达项目地物流中心时，申请人发现一台螺杆压缩机电机铭牌显示其功率参数为280kW，后立刻询问郗某，其解释供货确为250kW的电机，铭牌是厂家贴错，并要求李某将"贴错"铭牌邮寄返厂，以更换功率参数为250kW的新铭牌。电机成功安装并投入使用后，2023年被申请人向申请人主张合同质保金144 000元，申请人以"250kW、315kW"的电机货款应较原合同约定的电机价格更低，即合同总额应低于原先合同的总额144万元为由，拒绝支付质保金。被申请人方告知申请人，2022年1月1日被申请人安装的电机，是贴着显示"功率参数250kW、315kW"的假冒铭牌、事实上功率参数为280kW、355kW的电机。其向厂家提交订单的货物信息也是功率参数为"280kW、355kW"的电机。机器实际功率与铭牌标识的功率参数不相符合，属于需要专业检验、技术鉴定或安装运转才能发现的隐蔽事实，因此直至2023年申请人在被申请人告知后，才得知实情并立即向被申请人请求更换约定电机，被申请人拒绝。《民法典》第五百七十七条规定："当事人一方不履行合同义务或者履行合同义务不符合约定的，应当承担继续履行、采取补救措施或者赔偿损失等违约责任。"在此，申请人请求裁决被申请人继续履行合同，更换安装合同约定型号的电机，及尚未完成更换的联轴器。

（2）被申请人未于约定日期供货，也未在约定的工期内完成改造安装，应依照合同第八条约定的违约责任，承担迟延履行违约金593 992.86元人民币。《供货安装合同》第八条"违约责任"第二项"乙方的违约责任"约定："（1）未按合同要求设备到达甲方指定的现场,每逾七天扣合同总金额 1%的违约金,以此类推,但最多不超过改造合同总价的 10%,如违约金超过改造合同总价的 10%,甲方除有权要求乙方支付违约金外,还有权单方解除合同并要求乙方退回已支付的款项。(2)如因乙方原因,未按合同约定的工期完成改造,则每延期七天,乙方按改造地合同总额的 0.5%向甲方支付违约金。不足七天按七天计算。"双方就变更约定电机型号为"功率参数为 250kW、315kW"达成新的合意后,2021 年 8 月 3 日,被申请人向申请人承诺电机设备将于 6 至 8 周达到项目地现场,即双方约定到货期限为 2021 年 9 月 14 日至 9 月 28 日。而在实际履行过程中,案涉电机于 2022 年 1 月 1 日才达到项目地,逾期到货 94 天。另外,就合同修改后的合同总金额,应为申请人交付的货款减去被申请人多收取的货款差价,即 144 万 - 7 万 = 137 万元。则依照合同约定的逾期违约金计算方法,被申请人应承担 94/7 × 1 370 000 × 1% = 183 971.43 元的逾期到货违约金,该金额超出了合同总额的 10%,故被申请人应当依约定向申请人支付 1 370 000 × 10% = 137 000.00 元。就工期的约定,2021 年 9 月 6 日,申请人与被申请人就电机安装期限达成合意:安装必须在两个月内完成,即需在 11 月 6 日前完成安装,事实上,至本案提交仲裁之日,案涉项目仍未依照合同约定完成改造安装(机器功率错误以及 5 个未安装的联轴器),共逾期 467 天,则依照合同约定的工期延误违约金计算方法,被申请人应承担 467/7 × 1 370 000 × 0.5% = 456 992.86 元。综上,被申请人应依合同约定,就逾期到货和工期延误共支付 137 000 + 456 992.86 = 593 992.86 元。

（3）被申请人在机器安装过程中因自身过失给某乳业公司、申请人造成了经济损失，被申请人应当赔偿申请人为此损失的 151 704.00 元可得利益。2022 年 1 月 16 日 18 时 45 分，被申请人在更换电机时违反操作规范，压缩机电机带负荷试车，电机反转带负荷电流是正常工作的几倍，冲击电流造成某乳业公司全厂停电，11 条生产线（巴氏杀菌）的牛奶全部从地沟排掉，给某乳业公司造成经济损失。2022 年 3 月 17 日，某乳业公司对申请人进行追责，申请人通过放弃旧电机回收以折抵损失赔偿。后经申请人计算，被申请人致使甲方遭受经济损失 21 672kg × 10.00 元/kg = 216 720.00 元。某乳业公司淘汰落后电机总重量为 21 672kg，该批旧电机为型号"Y315M4 - 2250kW"的螺杆压缩机电机 11 台、型号为"Y315M4 - 2250kW"电机配备的联轴器 11 个、型号为"Y2 - 200L - 430kW"的冰水泵电机 12 个、型号为"Y355M3 - 2315kW"压缩机电机 3 台、型号为"Y2 - 180M - 418.5kW"的冰水循环泵电机 3 台、型号为"Y2 - 225M - 445kW"的空调水泵电机 7 个，总重量为 21 672kg，该批旧电机回收市场均价为 7 元/kg，即此次事故致使甲方遭受可得利益损失 21 672kg × 7 元/kg = 151 704.00 元。另外，被申请人通过假冒机器铭牌欺诈履行的违约行为，使得现行机器的功率较约定履行机器的功率总额高出 11 × (280 - 250) kW + 3 × (355 - 315) kW = 450kW，将导致项目方使用高耗能机器的空载能耗和损失，因此，申请人请求保留使用方向申请人追责时，再向被申请人提起损失赔偿诉求的权利。本案中，首先，《供货安装合同》第六条"甲、乙双方权利、义务"第二项"乙方的权利、义务"规定：

"(3)乙方需对甲方的设备予以爱护,做到仔细、认真、安全,在合同履行期间,乙方造成甲方或第三方损失的,应负责全额赔偿。"其次,《民法典》第五百八十三条规定:"当事人一方不履行合同义务或者履行合同义务不符合约定的,在履行义务或者采取补救措施后,对方还有其他损失的,应当赔偿损失。"第五百八十四条规定:"当事人一方不履行合同义务或者履行合同义务不符合约定,造成对方损失的,损失赔偿额应当相当于因违约所造成的损失,包括合同履行后可以获得的利益;但是,不得超过违约一方订立合同时预见到或者应当预见到的因违约可能造成的损失。"另外,《产品质量法》第二十六条规定:"生产者应当对其生产的产品质量负责。产品质量应当符合下列要求:(一)不存在危及人身、财产安全的不合理的危险,有保障人体健康和人身、财产安全的国家标准、行业标准的,应当符合该标准;……(三)符合在产品或者其包装上注明采用的产品标准,符合以产品说明、实物样品等方式表明的质量状况。"第四十条规定:"售出的产品有下列情形之一的,销售者应当负责修理、更换、退货;给购买产品的消费者造成损失的,销售者应当赔偿损失:……(三)不符合以产品说明、实物样品等方式表明的质量状况……销售者未按照第一款规定给予修理、更换、退货或者赔偿损失的,由市场监督管理部门责令改正。"综上,被申请人在提供电机安装服务过程中,给项目方造成工厂停电导致牛奶排掉的损失,进而申请人为此对某乳业公司承担损失赔偿责任151 704.00元,根据《供货安装合同》约定,《民法典》第五百八十三条,《产品质量法》第二十六条、第四十条规定,申请人有权向被申请人追责，被申请人应当赔偿该损失。

（4）被申请人应当返还多收取的电机差价 7 万元。《供货安装合同》第七条"改造项目结算方式"约定："合同签订生效后预付合同总额的 30%（432 000.00 元），接到某品牌工厂货物备妥通知一周内再付 60%（864 000.00 元），剩余 10%（1 440 000.00 元）在安装完成后一个月内付清。"2021 年 7 月 12 日，申请人与被申请人就约定的电机功率作出变更达成新的合意，其相应对价也作出变更：7 月 12 日，申请人依约定向被申请人支付第一笔货款 432 000 元；9 月 23 日，申请人依约定向被申请人支付第二笔货款 279 505.20 元；11 月 30 日，申请人依约定向被申请人支付第三笔货款 584 494.80 元，以上共计支付 1 296 000.00 元人民币。2023 年，被申请人向申请人主张项目尾款，并告知其提供安装的电机功率事实上为 280kW、355kW，只是使用了假冒"250kW、315kW"的铭牌；280kW、355kW 的电机较 250kW、315kW 的电机存在 7 万元的差价。《民法典》第一百四十八条规定："一方以欺诈手段，使对方在违背真实意思的情况下实施的民事法律行为，受欺诈方有权请求人民法院或者仲裁机构予以撤销。"据此，申请人依照被申请人要求，就事实上功率为"280kW、355kW"的电机支付相应价款系因被欺诈而履行的、违背自身真实意思的给付行为，申请人请求仲裁庭裁决被申请人退还申请人相对正确电机的价格所多支付的 7 万元，并依约安装正确电机。在该《供货安装合同》的缔结及履行中，基于对被申请人作为国际品牌某品牌的授权经销商的信任，申请人始终秉持诚信合作的理念，积极履行付款义务，促成合同目的的达成。该合同所承载的利益,不仅包含申请人自身的经济利益,由于其内容是向项目方供货安装,还承载着项目企业淘汰落后产能、积极响应"节能环保、绿色低碳"的时代主题的公共利益。纵观被申请人在合同履行过程中,逾期履行、延误工期、通过铭牌造假的欺诈手段进行的重大瑕疵给付、未尽注意义务进行的加害给付,使得"实施更换低功率电机、节能减排项目"的合同目的无法达成的同时,给申请人、项目方造成了经济损失及公共利益损失。承前所述,被申请人严重违约、欺诈履行合同的恶劣行为,不顾其作为市场主体的诚实信用,严重违反了基于双方意思自治所缔结的合同、所达成的合意,严重违反了《民法典》所保护的申请人的合法利益。

为此,申请人提出以下仲裁请求:(1)裁决被申请人继续履行合同,于项目地更换安装某品牌参数要求为"1LE8 低压大功率,能效等级:IE3,中心高:315,3000rpm 2p,250kW,380V△/660VY50Hz,安装方式:IMB3"的螺杆压缩机电机 11 台;参数要求为"1LE8 低压大功率,能效等级:IE3,中心高:355,3000rpm 2p,315kW,380V△/660VY50Hz,安装方式:IMB3"的压缩机电机 3 台,以及与新电机配套的联轴器 14 个;(2)裁决被申请人给付 278 296.00 元的逾期履行违约金;(3)裁决被申请人承担因安装电机过程操作失误给申请人所造成的经济损失 151 704.00 元人民币,及自 2022 年 3 月 17 日(遭受损失之日)起到被申请人支付之日止按同期银行贷款利率计算的利息;(4)裁决被申请人返还多收取的差价 7 万元人民币,及自申请人完成支付价款之日(2021 年 11 月 30 日)起到被申请人支付之日止按同期银行贷款利率计算的利息;(5)裁决本案律师费、仲裁费等全部仲裁费用由被申请人承担。

申请人对其提出的主张向仲裁庭提供了以下证据：

（1）《供货安装合同》1份（证据1）。证明：① 2021年7月5日，申请人与被申请人签订《供货安装合同》。甲方（申请人）在该合同中委托代理人为李某，乙方（被申请人）在该合同中委托代理人为康某。② 合同约定申请人委托被申请人对某乳业公司淘汰更换高耗能落后电机项目提供某品牌电机及安装服务。附件1"二、技术描述改造内容"为："1.压缩机电机：需要将一二期的14台压缩机电机改为二级节能电机（包含250kW的电机11台，315kW的电机3台。需要将原设备上的电机拆卸下来，放到甲方指定位置，再将新电机更换到对应设备上。更换电机同时需要将原先与压缩机头连接的联轴器更换为与新电机配套的联轴器）。"③ 证实双方约定"八、违约责任2、乙方的违约责任"："（1）未按合同要求设备到达甲方指定的现场，每逾七天扣合同总金额1%的违约金，以此类推，但最多不超过改造合同总价的10%，如违约金超过改造合同总价的10%，甲方除有权要求乙方支付违约金外，还有权单方解除合同并要求乙方退回已支付的款项。（2）如因乙方原因，未能按合同约定的工期完成改造，则每延期七天，乙方按改造地合同总额的0.5%向甲方支付违约金。不足七天按七天计算。"

被申请人的质证意见：对该份证据的真实性予以认可，证明目的不予认可。认为：（1）合同附件1第二条技术描述中无论是（一）改造内容，还是（二）更换电机参数要求中，均明确规定11台压缩机电机（螺杆压缩机电机7台、压缩机电机4台）的功率为280kW，而非250kW。申请人在其证明目的中将合同附件1："二、技术描述（一）改造内容"中的"1.压缩机电机：需要将一二期的14台压缩机电机改为二级节能电机，（包含280kW的电机11台）"，故意写成250kW，意在混淆事实，误导、干扰仲裁庭对案件的审理。（2）合同中并未约定工期。

（2）被申请人营业执照（证据2）、某品牌授权委托书（证据3）、申请人营业执照（证据4）、申请人法人身份证明（证据5）、被申请人委托书（证据6）、通话录音["康某@139××××1832_20211111151612"（附光盘及录音文字稿）]（证据7）各1份，证明2021年11月11日15点16分，李某与康某的通话过程。确认了郗某为某品牌厂家人员，被申请人方的合同履行过程是：通过向某品牌提交订单、某品牌再发货的流程。李某为申请人法定代表人；康某为被申请人法定代表人就"某乳业公司电机改造项目"委托的全权代理人；郗某为某品牌厂家负责人，是参与案涉《供货安装合同》履行的重要人员。

被申请人的质证意见：对该组证据的真实性予以认可，证明目的不予认可，郗某是某品牌公司的产品经理，不是被申请人的员工，其言行与被申请人无关。对证据2—6的真实性和证明目的均予以认可。对证据7的真实性和证明目的均予以认可。但该份证据还证明了如下事实：① 2021年11月项目地疫情防控仍很严峻，限制人员流动；② 两台大电机早已交货进厂了。

（3）通话录音–某品牌华西区代理康某@139××××1832_20210707103656（1）（附光盘及对应录音文字稿）（证据8）、通话录音"某品牌代理康某@139××××1832_

20210726152955"（附光盘及录音文字稿）（证据9）、通话录音"某品牌郄某@181×××9389_20210727180101"（附光盘及录音文字稿）（证据10）、通话录音"某品牌郄某@181×××9389_20210727183029"（附光盘及录音文字稿）（证据11）、通话录音"某品牌康某@139××××1832_20211108102510"（附光盘及录音文字稿）（证据12）、通话录音"某品牌郄某@181×××9389_20211108110750"（附光盘及录音文字稿）（证据13）、申请人对某乳业公司的澄清函（证据14）各1份，证明经协商，变更《供货安装合同》约定的11台螺杆压缩电机、3台压缩机电机型号，功率参数由"280kW、355kW"变更为"250kW、315kW"。证据8，证明2021年7月7日10点36分，李某与康某沟通协商合同具体条款。结合证据7，某品牌供货的流程为，厂家考察现场给出机器型号具体建议，买家与授权经销商达成最终供货协议，授权经销商最终向工厂提交订单。证据9，证明2021年7月26日，李某与康某的通话过程。即康某知晓电机参数修改事宜，并主动提出中止原合同。最后双方约定修改合同电机功率参数。证据10，结合前述通话录音，2021年7月27日18点01分，李某、吕某（某乳业公司电机改造项目负责人）、郄某三方通电话沟通电机最终型号问题。申请人方多次向郄某提出需要250kW、315kW的电机，郄某始终利用技术人员身份，以技术为由要提供280kW、355kW电机。证据11，结合本组前述两个通话录音，证明小朋已经对申请人方"提供250kW、315kW"电机的要约作出承诺。2021年7月27日18点30分，李某和某乳业公司案涉改造项目负责人吕某同郄某的通话过程。证据 12，结合本组前述三个录音，证明：① 康某间接承认了合同修改事实。2021 年 11 月 8 日，李某与康某通话的过程。这段对话中，康某在讨论电机"订单是否修改好了"的订单修改事宜。而双方讨论修改事宜进展的默认前提是双方已经口头达成修改的合意：李某所言的将安装的电机参数修改为功率参数为 250kW 和 315kW。② 结合证据 7、证据 8，从该段通话可得知：郗某是康某认可的参与合同履行的人员，且康某承认案涉电机的订购、订单的提交修改是由郗某完成。证据 13，结合证据前述四个录音，证明 2021 年 11 月 10 日，李某与某品牌厂家人员郗某的通话过程。证据 14，证明 2021 年 8 月 11 日，申请人已经与项目方达成协议，更改购入电机功率为"250kW、315kW"。

被申请人的质证意见：对该组证据 8、9、12 的真实性予以认可，证明目的不予认可。认为申请人及被申请人双方从未签订过"变更《供货安装合同》约定的 11 台螺杆压缩机电机、3 台压缩机电机型号，功率参数由 280kW、355kW 变更为 250kW、315kW"的协议，系申请人歪曲事实。对证据 8，对该份证据的真实性和证明目的均予以认可，但这段录音是中间截取的内容，不是完整的录音。对证据 9，对该份证据的真实性予以认可，但证明目的不予认可。认为该份证据能证明如下事实：① 确认申请人公司的李某知道某乳业公司招标文件和合同上规定的螺杆压缩机电机功率参数是 280kW。② 他"去跟他们厂家（某乳业公司）讲，跟他们这个工厂里头看看啥意思"，并同意被申请人暂停订单，同时告知某品牌公司订单也暂停了（但其一直未向被申请人反馈其与某乳业公司沟通的结果）。③ 该通话时间为 2021

年7月26日,故订单暂停起始时间为7月26日,暂停多长时间未定。④ 确认李某把某乳业公司关于案涉项目的招标文件发给被申请人公司的康某了。⑤ 该证据最后一页即第42页"(04:03)康某:行行,你先到那,然后那天说的电机后面咱补的合同",这里的"补的合同"是指申请人提出的更换电机机壳颜色的补充合同(因为某品牌电机默认是灰色,而申请人要求是蓝色的,故双方补充的是向某品牌加价更换电机机壳颜色的合同)。⑥ 申请人没有将其最终与某乳业公司沟通的结果告知过被申请人,更未与被申请人就电机功率参数修改事宜签订任何变更协议。双方并未约定修改合同电机功率参数。对证据10,对其真实性不予认可,证明目的予以认可。认为申请人在对该份证据的说明中载明:"通讯人员:李某、郗某",可是在李某与郗某的通话录音中却出现了另一个人(吕某)的声音,故对该证据的真实性不予认可。在该通话中无被申请人公司人员,故被申请人对该通话内容不知情,本次通话中的任何承诺和结果均不对被申请人产生任何法律效力。该份证据能证明如下事实:① 申请人李某与某品牌公司郗某协商更换电机铭牌事宜;② 申请人李某与某品牌公司郗某协商更换电机功率参数事宜,郗某从技术方面坚持用280kW电机;③ 确认在某乳业公司招标之前,某品牌公司技术人员去某乳业公司现场多次考察后确定的(螺杆压缩机)电机280kW。对证据11,对其真实性和证明目的均不予认可。郗某非被申请人公司人员,他的任何承诺和决定均不对被申请人产生任何法律效力。而且申请人也从没有向被申请人出具过变更大功率电机参数的书面文件。该份证据能证明如下事实:① 申请人李某与某品牌公司郜某协商更换电机功率参数事宜；② 大功率电机参数和底座修改事宜，李某还要与某乳业公司的吕部长沟通一下，尚无最终结果。

对证据12，对其真实性予以认可，但证明目的不予认可。认为该份电话录音文字稿断章取义，在该录音文字稿开头，还有李某和康某关于项目地疫情封控的谈话，当时人员和物流均进不了项目地，须集中隔离。但申请人在整理该录音的文字稿时把该段内容故意删减了。在该份证据的证明目的中，申请人存在歪曲事实的情况，故被申请人在该项证据的质证意见中作以下说明：① 在该份证据第二页即第63页中"（01∶13）康某：他说是已经改好了。但是现在疫情上去还是个问题啊"，申请人故意歪曲事实，在"改好了"后面用括号标注"订单"两个字，误导仲裁庭。实际上康总所说的"改好了"，是指返厂改电机主轴的20多台小电机（水泵电机）的主轴已经改好了，可以发货安装了，而不是指订单。被申请人提交的《某乳业公司泵轴伸改造服务费用付款申请——某品牌电机》能够证明这一事实。② 该20多台小电机是2021年9月27日发货，9月30日到达项目地的，在项目现场安装过程中，由于某乳业公司淘汰的水泵电机主轴上有螺纹，而新电机主轴上没有螺纹，故把该20多台新的水泵电机返回某品牌，把主轴改成螺纹的，所以康某说的"改好了"是指该20多台新的水泵电机主轴改好了。③ 康某不知道修改订单的情况。在申请人未与被申请人变更合同修改大功率电机技术参数前，被申请人不可能擅自向某品牌修改订单。而且某品牌作为国际大集团公司，也不可能允许口头通知修改订单，而是必须履行正式书面修改订单程序，因此所谓的修改订单只是申请人的片面理解，曲解了康某的真实意思表示。对证据13，对其真实性和证明目的均不予认可。认为：① 郗某非被申请人公司员工，也未取得被申请人的任何授权，故其的一切言行均不对被申请人产生任何法律效力；② 在该份证据中，李某和郗某又提到了假名牌的问题，所以更换电机铭牌是李某与郗某协商的内容，被申请人并不知情。对证据14，对其真实性和证明目的均不予认可。认为：虽然该《澄清函》的落款是2021年8月11日，但申请人确是于2022年3月4日16时1分通过微信发给某乳业公司的，而此时案涉项目早已完成，被申请人已于2022年1月27日完成了案涉项目的所有安装调试工作撤场了，申请人再发函提出修改大电机功率参数已没有意义了。况且该函只是申请人在项目完成后单方发给某乳业公司提出修改大电机功率参数的，至于某乳业公司是否同意修改大电机功率技术参数，却没有证据证明，因此该函并不能证明"申请人于2021年8月1日与某乳业公司约定更改招标文件上的电机功率参数为250kW、315kW"，这只是申请人的一厢情愿罢了。在该函中申请人再次确认了招标文件中大电机功率参数为280kW、355kW。

（4）网上银行电子回单3份（证据15），证明合同签订后，申请人积极履行合同约定的价款支付义务，分别于2021年7月12日、9月23日、11月30日，申请人依约定支付第一笔货款432 000.00元、第二笔货款279 505.20元、第三笔货款584 494.80元，共计支付货款1 296 000元。

被申请人的质证意见：对该份证据的真实性和证明目的均予

以认可。

（5）通话录音"康某@139×××追1832_20210803105548"（附光盘及录音文字稿）（证据16）、通话录音"某品牌华西区代理康某@139×××追1832_20210909164900"（附光盘及录音文字稿）（证据17）、通话录音"某品牌郗某@181×××追9389_20210907133328"（附光盘及录音文字稿）（证据18）各1份，证明被申请人承诺履行期限为2021年9月14日至9月28日，而最终于2022年1月1日机器才全部到达项目所在地，迟延履行94天。证据16通话录音"康某@139×××追1832_20210803105548"（附光盘及录音文字稿），证明2021年8月3日，李某与康某通话过程中，李某询问："估计什么时候咱们过去安装呢？""估计多长时间？"康某回复："可能得个六到八周左右。"即被申请人承诺电机设备将于2021年9月14日至9月28日达到指定现场。证据17通话录音"某品牌华西区代理康某@139×××追1832_20210909164900"（附光盘及录音文字稿），证明2021年9月9日16点49分，李某与康某通话过程中，面对李某按期到货的催促，康某说："不是你第一批，你分开的话，当时谈下来才几月份？你8月初才谈下来的这个东西吗？就定这个事，8月初你才定的这个事情。"李某回答："7月23号我就定下来了。7月23号我就都订完了，跟郗总的通话记录，我昨天查的，前天我查的，7月23号我们就都已经都定死了，跟某乳业公司的。"康某说："对，你想你7月23号你定的，我们然后把订单下去，他们某品牌确定下来。"李某说："你最起码7月23号到现在也早完事了，9月23号他早就是。"康某回复:"你 7 月 23 号你们定下来,我们下订单交给郄总,再交给他的老大,然后再交给工厂,他要一级一级去审批这个价格,审完了以后,然后到时候再回馈,你知道他们某品牌也是有流程的,不是说是说 7 月 23 号你们定下来,我们直接给某品牌打个招呼,那不是这样的。知道吧?他们内部也有个流程。"后李某又问道:"不是 6—8 周么?"康某回答:"对 6—8 周。对吧?你某品牌等审批完对吧?你 8 月初审批完 8 周两周,你基本上也就到国庆左右了。他也说到 9 月份发,基本上刚好这个时间段,按照某品牌这个流程的话,刚好就是 8 周时间,稍微再等等。"该段对话证明了:①结合证据 3,对方证实合同成立的具体时间:被申请人于 7 月 23 日下单小电机;8 月初(8 月 3 日)修改电机参数为 250kW、315kW,即第二批大电机。②再次确认郄某是其认可的合同履行人员。③承诺到货期限是自订单提交之日起 6—8 周,即案涉电机最晚是 9 月 14 到 9 月 28 日到货。证据 18 通话录音"某品牌郄某@181××××9389_20210907133328"(附光盘及录音文字稿),结合证据 16、17,证明郄某确认到货日期是"6—8 周"。2021 年 9 月 7 日 13 点 33 分,李某与郄某通过电话沟通。

被申请人的质证意见:对该组证据的证明目的不予认可。合同并未约定工期,在当时疫情封控形势严峻,某品牌审批生产手续烦琐,申请人中途又要求暂停订单的情况下,被申请人也从未承诺过交货时间,因此,被申请人不存在逾期交货情况。对证据 16,对其真实性予以认可,但证明目的不予认可。认为:①该份证据中康某所说的"6—8 周左右",结合前后通话内容可知是指某品牌生产电机的时间是6—8周时间,而非交货时间。而且在此之前的7月26日,申请人刚刚要求被申请人暂停订单,申请人就开始计算被申请人违约时间,有陷害嫌疑。② 根据《供货安装合同》第七条第二款第(1)项的约定,某品牌发货时间是和申请人支付货款的时间紧密联系的。申请人的第二笔货款支付时间是在2021年9月23日,被申请人收到申请人的货款后于9月26日即向某品牌支付发货款,某品牌于2021年9月27日发货,申请人于2021年9月30日收到货物;申请人第三笔货款于2021年11月30日支付,被申请人收到申请人的货款后于2021年12月2日即向某品牌支付发货款,某品牌于2021年12月3日发货,申请人于2021年12月9日收到货物,因此,被申请人不存在逾期履行行为。对证据17,对其真实性予以认可,证明目的不予认可。认为:① 申请人明明在2021年7月26日要求被申请人暂停了订单,李某在该份录音中却一口咬定是7月23日就定下交货时间,显然是在歪曲事实。② 康某再次给李某普及某品牌烦琐的审批流程;从八月初经过8周,也是在国庆节后,而被申请人于2021年9月30日就交货了,不存在申请人所称的逾期。③ 被申请人于2021年7月16日就向某品牌下了第一批订单,而非申请人所称的7月23日。7月26日申请人又通知被申请人暂停订单,故被申请人第二批订单是于2021年8月30日下的。④ 申请人从未与被申请人修改电机功率参数,申请人声称双方于2021年8月3日修改电机参数为250kW、315kW,显然是在歪曲事实。⑤ 郗某非被申请人员工,也从未取得被申请人的任何授权,故其与申请人所作的任何承诺和决定均与被申请人无关。申请人声称郗某是被申请人认可的合同履行人员是在歪曲事实。对证据18，对其真实性和证明目的均不予认可。认为郗某非被申请人员工，也未取得被申请人的任何授权，故其的一切言行均不对被申请人产生任何法律效力。

（6）通话录音"某品牌郗某@181×××9389_20211231125724"（附光盘及录音文字稿）（证据19）、微信聊天记录录屏（证据20）、可信时间戳证书 TSA_SCREEN_20230214112649（证据21）、通话录音"某品牌郗某@181×××9389_20211231130353"（附光盘及录音文字稿）（证据22）、通话录音"某品牌郗某@181×××9389_20211231142126"（附光盘及录音文字稿）（证据23）、通话录音"某品牌郗某@181×××9389_20230131160421"（附光盘及录音文字稿）（证据24）、电机铭牌照片（证据25）各1份，证明安装电机为功率参数与铭牌标识不符的案涉压缩机电机，即通过在事实上功率为"280kW、355kW"的压缩机电机上用了假冒的"250kW、315kW"铭牌的方式，欺诈履行合同。证据19，证明2021年12月31日上午，案涉螺杆压缩机电机与压缩机电机到达物流中心，申请人方发现一台螺杆压缩机电机贴着"280kW"的铭牌。李某电话询问了郗某。证据20，证明2021年12月31日13点05，李某向郗某发送了"280kW"的铭牌。证据21，证明证据20的真实性。证据22，证明2021年12月31日13点03分，李某与郗某进行了通话并且在申请人方发现有一台螺旋杆压缩机电机铭牌参数为280kW时，声称工厂贴错铭牌，需要告知工厂重新补发正确铭牌。证据23，证明2021年12月31日14点21分，李某与郗某通话沟通换铭牌一事,即将"错发"的"280kW"的铭牌返厂,换为"250kW"的正确铭牌。同时也再次证实,双方之前就主电机功率最终确定的是"250kW、315kW"。证据24,证明2023年1月31日,申请人在与某品牌厂家负责人郗某通话中,郗某披露该合同最终安装电机并非功率参数为250kW、315kW的约定电机,而只是用了假冒的250kW、315kW的电机铭牌,功率参数实为280kW、355kW的电机。证据25,证明2023年1月28日,申请人前往某乳业公司拍摄案涉铭牌照片,铭牌显示为案涉电机功率分别为250kW和315kW。通过与上述"证据24"相对应,证明最终安装电机只是用了假冒的250kW、315kW的电机铭牌。

被申请人的质证意见:对该组证据的真实性及证明目的均不予认可。认为更换电机铭牌是申请人李某与某品牌公司郗某私下协商的结果,被申请人并不知情,与被申请人无关。被申请人不存在欺诈行为。对证据19,对其真实性和证明目的均不予认可。认为郗某非被申请人员工,也未取得被申请人的任何授权,故其的一切言行均不对被申请人产生任何法律效力。对证据20,对其真实性和证明目的均不予认可。认为郗某非被申请人员工,也未取得被申请人的任何授权,故其的一切言行均不对被申请人产生任何法律效力。对证据21,对其真实性和证明目的均予以认可。对证据22,对其真实性和证明目的均不予认可。认为:① 郗某非被申请人员工,也未取得被申请人的任何授权,故其的一切言行均不对被申请人产生任何法律效力。② 确认了被申请人不知道申请人和郗某更换电机铭牌的事情。③ 确认了申请人主动更换电机铭牌。对证据23，对其真实性和证明目的均不予认可。认为：① 郝某非被申请人员工，也未取得被申请人的任何授权，故其的一切言行均不对被申请人产生任何法律效力。② 确认了被申请人不知道申请人和郝某更换电机铭牌的事情。③ 确认了申请人主动更换电机铭牌。对证据24，对其真实性和证明目的均不认可。认为：① 郝某非被申请人员工，也未取得被申请人的任何授权，故其的一切言行均不对被申请人产生任何法律效力。② 确认了被申请人不知道申请人和郝某更换电机铭牌的事情。③ 郝某确认了实际交付的就是280kW、355kW功率的电机。④ 确认了被申请人向申请人主张合同尾款144 000元。对证据25电机铭牌照片，对其真实性和证明目的均不予认可。认为：① 被申请人不知道申请人与郝某之间商量更换电机铭牌的事情。② 电机铭牌照片比较模糊，看不清楚；仅凭铭牌照片不能证明这些铭牌就是案涉项目电机的铭牌。

(7)《制冷设备电机现场更换协议书》（证据26）、微信聊天记录录屏（证据27）、可信时间戳认证证书（证据28）、钉钉聊天记录录屏（证据29）、微信聊天记录录屏（证据30）各1份，证明被申请人履行《供货安装合同》约定的安装义务时，致使某乳业公司遭受停电、牛奶损失等，某乳业公司据此向申请人追责，给申请人造成可得利益损失151 704元。证据26，证明被申请人作为甲方，将案涉某乳业公司电机更换项目的安装服务外包给乙方某制冷设备公司，同时证明电机型号为250kW及315kW。证据27，证明2022年2月13日，康某在"某乳业公司项目"群聊中向某制冷设备公司的施工人员询问："曲总，前几天说的某乳业公司损失牛奶的事情,到底怎么解决问了嘛?到底是 40 吨还是 260 吨?这后续影响的问题比较大。"即其认可己方的违约致损事实,正在向乙方某制冷设备公司追责。证据 28 可信时间戳认证证书,证明证据 27 的真实性,即证据 27 展示的聊天记录,是取证于李某微信所记载的其所在群聊"某乳业公司项目"聊天记录。证据 29 钉钉聊天记录录屏,证实 2022 年 3 月 17日(被申请人安装电机导致某乳业公司遭受损失后),申请人向某乳业公司致送《关于废旧电机回收沟通函》:"我公司……成为贵公司成交方,谈判文件中约定需对以下旧电机进行回收……无法回收贵公司这部分电机……。"此为申请人就上述事故,对某乳业公司的折抵赔付。证据 30,证明案涉废旧电机总重量为 21 672kg。

被申请人的质证意见:对该组证据的证明目的均不予认可。对证据 26,对其真实性和证明目的均不予认可。对证据 27,对其真实性予以认可,但证明目的不予认可。认为康某在微信群中询问牛奶的事情,只是出于好奇是如何解决的,如果牛奶损失事件真与被申请人有关,某乳业公司和申请人早就向被申请人正式索赔了,何须康总自己询问。申请人把康总的好奇当作被申请人有错的证据,真的是莫须有。对证据 28,对其真实性和证明目的均予以认可。对证据 29,对其真实性、与本案的关联性和证明目的均不予认可。认为:① 该证据是申请人于 2022 年 3 月 17日单方发给某乳业公司戴某的《关于废旧电机回收沟通函》,此时案涉项目已经完成。② 从该沟通函的内容中看不出该函与本案、与被申请人有何关系。在该沟通函中,申请人自认由于其内部原因，其主动放弃废旧电机的回收。该证据并不能证明牛奶损失事件是由被申请人造成的，也并不能证明其放弃废旧电机的回收是赔偿牛奶的损失。因此，申请人的该份证据与被申请人没有任何关系。证据30，仍是证据29申请人于2022年3月17日单方发给某乳业公司戴某的《关于废旧电机回收沟通函》的录屏，故质证意见同证据29。

（8）律师费支出凭证（证据31），证明2023年2月14日，申请人因本案申请仲裁而聘请律师的合理费用支出2万元，申请人与律所签订《委托代理合同》，并开具律师费发票。

被申请人的质证意见：对该证据的真实性予以认可，证明目的不予认可。认为该证据只能证明申请人聘请本案代理律师花费了2万元；申请人要求被申请人承担该费用没有合同依据，也无法律依据。

（9）某乳业公司安装群截屏（证据32），证明后经协议，变更《供货安装合同》约定的11台螺杆压缩电机、3台压缩机电机型号，功率参数由"280kW、355kW"变更为"250kW、315kW"。结合证据26，被申请人将案涉某乳业公司电机更换项目的安装服务外包给某制冷设备公司，证明2022年1月3日，在某乳业公司安装群中显示，更换安装的案涉电机设备功率为250kW、315kW。

被申请人的质证意见：对该份证据的真实性和证明目的均不予认可。但认为该证据证明了如下事实：安装公司试车是空载试车；确认压缩机已经满载。这说明大电机功率在280kW和355kW时负荷都已满载，那么250kW和315kW的功率显然不能满足项目要求，被申请人交付 280kW 和 355kW 功率的大电机不仅符合招标文件和合同的要求，也符合案涉项目的要求，被申请人没有交付错误。

被申请人辩称：（1）被申请人已按照合同约定履行了全部义务，不存在交付错误及违约行为。① 被申请人依合同约定提供的某品牌相关设备（电机及配件等）均已安装完毕，且某乳业公司已使用一年多时间，未反馈有任何问题。被申请人的合同义务已经履行完毕，因此被申请人不存在继续履行合同的问题；相反，申请人尚未向被申请人结清合同尾款，因此提到继续履行合同，也应该是申请人继续履行合同向被申请人付清尾款。被申请人已为此提起了反请求。② 如果项目方某乳业公司更换安装电机，也需要由某乳业公司决定并提出，非是申请人主观意愿就能做到的。首先，被申请人提供的某品牌电机的使用方是某乳业公司，如果某乳业公司没有更换的意愿，且电机设备运行良好，某乳业公司是不会允许更换的。其次，申请人并没有提交关于某乳业公司要求更换被申请人已安装完成且运行良好的某品牌电机的书面文件，因此在某乳业公司没有更换意愿的情况下，申请人的该项请求不仅无事实依据，更无法落实。③ 申请人要求更换的电机参数无合同依据。申请人从被申请人订购某品牌电机就是用于某乳业公司高耗能落后电机改造项目，无论是某乳业公司关于该项目的招标文件即《某乳业公司淘汰更换高能耗落后电机谈判文件》（项目编号：CWSCYC2021031）中第三章项目技术要求第四条技术描述第（二）项更换电机参数要求（第 16 页），还是申请人与被申请人于 2021 年 7 月 5 日签订的《供货安装合同》

附件1中"二、技术描述（二）更换电机参数要求"中，均明确约定更换螺杆压缩机电机共11台，新电机参数要求为"1LE8 低压大功率，能效等级：IE3，中心高：315，3000rpm 2p，280kW，380VΔ/660VY50Hz，安装方式：IMB3"，压缩机电机3台，参数要求为"1LE8 低压大功率，能效等级：IE3，中心高：355，3000rpm 2P，355kW，380VΔ/660VY50Hz，安装方式：IMB3"。申请人从未向被申请人书面函告或者与被申请人签订过任何关于电机参数变更或补充的协议，被申请人按照合同约定的电机参数要求向申请人交付某品牌电机并安装，没有交付错误，不存在违约行为。④《招标投标法》第四十六条第一款明确规定："招标人和中标人应当自中标通知书发出之日起三十日内，按照招标文件和中标人的投标文件订立书面合同。招标人和中标人不得再行订立背离合同实质性内容的其他协议。"由此可见，申请人中标后与招标人某乳业公司签订的书面合同，应以招标文件和投标文件内容为准，不能更改合同的实质内容。因此，若申请人或者某乳业公司更改了招标文件和投标文件中的实质内容，根据《招标投标法》第五十九条"招标人与中标人不按照招标文件和中标人的投标文件订立合同的，或者招标人、中标人订立背离合同实质性内容的协议的，责令改正；可以处中标项目金额千分之五以上千分之十以下的罚款"的规定，均要承担法律责任。故，申请人所称的其与某乳业公司协商更改了电机型号和底座高度，不仅无证据证明，无事实依据，更于法无据。

（2）双方的合同中并未约定工期及交付时间。① 双方于2021年7月5日签订的《供货安装合同》中并未约定工期和交付时间，因此也就不存在逾期问题。② 申请人法定代表人李某与某品牌公司产品经理郄某电话录音中关于交货时间的口头约定并不能对被申请人产生约束力。郄某非我公司员工，被申请人更未授权郄某代表被申请人承诺交货时间，申请人与被申请人之间更无关于确定交货时间的函件、通知、补充协议等相关法律文件。双方之间既然没有约定交货时间，又何谈逾期？另，申请人提交的相关录音证据文字稿有明显的编辑痕迹，这从文字稿中关于通话时间上可以很明显地体现出来。③ 2021 年 7 月（合同签订的当月）至 2021 年 12 月（被申请人第二批货物交付时间）正是项目地新冠疫情防控比较严格的阶段，项目地为高风险地区，电机交付也受到严重影响，这是不可抗力，应依法免责。

（3）某乳业公司所受损失与被申请人没有因果关联性。① 现有证据不能证明被申请人安装电机过程操作失误。被申请人试车当天某乳业公司停电和牛奶损失与被申请人没有任何关系：2022 年 1 月试车当天，最初是空载试车，但在通电的一瞬间，某乳业公司电力系统的变频器跳闸了，变频器代码显示：报故障，即变频器出现了故障。经某乳业公司、申请人公司和安装公司现场人员检测，被申请人所供某品牌电机完好无损。如果是我公司所供电机设备导致，我公司所供电机首先会被烧毁，因此变频器跳闸与我公司无关，申请人也没有证据证明变频器跳闸是我公司所供电机导致，完全是某乳业公司电力系统变频器自身故障所致。某乳业公司为检测供电线路，提出负载试车，就把原料管线连接到了正在调试的新电机的联轴器上与正在调试的电机相连，这样部分牛奶就被输送到了正在调试的生产线上，损失了少量牛奶。因此，这一损失与被申请人没有任何关系。首先，变频器跳闸是变频器本身出现了故障，与被申请人所供电机没有关系，申请人没有证据证明是被申请人过错导致；其次，负载试车是某乳业公司提出的，非被申请人安装人员主动负载，故负载试车造成的损失不应由被申请人承担。②根据现有证据，申请人不能证明某乳业公司就负载试车造成的损失向申请人提出过索赔，更无从证明损失金额为151 704元。③既然某乳业公司没有追究负载试车牛奶损失的责任，申请人要求被申请人赔偿损失就无事实依据和法律依据，更无证据证明该损失与被申请人有关。

（4）被申请人已完全履行合同交付义务，不存在差价问题。如上所述，被申请人是依据与申请人于2021年7月5日签订的《供货安装合同》附件1及某乳业公司关于该项目的招标文件即《某乳业公司淘汰更换高能耗落后电机谈判文件》中第三章项目技术要求第四条技术描述第（二）项更换电机参数要求（第16页）的要求予以供货，合同价款也是合同约定型号电机和其配件及其安装的价款。所供电机型号与上述法律文件所载明的电机型号一致，因此不存在供货错误，也就不存在差价问题。在本案中，被申请人与申请人于2021年7月5日签订的《供货安装合同》第七条第二款第（1）项明确约定："……，剩余10%（144000.00元）在安装完成后壹个月内付清。"申请人在其本请求中的《仲裁申请书》第4页上数第一段第五行中确认："（2022年）1月27日，申请人安装队伍结束安装撤出工厂。"因此，按照《供货安装合同》第七条第二款第（1）项的约定，申请人应于2022年2月27日前付清尾款（144 000元）。但经被申请人多次催要，申请人至今未付，其行为已严重侵犯了被申请人的合法权益。综上所述，被申请人已按照合同约定完全履行了全部义务，某乳业公司所用电机性能良好，稳定节能，被申请人不应承担更换电机、支付违约金、赔偿经济损失及利息等有关责任。申请人应根据合同约定，履行支付合同尾款义务。望仲裁庭驳回申请人的仲裁请求。

被申请人对其提出的主张向仲裁庭提供了以下证据：

（1）《供货安装合同》及合同附件1《改造及增加清单》各1份，证明双方于2021年7月5日签订了《供货安装合同》及附件。申请人委托被申请人对某乳业公司淘汰更换高能耗落后电机提供某品牌电机及安装服务。合同附件1中"二、技术描述（二）更换电机参数要求"约定更换螺杆压缩机电机共11台，新电机参数要求为"1LE8低压大功率，能效等级：IE3，中心高：315，3000rpm 2p，280kW，380VΔ/660VY50Hz，安装方式：IMB3"，压缩机电机3台，参数要求为"1LE8低压大功率，能效等级：IE3，中心高：355，3000rpm 2P，355kW，380VΔ/660VY50Hz，安装方式：IMB3"。合同第二条约定合同总价款为144万元（含税）。合同第七条第二款第（1）项约定"剩余10%（144 000.00元）在安装完成后壹个月内付清"。合同第八条第一款第（1）项约定申请人逾期付款，应按照中国人民银行同期贷款利率向被申请人支付违约金。合同未约定工期。

申请人的质证意见：对该组证据的真实性、合法性予以认可，关联性及证明目的不予认可。认为合同附件1中明确了电机功率是参考参数，双方已就将原合同约定的电机功率参数由原来的"280kW、355kW"改为"250kW、315kW"的变更达成合意,且至今案涉项目仍未依照合同约定完成改造安装,机器功率错误及 5 个联轴器未安装。

(2)申请人证据9(通话录音"某品牌代理康某@139 ×××× 1832_20210726152955)"(附光盘及录音文字稿)第 41 页下数第六行,证明在申请人证据 9 中第 41 页下数第六行:(03:10)李某跟被申请人公司的康某说"……你看招标文件我也给你发过了"。

申请人的质证意见:对该证据的真实性、合法性予以认可,关联性及证明目的不予认可。认为本案的合同的主体是申请人与被申请人,招标文件不具有关联性。

(3)某乳业公司淘汰更换高能耗落后电机谈判文件(招标文件)1 份,证明招标文件第三章第四条第(二)款"更换电机参数要求:"中"更换新电机参考参数要求"中明确要求螺杆压缩机电机 11 台,更换后新电机参数要求为"1LE8 低压大功率,能效等级:IE3,中心高:315,3000rpm 2p,280kW,380VΔ/660VY50Hz,安装方式:IMB3";压缩机电机 3 台,参数要求为"1LE8 低压大功率,能效等级:IE3,中心高:355,3000rpm 2P,355kW,380VΔ/660VY50Hz,安装方式:IMB3"。

申请人的质证意见:对该证据的真实性、合法性予以认可,关联性及证明目的不予认可。认为该证据是某乳业公司的招标文件,可以证实某乳业公司吕某为项目方负责人的身份,以及申请人提交的证据 10 通话录音的合理性。而且该证据正文第 1 页字体加黑重点强调了"工期为合同签订后 60 天内安装完毕",正文第 16 页列明"更换新电机参考参数要求",明确了电机功率是参考参数,因此该份证据并不能达到其证明目的。

(4)《电动机能效限定值及能效等级》(GB 18613—2020)及 2020 版《电动机能效限定值及能效等级》标准各 1 份,证明中国新标准能效三级(IE3)相当于旧标准的能效二级。被申请人为案涉项目向申请人交付的电机均是 IE3,节能、高效、低碳、环保。以上证据证明某乳业公司的招标文件及双方当事人所签合同均约定更换的螺杆压缩机电机功率参数分别为 280kW 和 355kW。

申请人的质证意见:对该证据的真实性、合法性予以认可,关联性及证明目的不予认可。认为该份证据与本案无关,功率 250kW、315kW 和功率 280kW、355kW 的电机,仅功率不同,机器外观、能效等级等参数均相同。

(5)被申请人 2021 年 7 月 16 日订单及案涉某品牌大电机的型号和介绍各 1 份,证明被申请人于 2021 年 7 月 12 日收到了申请人支付的首付款后,即于 7 月 16 日向某品牌公司下了订单。

申请人的质证意见:对该组证据的真实性、合法性、关联性及证明目的均不予认可。认为该组证据无任何产品参数、价格、交货时间等有效信息,第 88 页有明显涂抹痕迹,且没有公司盖章。

(6)被申请人 2021 年 8 月 30 日订单 1 份,证明被申请人于 2021 年 8 月 30 日向某品牌下了第二批订单。

申请人的质证意见:对该证据的真实性、合法性、关联性及证明目的均不予认可。认为该证据无任何产品参数、价格、交货时间等有效信息,有多处涂抹痕迹,且没有公司盖章。

(7)被申请人向某品牌下订单信息时间戳验证截图和可信时间戳认证证书,证明证据 5、证据 6 的真实性。以上证据证明被申请人于 2021 年 7 月 12 日收到申请人支付的首付款后,即已于 2021 年 7 月 16 日和 8 月 30 日向某品牌下订单。

申请人的质证意见:对该组证据的真实性、合法性予以认可,关联性及证明目的不予认可,对可信时间戳认证证书真实性予以认可,但并不能证明文件内容及来源的真实性。

(8)被申请人于 2021 年 9 月 26 日发给某品牌的发货通知并附货款支付凭证 1 份,证明被申请人收到申请人于 9 月 23 日支付的货款后,即于 9 月 24 日向某品牌支付提货款,并于 9 月 26 日请某品牌安排发货。

申请人的质证意见:对该组证据的真实性、合法性、关联性及证明目的均不予认可。认为该证据无法与本案产生对应关系。

(9)某品牌平台显示的发货信息截屏 1 份,证明某品牌于 2021 年 9 月 27 日发货,包括:冰水循环泵电机 3 台、空调水泵电机 7 台、压缩机电机 1 台、螺杆压缩机电机 1 台、冰水泵电机 12 台等。

申请人的质证意见:对该证据的真实性、合法性、关联性及证明目的均不予认可。认为该证据无有效的产品信息,无法与本案产生关联。

(10)某品牌所发电机的物流信息 1 份,证明申请人于 2021 年 9 月 30 日收到了该批电机。

申请人的质证意见:对该证据的真实性、合法性、关联性及证明目的均不予认可。认为该份证据文字重叠排版混乱，右边部分中文内容与左边英文信息内容不一致，例如右边中文内容 UCR 号码尾号是 5496，左边英文内容 UCR 号码尾号是 5497 等。

（11）被申请人于 2021 年 12 月 2 日发给某品牌的发货通知并附货款支付凭证 1 份，证明被申请人收到申请人于 11 月 30 日支付的货款后，即于 12 月 2 日向某品牌支付提货款，并于 12 月 2 日请某品牌安排发货。

申请人的质证意见：对该证据的真实性、合法性、关联性及证明目的均不予认可。认为该证据无法与本案产生对应关系。

（12）某品牌平台显示的发货信息 1 份，证明某品牌于 2021 年 12 月 3 日发货，包括：压缩机电机 2 台、螺杆压缩机电机 10 台。

申请人的质证意见：对该证据的真实性、合法性、关联性及证明目的均不予认可。认为该证据无有效的产品信息，无法与本案产生关联。

（13）某品牌所发电机的物流信息 1 份，申请人于 2021 年 12 月 9 日收到了该批电机。

申请人的质证意见：对该证据的真实性、合法性、关联性及证明目的均不予认可。认为该份证据右边中文与左边英文所示追踪号码、承运人等内容均不一致，不认可其真实性。

（14）被申请人向某品牌下订单信息时间戳验证截图和可信时间戳认证证书各 1 份，证明证据 8—13 的真实性。以上证据证明被申请人收到申请人分别于 2021 年 9 月 23 日、11 月 30 日支付的货款后，即于 2021 年 9 月 26 日、12 月 2 日向某品牌支付提货款，某品牌即于 9 月 27 日、12 月 3 日发货。因当时新冠疫情形势严峻，物流也受到了影响。

申请人的质证意见：对该证据的真实性、合法性认可，关联性及证明目的不予认可，对可信时间戳认证证书真实性予以认可，但无法证明文件内容及来源的真实性。

（15）《某地作出最新部署：暂停景区大型演艺活动、从严控制会议活动》1 份，证明 2021 年 8 月 18 日，针对全球、国内、某地疫情的严峻形势，某地疫情指挥部作出新部署，要求切实提升"外防输入"工作水平，健全完善入境人员闭环管理，严格执行 7 天居家健康监测、2 次核酸检测措施等。

（16）《某地应对新型冠状病毒感染肺炎疫情工作指挥部公告（28 号）》1 份，证明针对 2021 年 10 月 17 日新增感染病例，10 月 19 日某地疫情指挥部要求减少聚集，实行封闭管理等措施。

（17）《紧急通知！某地应对疫情工作指挥部要求进一步从严从紧从实抓防控工作》1 份，证明 2021 年 11 月 3 日，某地疫情指挥部要求坚决进一步从严从紧从实抓好当前疫情防控，最大限度降低疫情危害，实行封控管理、强化社会面管控等措施。证据 15—17 共同证明，某乳业公司是食品行业企业，疫情防控比较严格，无法进入某乳业公司厂区，设备进场及安装都受到了影响。

申请人的质证意见：申请人对证据 15—17 发表统一质证意见。对证据 15—17 的真实性、合法性予以认可，关联性及证明目的不予认可。认为 2020 年初全国疫情暴发，直到疫情结束全国疫情防控政策在持续发布，2021年7月5日双方订立合同时，以及被申请人口头承诺到货履行期限时，已经预见或应当预见可能发生疫情，该情形不构成合同履行的不可抗力。而且从某地政府官网可知，2021年9月25日某地还举办了99.33万人的群众登山活动，而被申请人承诺履行期限为2021年9月14日至9月28日，在该期间内，某地的疫情防控对合同履行并无影响。

（18）返厂改造电机信息截屏1份，证明申请人在其证据12第二页（证据册一第63页）中，康某所说的"改好了"之后添加的"订单"二字备注是与事实不符的，这里的"改好了"不是指订单，而是指被申请人公司于2021年9月30日到货的小电机返回某品牌在主轴上改的螺纹改好了；2021年9月30日被申请人到货时，其中20多台小电机在安装过程中由于某乳业公司淘汰的旧电机主轴上有螺纹，为了便于安装，故将已到货的20多台小电机返回某品牌对主轴进行螺纹改造，故"改好了"是指20多台新的小电机主轴上的螺纹改好了，不是指电机。申请人故意曲解事实。

申请人的质证意见：对该证据的真实性、合法性、关联性及证明目的均不予认可。认为该份证据没有有效的产品信息，不能与本案产生关联，且被申请人陈述的我方的证据12中康某说已经改好订单的前一句是李某与康某讨论250kW与315kW电机功率等信息，而被申请人所述的小电机的功率为30kW及18.5kW，可以看出并不能达到被申请人的证明目的。而且还可以看出来被申请人在时间上已经违约。

二、反请求部分

反请求人（被申请人）称：2021年7月5日，反请求人（被申请人）与被反请求人（申请人）签订了《供货安装合同》，被反请求人（申请人）委托反请求人（被申请人）对某乳业公司淘汰更换高能耗落后电机提供某品牌电机及安装服务，合同附件1中"二、技术描述（二）更换电机参数要求"约定更换螺杆压缩机电机共11台，新电机参数要求为"1LE8低压大功率，能效等级：IE3，中心高：315，3000rpm 2p，280kW，380V△/660VY50Hz，安装方式：IMB3"，压缩机电机3台，参数要求为"1LE8低压大功率，能效等级：IE3，中心高：355，3000rpm 2P，355kW，380V△/660VY50Hz，安装方式：IMB3"；合同约定总价款为144万元，其中合同尾款在安装完成后1个月内付清，并约定了被反请求人（申请人）逾期付款应承担的违约责任；合同未约定工期。合同签订后，反请求人（被申请人）于2022年1月27日完成了电机安装工作，按照合同第七条第二款第（1）项的约定，被反请求人（申请人）应于2022年2月27日前付清尾款144 000.00元，而且某乳业公司也已于2022年2月给被反请求人（申请人）支付了全部款项，可是被反请求人（申请人）却以各种理由拖延，至今未付。被反请求人（申请人）拒付合同尾款的行为已严重侵犯了反请求人（被申请人）的合法权益，根据《供货安装合同》第十二条约定的仲裁条款，反请求人（被申请人）提出如下反请求：（1）裁决被反请求人（申请人）向反请求人（被申请人）支付尾款144 000.00元；

(2)裁决被反请求人(申请人)向反请求人(被申请人)支付逾期付款利息(从 2022 年 2 月 27 日起至付清之日止,按照中国人民银行同期贷款利率 4.35% 计算);(3)裁决被反请求人(申请人)承担本案全部仲裁费用。

反请求人(被申请人)对其提出的主张向仲裁庭提供了以下证据:

(1)《供货安装合同》及合同附件 1《改造及增加清单》各 1 份,证明:① 被反请求人(申请人)委托反请求人(被申请人)对某乳业公司淘汰更换高能耗落后电机提供某品牌电机及安装服务;② 合同第七条第二款第(1)项明确约定合同签订生效后预付合同总额的 30%(432 000.00 元),接到某品牌工厂货物备妥通知壹周内再付 60%(864 000.00 元),剩余 10%(144 000.00 元)在安装完成后壹个月内付清;③ 合同第二条约定合同总价款为 144 万元(含税);④ 合同第八条第一款第(1)项约定被反请求人(申请人)逾期付款,应按照中国人民银行同期贷款利率向反请求人(被申请人)支付违约金;⑤ 合同未约定工期。

被反请求人(申请人)的质证意见:对该组证据的真实性、合法性予以认可,关联性及证明目的不予认可。认为合同附件 1 中明确了电机功率是参考参数,双方已就原合同约定的电机功率参数由原来的"280kW、355kW"改为"250kW、315kW"的变更达成合意,且至今案涉项目仍未依照合同约定完成改造安装,机器功率错误及 5 个联轴器未安装。

(2)被反请求人(申请人)在本请求中提交的《仲裁申请

书》1份，证明被反请求人（申请人）在其《仲裁申请书》第4页上数5行写明"（2022年）1月27日，反请求人（被申请人）安装队伍结束安装撤出工厂"，证明反请求人（被申请人）已于2022年1月27日完成安装，按照合同第七条第二款第（1）项的约定，被反请求人（申请人）应于2022年2月27日前支付尾款即剩余的10%（144 000.00元）。可是被反请求人（申请人）至今未支付。

被反请求人（申请人）的质证意见：对该证据的真实性、合法性予以认可，关联性及证明目的不予认可。认为安装队伍撤出工厂，但案涉项目未依照合同约定完成改造安装，机器功率错误，5个联轴器未安装，反请求人（被申请人）要求支付尾款无事实与法律依据。

被反请求人（申请人）辩称：2021年7月5日，被反请求人（申请人）与反请求人（被申请人）双方签订书面合同后，7月27日双方就变更约定电机型号为"功率参数为250kW、315kW"达成新的合意。反请求人（被申请人）在履行过程中也多次以"向厂家修改已提交的订单中电机参数"为由迟延履行，最终提供的也是套用了250kW、315kW的电机铭牌的电机。《民法典》第一百四十条第一款规定："行为人可以明示或者默示作出意思表示。"反请求人（被申请人）以其后的履行行为，即修改已提交的订单中的电机功率参数、最终供货贴有250kW和315kW的电机铭牌的电机，默示了其同意变更电机参数的意思表示，双方已就将原合同约定的电机功率参数改为"250kW、315kW"的变更达成合意。其中，双方关于合同价款的变更约定尚不明确。《民法典》第五百一十一条规定："当事人就有关合同内容约定不明确，依据前条规定仍不能确定的，适用下列规定：……（二）价款或者报酬不明确的，按照订立合同时履行地的市场价格履行；依法应当执行政府定价或者政府指导价的，依照规定履行……"由于某品牌电机价格不对外公开，反请求人（被申请人）无从知晓新电机的价格，但依据商业惯例和常识，功率数较低的电机价格应低于功率数较高的电机，且被反请求人（申请人）公司工作人员康某曾口头告知反请求人（被申请人）其已支付的 1 296 000 元货款，超出了功率参数改为"250kW、315kW"的电机价格。因此反请求人（被申请人）所主张的"支付尾款"并无事实与法律依据，请求仲裁庭依法驳回其反请求。

被反请求人（申请人）提交的证据与本请求证据一致。

反请求人（被申请人）的质证意见与本请求的质证意见一致。

三、仲裁庭合并查明的事实

2021 年 6 月，某招标代理机构接受招标单位（业主单位）某乳业公司委托，发布《某乳业公司淘汰更换高能耗落后电机谈判文件（项目编号 CWSCYC2021031）》（以下简称《谈判文件》）。《谈判文件》第三章"项目技术要求"第四条"技术描述"第二款"更换电机参数要求"中对更换后新电机参数提出要求，包括螺杆压缩机电机 7 台（1LE8 低压大功率，能效等级：IE3，中心高：315，3000rpm 2p，280kW，380V △/660VY50Hz，安装方式：IMB3）、压缩机电机 3 台（1LE8 低压大功率，能效等级：IE3，中心高：355，3000rpm 2p，355kW，380V△/660VY50Hz，安装方式：IMB3）、压缩机电机 4 台（1LE8 低压大功率，能效等级：IE3，中心高：315，3000rpm 2p，280kW，380V△/660VY50Hz，安装方式：IMB3）。申请人中标了该项目。

申请人（反请求被申请人）与被申请人（反请求申请人）于 2021 年 7 月 5 日签订了《供货安装合同》。《供货安装合同》第一条约定，"项目名称：某乳业公司淘汰更换高能耗落后电机"；第二条约定，合同总价 144 万元，包括某品牌电机价款 139 万元、安装调试费 5 万元；第三条"改造项目的质量要求"约定，"满足甲方（申请人）要求的标准（附件），按照相关国家标准及甲方要求改造。各方如需提出改动意见，均需征得对方的同意，并以书面形式经双方签字、盖章确认"；第四条第一款有关"改造项目的工期"未作出约定；第五条"改造项目的验收"第一项约定，"改造完成后设备正常运行 30 天视为符合合同约定要求"；第六条第二款第九项约定，"乙方（被申请人）的书面承诺（包括但不限于投标书、投标澄清内容、商务谈判承诺等）与本合同内容不一致的，以本合同内容为准，本合同未予以约定的，以乙方书面承诺为准"；第七条第二款第一项约定，"合同签订生效后预付合同总额的 30%（432 000.00 元），接到某品牌工厂货物备妥通知壹周内再付 60%（864 000.00 元），剩余 10%（144 000.00 元）在安装完成后壹个月内付清"；第八条第一款第一项约定，"甲方无理由迟延付款，逾期付款部分应按照中国人民银行同期贷款利率向乙方支付违约金"；第十条"合同的变更与解除"约定,"所有对本合同及相关附件条款的更改、修改、解除均须经合同双方协商一致,以补充协议经双方签字并盖章后才能生效,补充协议与本合同具有同等法律效力";《供货安装合同》附件1《合同附件》(改造及增加清单)第二条"技术描述"第二款"更换电机参数要求"中明确,更换后的新电机包括螺杆压缩机电机 7 台(1LE8 低压大功率,能效等级:IE3,中心高:315,3000rpm 2p,280kW,380V △/660VY50Hz,安装方式:IMB3)、压缩机电机 3 台(1LE8 低压大功率,能效等级:IE3,中心高:355,3000rpm 2p,355kW,380V △/660VY50Hz,安装方式:IMB3)、压缩机电机 4 台(1LE8 低压大功率,能效等级:IE3,中心高:315,3000rpm 2p,280kW,380V △/660VY50Hz,安装方式:IMB3)等其他设备。《供货安装合同》中有关"更换电机参数要求"与某乳业公司发布的《谈判文件》相一致。

《供货安装合同》签订后,申请人分别于 2021 年 7 月 12 日、2021 年 9 月 23 日、2021 年 11 月 30 日向被申请人支付价款 432 000元、279 505.20 元、584 494.80 元,合计支付 1 296 000 元。被申请人在《供货安装合同》签订后组织货源并进行了安装调试。被申请人所安装的电机为《供货安装合同》约定的 280kW 和355kW 电机。业主单位某乳业公司 2022 年 1 月后开始使用上述电机设备,至今未发现电机存在质量问题。

> 争议问题

(1)《供货安装合同》中约定的电机参数是否变更?

(2)被申请人是否迟延履行《供货安装合同》?

(3)因设备调试事故给申请人造成的损失是否应由被申请

人承担?

(4) 被反请求人(申请人)是否应支付尾款及相应利息?

> 法理分析

1. 《供货安装合同》中约定的电机参数是否变更?

申请人(被反请求人)主张《供货安装合同》签订后申请人(被反请求人)到项目地经考察,确认某乳业公司要求更换为功率参数为 250kW 的螺杆压缩机电机和功率参数为 315kW 的压缩机电机,为此特别通知被申请人(反请求人)修改《供货安装合同》中约定的电机参数,被申请人(反请求人)表示同意,双方口头协议将《供货安装合同》中约定的 11 台螺杆压缩机电机、3 台压缩机电机的功率参数,由"280kW、355kW"变更为"250kW、315kW"。被申请人(反请求人)对申请人(被反请求人)提出的上述主张不予认可,认为双方未修改过《供货安装合同》中约定的电机参数。就申请人(被反请求人)提出的电机参数业经双方口头协议已经修改的问题,仲裁庭综合审查在案证据后认为,现有证据不足以证实申请人(被反请求人)和被申请人(反请求人)就电机参数的修改达成一致协议,主要理由如下:(1)《供货安装合同》第十条"合同的变更与解除"中约定:"所有对本合同及相关附件条款的更改、修改、解除均须经合同双方协商一致,以补充协议经双方签字并盖章后才能生效,补充协议与本合同具有同等法律效力。"也就是说,双方当事人明确要求达成变更协议必须采用要式合同的方式。要式合同,是指必须依据法律规定的或者当事人要求的形式而成立的合同。要式合同,除法律要求之外,亦可由当事人要求。比如,当事人在合同中约定："本于本合同的任何变更须由双方当事人达成合意，且以书面为之。"据此，当事人事后变更合同，仅有合意，尚未为足，还需要以书面形式表现双方变更合同的合意。❶申请人未能提供双方曾经就电机参数修改协商一致的书面补充协议。（2）申请人（被反请求人）提供的证据能够证明，申请人（被反请求人）曾经向某品牌公司的郝某提出过修改电机参数的问题，但是郝某仅为协助被申请人（反请求人）履行合同义务的履行辅助人，没有证据证明被申请人曾经授权郝某可以修改《供货安装合同》中约定的电机参数，郝某的承诺对被申请人（反请求人）没有法律约束力。申请人（被反请求人）主张被申请人（反请求人）在案涉项目上的授权代表康某知晓并同意郝某代表被申请人（反请求人）修改电机参数的事情。仲裁庭审查申请人（被反请求人）提供的通话录音等证据后认为，康某没有正面回应过申请人（被反请求人）提出的电机参数修改问题，现有证据不足以认定康某同意进行电机参数的修改。（3）案涉电机等设备安装调试项目的业主单位为某乳业公司，某乳业公司的招标文件中明确新电机参数为"280kW、355kW"。虽然申请人主张某乳业公司要求将招标文件中电机参数修改为"250kW、315kW"，但是未能就此提供某乳业公司出具的要求或同意变更电机参数的书面材料，申请人（被反请求人）提供的有关某乳业公司项目负责人吕某的通话录音中，虽然吕某提出过修改电机参数的事情，但是不能证明被申请人（反请

---

❶ 韩世远. 合同法总论［M］. 北京：法律出版社，2018：84.

求人）同意修改《供货安装合同》中的电机参数。考虑到申请人（被反请求人）系通过招投标中标案涉项目，电机参数为招标文件中核心内容，在没有招标人某乳业公司出具的书面文件的情况下，不宜根据某乳业公司个别工作人员的要求认定招标文件中电机参数的修改。综上所述，仲裁庭认为就《供货安装合同》中的电机参数修改事宜，现有证据不足以证明申请人（被反请求人）与被申请人（反请求人）协商一致，根据《民法典》第五百四十四条有关"当事人对合同变更的内容约定不明确的，推定为未变更"的规定，仲裁庭不支持申请人（被反请求人）提出的《供货安装合同》已经变更的主张，故对申请人（被反请求人）要求被申请人（反请求人）更换安装"250kW、315kW"电机及配套设备的仲裁请求不予支持。

案涉项目的业主单位为某乳业公司，电机更换必须经某乳业公司的同意才可能付诸实施。申请人（被反请求人）未能提供某乳业公司要求其更换电机的任何证据，甚至申请人（被反请求人）在庭审中陈述某乳业公司尚不知道实际安装的电机参数为"280kW、355kW"。《民法典》第五百八十条第一款规定："当事人一方不履行非金钱债务或者履行非金钱债务不符合约定的，对方可以请求履行，但是有下列情形之一的除外：（一）法律上或者事实上不能履行；（二）债务的标的不适于强制履行或者履行费用过高；（三）债权人在合理期限内未请求履行。"仲裁庭认为，在某乳业公司未提出更换电机的情况下，申请人（被反请求人）要求被申请人（反请求人）对已经安装在某乳业公司的电机进行更换，属于"事实上不能履行"，仲裁庭依法不支持其第一项仲裁请求。

申请人（被反请求人）第四项仲裁请求（返还多收取的差价 7 万元）以第一项仲裁请求（更换安装"250kW、315kW"电机及配套设备）的成立为条件，鉴于仲裁庭不支持申请人（被反请求人）第一项仲裁请求，故亦不支持其第四项仲裁请求。

2. 被申请人是否迟延履行《供货安装合同》？

《供货安装合同》未约定被申请人安装设备的具体期限。2021 年 8 月 3 日，在李某与康某的通话中，康某所说的"可能得六到八周左右"，只是对安装时间的一个大致的估算，且没有明确开始的时间节点，申请人（被反请求人）主张从双方通话之日开始计算六到八周依据不足，仲裁庭不予支持。《供货安装合同》第七条第一款第一项约定："合同签订生效后预付合同总额的 30%（432 000.00 元），接到某品牌工厂货物备妥通知壹周内再付 60%（864 000.00 元），剩余 10%（144 000.00 元）在安装完成后 1 个月内付清。"该约定意味着申请人（被反请求人）付款至 90% 时，某品牌公司才能发出货物，被申请人（反请求人）才可能履行安装义务。被申请人（反请求人）2021 年 11 月 30 日支付第三笔款项后，合同价款支付才达到 90%，2022 年 1 月后案涉项目即投入使用，其间约两到三个月。仲裁庭认为被申请人（反请求人）的履行没有超过合理期间，对申请人（被反请求人）要求被申请人给付迟延履行违约金的仲裁请求不予支持。

3. 因设备调试事故给申请人造成的损失是否应由被申请人承担？

申请人（被反请求人）提供的证据仅能证明某乳业公司遭

受了牛奶损失,但是无法证明该损失是由被申请人(反请求人)在设备调试过程中的过错行为引发的。《关于废旧电机回收沟通函》系被申请人(反请求人)单方发给某乳业公司的函件,在没有某乳业公司相应索赔材料的情况下,无法认定某乳业公司提出了索赔。现有证据也无法证实被申请人(反请求人)放弃回收废旧电机的价值,即损失的大小无法确定。损害赔偿的成立条件是:第一,当事人有违约行为;第二,因违约给对方造成了损害,也就是说,损害事实客观存在,且与违约行为存在因果关系。如果违约没造成实际损害,或者损害与违约不存在因果关系,则不发生损害赔偿的问题。❶ 综合上述理由,对申请人要求被申请人承担因设备调试事故给其造成的损失,仲裁庭不予支持。

4. 被反请求人(申请人)是否应支付尾款及相应利息?

业主单位某乳业公司 2022 年 1 月后开始使用更换后的电机设备,至仲裁庭辩论结束之日未发现电机存在质量问题。申请人(被反请求人)主张有 5 个联轴器未装,但未能提供相应证据,且与某乳业公司已经正常使用案涉设备的事实相矛盾。仲裁庭认为,现有证据可以证明被申请人(反请求人)完成了设备安装和调试义务,有权根据《供货安装合同》的约定请求支付合同价款。《供货安装合同》第七条第二款第一项约定,"合同签订生效后预付合同总额的 30%(432 000.00 元),接到某品牌工厂货物备妥通知壹周内再付 60%(864 000.00 元),剩余 10%

---

❶ 隋彭生. 合同法要义 [M]. 北京:中国人民大学出版社,2015:246.

（144 000.00 元）在安装完成后壹个月内付清"；第八条第一款第一项约定，"甲方无理由迟延付款，逾期付款部分应按照中国人民银行同期贷款利率向乙方支付违约金"。根据《供货安装合同》上述条款，申请人应当在设备安装完成后1个月内，向被申请人支付剩余10%即144 000元的合同价款。虽然双方认可2022年1月安装完毕，但是均没有提供安装完成具体日期的证据，仲裁庭酌定安装完成时间为2022年1月31日。申请人（被反请求人）应当在设备安装完成1个月内即2022年2月28日之前向被申请人（反请求人）支付合同价款，逾期应从2022年3月1日起按照一年期贷款市场报价利率向被申请人支付利息。故对被申请人所提出的给付144 000元合同价款的仲裁反请求予以支持，对于支付利息的反请求，从2022年3月1日起按照中国人民银行授权全国银行间同业拆借中心公布的一年期贷款市场报价利率标准予以支持。

处理结果

根据《中华人民共和国民法典》第四百六十五条第一款、第五百零九条第一款、第五百四十四条、第五百七十七条、第五百七十九条、第五百八十五条第一款，《中华人民共和国民事诉讼法》第六十七条第一款的规定，裁决如下：

（一）驳回申请人（被反请求人）的全部仲裁请求；

（二）被反请求人（申请人）向反请求人（被申请人）支付合同价款144 000元及利息（利息以144 000元为基数，以中国人民银行授权全国银行间同业拆借中心公布的一年期贷款市场报价利率为标准，自2022年3月1日起支付至付清合同价款之日止）。

第二节　合同的转让

案例 5-3　合同权利义务的概括转移

[案情介绍]

申请人（被反请求人）：燕某

被申请人（反请求人）：某置业公司

一、本请求部分

申请人称：2015 年 12 月 16 日，申请人与案外人崔某签订《房屋买卖合同》，约定崔某将位于某小区的 1-204 号住宅转让于申请人，申请人依约定陆续向其支付了价款。在申请人付清款项后，崔某向申请人移交了买卖房屋所有的交款收据及当时的网签合同。2015 年 12 月 23 日，在被申请人的认可和同意下，被申请人为申请人办理了网签合同，并于 2017 年 9 月 6 日为申请人办理了网签登记。2017 年 9 月，申请人要求被申请人为其办理产权证书时，被申请人却拒绝给予办理并将案涉房屋非法占有，其后申请人将被申请人诉至某仲裁委员会。申请人与被申请人因商品房买卖合同纠纷一案，业经某仲裁委员会于 2022 年 5 月 17 日作出（2017）某仲裁字第 214 号仲裁裁决书。裁决书确定，申请人与被申请人之间于 2015 年 12 月 23 日签订的编号为 2015-

9038426 号的《某市商品房买卖合同》有效以及被申请人给付申请人仲裁费用等。在（2017）某仲裁字第 214 号仲裁裁决书中确认，申请人已经支付案涉房屋的价款，根据 2015 - 9038426 号的《某市商品房买卖合同》第十二条的约定，被申请人应当为申请人办理房屋所有权登记证书，并且应当承担迟延办理证书的违约责任。现裁决书已经生效，被申请人向某市中级人民法院申请撤销仲裁的案件也已经被案号为（2022）某 02 民特 64 号民事裁定书裁定驳回。但被申请人拒不为申请人办理房屋所有权证书，而且长期非法占有某小区 1 - 204 号房屋，导致申请人无法入住，在外租房居住产生了高额费用。为此，申请人提出以下仲裁请求：（1）裁决被申请人向申请人返还某小区 1 - 204 号房屋，并为申请人办理某小区 1 - 204 号住宅的房屋所有权登记证书；（2）裁决被申请人给付申请人逾期办理某小区 1 - 204 号住宅房屋所有权登记证书的违约金人民币 74 元（计算方式：103 万元 × 0.001 × 715，从 2021 年 10 月 15 日至 2023 年 10 月 1 日）以及从 2023 年 10 月 1 日起按每日房屋总价款万分之 0.001 计算违约金至被申请人实际向申请人交付房屋所有权登记证书之日止；（3）裁决被申请人赔偿申请人不能使用某小区 1 - 204 号住宅的租房损失 81 600 元；（4）由被申请人承担本案全部仲裁费用。

申请人对其提出的主张向仲裁庭提供了以下证据：

（1）某仲裁委员会（2017）某仲裁字第 214 号仲裁裁决书 1 份、某市中级人民法院（2022）某 02 民特 64 号民事裁定书 1 份。证明：① 申请人与被申请人因商品房买卖合同纠纷一案，某仲裁委员会于2022年5月17日作出（2017）某仲裁字第214号仲裁裁决书。裁决书确定，申请人与被申请人之间于2015年12月23日签订的编号为2015-9038426号的《某市商品房买卖合同》有效以及被申请人给付申请人仲裁费用等。2022年12月26日，某市中级人民法院出具了（2022）某02民特64号民事裁定书，依法驳回了被申请人提起的撤销仲裁的申请。现该两份司法文书均已发生法律效力。② 在（2017）某仲裁字第214号仲裁裁决书中确认，申请人已经支付案涉房屋的价款，根据2015-9038426号的《某市商品房买卖合同》第十二条的约定，被申请人应当为申请人办理房屋所有权登记证书，并且应当承担迟延办理证书的违约责任。

被申请人的质证意见：对该组证据的真实性、合法性、关联性予以认可，证明目的不予认可。认为申请人交付的房款是交给了崔某，没有交给被申请人，与被申请人没有关系，申请人没有履行交付房款的义务。

（2）《某市商品房买卖合同》（编号：2015-9038426）1份、《房屋权属信息表》1份。证明：① 2015-9038426号《某市商品房买卖合同》经某仲裁委员会审理为有效合同，被申请人应当根据合同的约定履行义务。而且双方关于该商品房买卖合同的真实意思表示是变更房屋买受人为申请人而签订，签订合同的目的是要求被申请人为申请人办理房屋产权登记，是房屋原买受人崔某权利让与后的形式要求，同时也是规范和要求被申请人履行房屋出卖方应当履行的义务。因为房屋原买受人崔某已经将房款全部交清，而且崔某也与被申请人签订了网签合同，要变更房屋登记人必须在原买受人崔某退出网签合同后,由被申请人与新买受人重新签订网签合同,因为不动产登记部门只能登记一个房屋买卖的网签合同,而变更登记也是被申请人认可的。② 2017年9月6日,被申请人已经将本案争议房产网签更名为申请人,通过被申请人的变更行为可以确认,被申请人已经认可、确认申请人占有、使用房屋以及取得房屋所有权利的合法性。③《某市商品房买卖合同》第十二条约定,出卖人应在商品房交付使用后3650日内,将办理权属登记需由出卖人提供的资料报产权登记机关备案。买受人因出卖人原因未能取得产权登记机关备案的,按照每日商品房价款万分之0.001计算违约金。截至2023年10月1日,被申请人已经逾期715天,依据合同的约定,被申请人应当承担违约责任。

被申请人的质证意见:对该组证据中合同的真实性、合法性、关联性均予以认可,证明目的不予认可。认为在被申请人与崔某于2015年11月17日解除合同后,张某向被申请人提出其亲戚燕某可以办理贷款,请求将网签合同买受人变更为申请人,被申请人答复按照双方约定,合同解除已经发生法律效力,合同所确立的双方之间的权利义务已经终止,经崔某及张某的再三请求,被申请人允许可以将案涉房屋按原房价出售给申请人并签订商品房买卖合同,申请人委托张某与被申请人签订了商品房买卖合同。合同约定2015年12月23日前申请人一次性交纳全部购房款845 764元,申请人一直未按合同约定履行义务向被申请人实际支付购房款,申请人也未提供证据证明申请人支付了购房款。对《房屋权属信息表》的真实性无法确认,证明目的不予认可。认为仅是《房屋权属信息表》无法证明权利人是申请人，不具有法律效力。

(3)《房屋买卖合同》1份、《包商银行个人账户对账单》1份、《中国农业银行已销户活期账户明细清单》1份、《借记卡账户历史明细清单》1份、《中国农业银行回单》2份、《收条》1份，证明2015年12月16日，出卖人崔某与买受人刘某（系申请人丈夫）签订案涉房屋买卖合同，将其合法取得的房屋，以人民币103万元整价款转让于燕某、刘某（系申请人丈夫）夫妇，合同签订后刘某支付了相应的房屋价款，履行了支付义务。双方虽然签订的是房屋买卖合同的形式，但事实上是被申请人向崔某出卖房屋，原买受人崔某、张某夫妇取得了案涉房屋的所有权以及相关权利后，崔某、张某夫妇将与被申请人之间买卖取得的房屋所有权等权利，通过合同形式让与申请人。申请人依据双方的约定已经支付了案涉房屋的全部价款。

被申请人的质证意见：对该组证据的真实性、合法性、关联性均不予认可，证明目的不予认可。认为申请人与崔某私下签订的房屋买卖合同与被申请人无关；向张某支付的103万元与被申请人无关。

(4)（2018）某0204刑初306号刑事判决书1份、（2019）某02刑终137号刑事判决书1份。证明：①2017年被申请人向某市公安局某分局报案称，张某以全款购房为由诈骗被申请人财产。后经某市某区人民法院以及某市中级人民法院两级法院审理认为，被告人张某以买卖商品房为由，对被申请人实施了诈骗行为，诈骗了被申请人房款522 837元。②某市某区人民法院以及某市中级人民法院经过审理均认为涉案赃款 522 837 元应继续追缴，返还被害单位也就是本案被申请人。而该款项正是张某、崔某向被申请人购房尚欠的剩余购房款。由此可知，被申请人对于其出售案涉房屋且已经收取的首付款及办理产权证件的费用及张某后续交纳的 5 万元房款是认可的，也就是认可双方之间是存在房屋买卖合同关系。因此，被申请人与张某、崔某存在房屋买卖合同关系，所以就不可能同时存在于申请人与被申请人之间的房屋买卖合同（基于同一房产）。③ 两级法院经审理均认为，涉案房款 522 837 元由张某退还于被申请人，也从两份刑事判决书可以得知，案涉房屋的房款应当由张某向被申请人支付，被申请人不能再向申请人索要房款，申请人也没有义务再向被申请人支付房屋价款。因为房屋出卖一方不能收取两份房款，两份刑事判决已经确定了房款的支付方是张某。

被申请人的质证意见：对该组证据的真实性、合法性、关联性予以认可，证明目的不予认可。认为已经生效的 214 号仲裁裁决确认诈骗犯罪和申请人与被申请人商品房买卖合同关系无关。

（5）民事起诉状 1 份，证明 2017 年 3 月 2 日，被申请人以张某、崔某为被告向其二人主张房款欠款，通过该诉讼可以证明，被申请人对于与张某、崔某之间房屋买卖合同关系是认可的，同时也认可与其夫妇二人之间因房屋买卖产生的债权债务关系。而且根据该诉讼可以证实，被申请人自认与张某、崔某夫妇二人之间的房屋买卖关系，案涉房屋在二位主体（张某和燕某）之间只能有一个买卖合同的关系，不能既卖给了张某、崔某夫妇二人又卖给了申请人，从而收受二次款项。

被申请人的质证意见：对该证据的真实性、合法性、关联性予以认可，证明目的不予认可。认为申请人仅出示了民事起诉状，没有提交追加起诉状，被申请人追加起诉了燕某。该证据没有反映当时民事案件的全部事实。

（6）房屋租赁协议书7份、房租付款转账记录7份，证明被申请人与申请人签订《某市商品房买卖合同》后拒绝向申请人交付房屋，导致申请人至今无房居住，只能在外租房居住，因租住他人房屋申请人支付租赁费81 600元，因此造成申请人的损失。此费用的发生是由于被申请人拒绝交房所致，因此，该费用应当由被申请人承担。

被申请人的质证意见：对该组证据的真实性、合法性、关联性不予认可，证明目的不予认可。认为申请人没有向被申请人交纳房款，未履行合同义务，被申请人就没有义务向申请人交付房屋，不存在向申请人赔偿租房损失的问题。

（7）收款收据2份，证明被申请人已经为崔某出具全款收据，案涉房屋的所有权已经转移于原购房人崔某、张某，同时崔某已经向被申请人支付了办理产权登记的费用52 407元。

被申请人的质证意见：对该组证据的真实性、合法性、关联性予以认可，证明目的不予认可。认为被申请人开具收据的原因是配合崔某办理贷款，但崔某没有将全部房款交纳给被申请人。办理产权登记的费用已经交纳。

（8）供热费发票1份、供热停暖费发票6份（2016—2024年），证明案涉房屋已经向申请人交付，三方均认可申请人居住的事实。

被申请人的质证意见：对该组证据的真实性、合法性、关联性及证明目的不予认可，认为案涉房屋与申请人无关。

被申请人辩称：（1）申请人要求返还案涉房屋，并为其办理房屋所有权登记证书，没有法律依据。（2）申请人提出以103万元为基数支付逾期办理房屋所有权证书的违约金、赔偿租房损失，没有法律依据。（3）申请人提出案涉房屋是案外人崔某转让的，申请人与崔某的法律关系与被申请人无关，被申请人与崔某签订的房屋买卖合同已经解除，标的物收回，崔某无权转让。（4）申请人提出（2017）某仲裁字第214号仲裁裁决书中确认申请人已经支付案涉房屋的价款，与被申请人无关。

被申请人对其提出的主张向仲裁庭提供了以下证据：

（1）购房认购书1份，证明买受人崔某交纳了首付购房款272 927元。

申请人的质证意见：对该证据的真实性、合法性、关联性予以认可，证明目的予以认可。

（2）办理交房手续1份，证明2012年5月29日案涉房屋交付给崔某。

申请人的质证意见：对该组证据的真实性、合法性、关联性及证明目的均予以认可。同时结合证据1可以反映出被申请人与崔某之间合法买卖关系，崔某已经依照合同约定支付了相应价款并且收到了被申请人交付的房屋。

（3）商品房买卖合同（2014-0359683）1份，证明第一次与崔某签订房屋买卖合同。

申请人的质证意见：对该证据的真实性、合法性、关联性及证明目的均不予认可。认为申请人不清楚被申请人与崔某之间有关该份合同签订的情况，且被申请人提交的是复印件，无法与原件核对。

（4）收款收据1份，证明崔某要求办理抵押贷款手续。

申请人的质证意见：对该证据的真实性、合法性、关联性及证明目的均不予认可。认为该证据没有原件核对，上述反映的"办贷款用"与申请人提交的原件不一致，申请人提交的原件上没有"办贷款用"的字样，不能证明该证据是办理贷款使用，反而反映出被申请人认可崔某交纳房款的事实。

（5）崔某证明1份，证明尚欠房款572 837元，一个月内还清，崔某没有交清房款。

申请人的质证意见：对该组证据的真实性、合法性、关联性及证明目的均不予认可。认为该证据是被申请人自行出具的证明内容，并非崔某反映的证明内容。虽然证据中有崔某签字及手印，但该签字及手印是否是崔某本人的无法核实。

（6）双方提交解除合同申请材料1份5页，证明由于崔某违约，被申请人与其第一次解除合同，合同解除是双方真实意思表示。

申请人的质证意见：对该组证据的真实性、合法性、关联性及证明目的均不予认可。认为该证据是彩印件无法与原件核实；其他质证意见同证据3的质证意见。

（7）商品房买卖合同（2015－9030855），证明被申请人第二次与崔某签订房屋买卖合同，印证被申请人提交的证据6的真实性及合法性。

申请人的质证意见：对该证据的真实性、合法性、关联性予以认可，证明目的予以认可。认为通过该证据可以证实被申请人与崔某之间进行房屋买卖的事实，结合被申请人提交的证据 2 及申请人提交的证据 7 可以反映出崔某已经取得案涉房屋的处分权利，被申请人已经按照合同约定收取了崔某的购房款，并向其交付房屋，崔某有权对案涉房屋进行处置。

（8）双方提交解除合同申请材料 1 份 5 页，证明崔某违约，被申请人与其第二次解除合同。

申请人的质证意见：对该组证据的真实性、合法性、关联性及证明目的均不予认可。认为通过该证据可以反映出被申请人配合申请人及崔某在崔某退出原网签合同后与申请人签订新的网签合同，目的在于为申请人办理房屋产权登记，事实内容也并非被申请人与崔某解除了房屋买卖合同，仅是在崔某要求下将房屋所有权登记让与申请人。

（9）不动产（房屋）登记簿证明 1 份，证明权利人为被申请人。

申请人的质证意见：对该组证据的真实性、合法性、关联性予以认可，证明目的不予认可。认为该证据结合 214 号仲裁裁决书及申请人提交的证据，被申请人应当依法为申请人办理房屋产权登记手续。

（10）商品房买卖合同（2015-9038426），证明就同一套房，被申请人按照原房价格与申请人重新签订商品房买卖合同。该合同没有燕某的签字。

申请人的质证意见：对该组证据的真实性、合法性、关联性予以认可，证明目的不予认可。认为该证据应当以申请人提交的证据2双方签字的为准。同时申请人与被申请人之间并非实质上的房屋买卖关系，签订该合同的目的在于要求被申请人为申请人办理房屋产权登记。

（11）催告函及送达回证1份，证明被申请人向申请人送达了解除合同的催告函。

申请人的质证意见：对该组证据的真实性、合法性、关联性不予认可，证明目的不予认可。认为申请人没有收到该函，被申请人也无权解除合同。

二、反请求部分

反请求人称：2015年12月23日，反请求人与被反请求人燕某签订了《某市商品房买卖合同》（合同编号：2015-9038426）。房屋坐落：某区某小区1-204号，建筑面积158.68平方米。根据合同第四条约定，乙方应于2015年12月23日前，一次性支付商品房全部价款845 764元。第六条约定乙方逾期付款的处理：乙方如未按该合同第四条约定的日期付款，逾期在30日内的，甲方有权追究乙方逾期付款及其利息，利息自合同约定乙方应付款之日次日起至实际付款之日止，按银行同期贷款利率计算。合同签订后，被反请求人以自己行为明确表示拒绝履行给付义务。反请求人于2023年9月27日向被反请求人送达催告函，告知其自收到催告之日起，三个月内如未能履行给付房款义务，本公司将解除合同。被反请求人拒绝签字（有录像为证），且其收到函后于2023年10月10日申请仲裁。《民法典》第五百六十三条规定:"有下列情形之一的,当事人可以解除合同:……(二)在履行期限届满前,当事人一方明确表示或者以自己的行为表明不履行主要债务;(三)当事人一方迟延履行主要债务,经催告后在合理期限内仍未履行……"根据上述法律的规定,被反请求人没有按照合同约定履行义务,致使合同目的不能实现,反请求人为维护自身合法权益,提出以下仲裁反请求:(1)裁决依法解除《某市商品房买卖合同》;(2)裁决被反请求人向反请求人支付逾期付款利息暂计为 299 333 元(自 2015 年 12 月 24 日至 2023 年 12 月 31 日止,计算公式为:845 764 元×4.35%/360×2929 = 299 333 元,计算至实际付款之日止);(3)反请求仲裁费由被反请求人承担。

反请求人对其提出的主张向仲裁庭提供了以下证据:与本请求部分提供的证据和证明目的一致。

被反请求人的质证意见:与本请求部分一致。

被反请求人辩称:(1)反请求人无权单方解除《某市商品房买卖合同》(合同编号 2015 - 9038426);(2)反请求人与被反请求人之间不是案涉房屋实质意义上的买受关系,反请求人无权要求被反请求人向其支付逾期付款的利息。

被反请求人对其提出的主张向仲裁庭提供了以下证据:与本请求部分提供的证据和证明目的一致。

反请求人的质证意见:与本请求部分一致。

三、仲裁庭合并查明的事实

经仲裁庭审理查明:2011 年 6 月 27 日,被申请人与案外人崔某签订《某小区认购协议书》，被申请人将其开发建设的位于某小区2号楼1单元2层东户（案涉某小区1-204号房屋）出售给崔某。2011年6月27日，崔某向被申请人交纳购房款212 427元。2012年5月29日，被申请人将案涉房屋交付给崔某，崔某交纳10 500元购房款及其他费用，就其他费用部分被申请人向崔某出具收据1份，载明"收到某小区崔某交来办理产权证费用52 477元"。2012年5月29日，被申请人出具的《交房审核通知书》载明："物业部：经审核，本小区业主崔某先生/女士，购置的1栋2单元204号住宅161.9平方米，总房款862 927元，以首付272 927元，已符合交房条件，请予办理交房手续。售楼部。"2015年1月11日，被申请人与崔某签订《某市商品房买卖合同》（合同编号：2014-0359683）1份，合同约定被申请人将案涉某小区1-204号房屋出售给崔某，建筑面积158.68平方米，每平方米单价5330元，总价款为845 764元，2011年10月15日前被申请人将房屋交付崔某，首付款275 764元，其余价款办理贷款。2015年1月11日，被申请人向崔某出具收据1份，载明"收到某小区崔某交来购房款845 764元"。2015年3月12日，案外人张某、崔某向被申请人出具欠条1份，载明"欠某置业公司房款572 837元"。2015年9月1日，案外人张某、崔某向被申请人出具证明1份，再次证明拖欠被申请人购房款事宜。2015年11月11日，被申请人与崔某向住建部门提交《商品房买卖合同公示取消申请表》，请求取消对编号为2014-0359683的《某市商品房买卖合同》的网签备案。2015年11月19日，被申请人与崔某签订《某市商品房买卖合同》（合同编号：

2015-9030855），合同内容与编号为 2014-0359683 的《某市商品房买卖合同》的内容相同。

2015年12月16日，崔某与申请人的丈夫刘某签订某小区1-204号《房屋买卖合同》，合同约定买卖价格为103万元，崔某将全部购房资料交付刘某，后申请人陆续向崔某付款100万元。2015年12月17日，被申请人与崔某向住建部门提交《商品房买卖合同公示取消申请表》，请求取消对编号为 2015-9030855 的《某市商品房买卖合同》的网签备案。2015年12月23日，申请人与被申请人就案涉房屋签订《某市商品房买卖合同》（合同编号：2015-9038426）并办理了网签备案手续。2015年底，崔某将案涉房屋交付申请人。2016年2月3日，崔某通过其丈夫张某账户向被申请人支付房款5万元。2017年3月2日，被申请人以崔某、张某（崔某丈夫）为被告，向某市某区人民法院提起诉讼，要求二被告偿还购房款522 837元。2017年9月，申请人燕某以合同效力纠纷为由，以某置业公司为被申请人，向本委员会申请仲裁，请求依法确认《某市商品房买卖合同》（合同编号：2015-9038426）有效。2019年5月20日，某市某区人民法院作出（2018）某0204刑初306号刑事判决书，认定张某诈骗被申请人522 837元，判处有期徒刑10年6个月，赃款522 837元继续追缴，返还被害单位某置业公司。被告人张某不服一审判决提起上诉，2019年9月19日某市中级人民法院作出（2019）某02刑终137号刑事裁定书，裁定驳回上诉，维持原判。2022年5月17日，本仲裁委员会作出（2017）某仲裁字第214号仲裁裁决书，确认申请人与被申请人签订的《某市商品房买卖合同》（合同编号：2015-9038426）有效。申请人与被申请人因案涉房屋房款支付事宜产生较大纠纷，被申请人通过采取停水停电的手段强行要求申请人腾房，申请人遂搬离该房屋。目前案涉房屋由被申请人占有。

> 争议问题

（1）申请人与被申请人之间法律关系的性质如何？

（2）申请人是否应当向被申请人支付购房款？

（3）被申请人是否应当协助申请人办理案涉房屋所有权证书？

（4）逾期办理不动产权证书的违约金应如何计算？

（5）申请人主张的租房损失应当如何处理？

（6）被申请人提出的反请求是否应当支持？

> 法理分析

1. 申请人与被申请人之间法律关系的性质如何？

《民法典》第五百五十五条规定："当事人一方经对方同意，可以将自己在合同中的权利和义务一并转让给第三人。"申请人与被申请人签订商品房买卖合同的前因后果可以证明，申请人系通过合同权利义务概括转让方式继受了原购房人崔某的合同权利。申请人与被申请人所签订的《某市商品房买卖合同》，与被申请人与原购房人崔某签订的购房合同内容完全一致。故申请人与被申请人所签订的《某市商品房买卖合同》，并非一份完全独立的新合同，而是对被申请人与原购房人崔某签订的购房合同的继受，实质上是被申请人同意崔某将其全部合同权利义务概括转让给申请人的一份同意文件，只是出于办理合同网签备案的需要，在形式上由申请人和被申请人重新签订了一份合同而已。被申请人主张其与申请人的法律关系是基于双方于 2015 年 12 月 23 日签订的《某市商品房买卖合同》（合同编号：2015 - 9038426）的独立法律关系，与崔某合同无关。该主张与事实不符，仲裁庭不予支持。合同权利义务的概括转让不同于债权转让和债务转移的是，它是合同一方当事人对合同权利和义务的全面处分，其实际上包括权利的转让和义务的转移两方面内容。权利义务一并转让后，原合同关系消灭，第三人取代了转让方的地位，由此产生了新的合同关系。❶ 仲裁庭认为，申请人系继受了原购房人崔某的法律地位，与被申请人形成了基于原购房合同（崔某与被申请人之间的合同）的商品房买卖法律关系。

2. 申请人是否应当向被申请人支付购房款？

本案争议的核心问题是，针对原购房人崔某拖欠被申请人的购房款 522 837 元，申请人是否应当对此承担清偿责任？仲裁庭认为，申请人与被申请人签订权利义务概括转让性质的商品房买卖合同时，原购房人崔某持有被申请人出具的全款收款票据，被申请人没能及时告知申请人崔某仍拖欠 522 837 元购房款的事实，申请人有理由相信案涉房款已由崔某付清，加之（2018）某 0204 刑初 306 号刑事判决书已经认定诈骗案件被害人为被申请人，并判决赃款 522 837 元继续追缴后返还给被申请人，如果再

---

❶ 最高人民法院民法典贯彻实施工作领导小组. 中华人民共和国民法典合同编理解与适用【一】［M］. 北京：人民法院出版社，2020：589.

裁决申请人向被申请人付款，则可能形成被申请人双重获益的情况。而且申请人已经向原购房人崔某付款100万元，再裁决申请人向被申请人支付崔某拖欠的购房款，也有失公平。故仲裁庭认为，应当视为申请人已经付清了全部房款。

3. 被申请人是否应当协助申请人办理案涉房屋所有权证书？

鉴于申请人被视为已经付清了全部购房款，被申请人也收取了原购房人崔某交纳的办理产权证费用52 477元，无论基于合同约定还是法律规定，被申请人都应当协助申请人办理房屋所有权证书，申请人的办证请求应当得到支持。因此，对申请人提出的第一项仲裁请求中的协助办理房屋所有权证书的请求，仲裁庭予以支持。

4. 逾期办理不动产权证书的违约金应如何计算？

申请人与被申请人签订的《某市商品房买卖合同》（之前崔某两度与被申请人签订的合同亦然）第十二条约定，被申请人应在商品房交付使用后3650日内，将办理权属登记需由出卖人提供的资料报产权登记机关备案，否则，被申请人应每日按商品房价款的万分之0.001向申请人支付违约金。案涉房屋的交房时间为2012年5月29日，根据上述约定，被申请人为申请人办理不动产权证书的截止日期为2022年5月29日。截至目前，被申请人仍未为申请人办理案涉房屋的不动产权证书，被申请人已经构成违约，应当逾期办证违约金。鉴于申请人系继受原购房人崔某的合同权利，故违约金的计算基数不是申请人与崔某之间买卖合同约定的103万元，而应当是申请人与被申请人合同中约定的845 764元（被申请人与崔某合同约定的房款数额亦然）。故被申请人应当自 2022 年 5 月 30 日起,以 845 764 元为基数,按照日万分之 0.001 的标准向申请人支付逾期办证违约金。

5. 申请人主张的租房损失应当如何处理?

申请人系继受崔某的合同权利,申请人与被申请人签订合同前,被申请人已经将房屋交付给崔某,然后崔某又将案涉房屋交付给申请人,崔某将房屋交付给申请人时,被申请人是知情且同意的,应当视为被申请人已经完成了向申请人交付房屋的义务。后来,申请人与被申请人因为房款问题发生争议,被申请人强行将房屋收回,该行为不再属于合同履行的内容,而属于一种独立的侵权行为。被申请人将案涉房屋交付申请人后,申请人即取得了对案涉房屋占有的权利,在商品房买卖合同未解除的条件下,申请人有继续占有房屋的权利。被申请人以房款纠纷为由,强行占有案涉房屋,构成对申请人占有权的侵害,依法应当承担侵权责任。《民法典》第一百八十六条规定:"因当事人一方的违约行为,损害对方人身权益、财产权益的,受损害方有权选择请求其承担违约责任或者侵权责任。"该条是关于违约责任与侵权责任竞合的规定。就要件事实构成而言,通说认为责任竞合均应以同一行为满足两种以上责任构成要件为前提。❶ 被申请人擅自侵夺申请人对案涉房屋的占有,并不构成任何意义上的合同履行行为,因此不符合责任竞合的一般要求,只能按照侵权进行处理。鉴于本委员会只对案涉商品房买卖合同的合同履行行为有管辖权,对于侵权行为没有管辖权,因此应当驳回申请人有关返还房

---

❶ 陈甦. 民法总则评注(下册)[M]. 北京:法律出版社,2017:1331.

屋、赔偿房屋被强占所致损失（租金损失）的仲裁请求。有关返还房屋、赔偿房屋被强占所致损失（租金损失）的请求，申请人可以侵权之诉名义通过人民法院解决。

6. 被申请人提出的反请求是否应当支持？

被申请人提出的仲裁反请求建立在申请人没有依约支付购房款的基础上。鉴于申请人被视为已经付清了全部房款，没有拖欠房款的事实，故被申请人提出的解除合同、支付逾期付款利息等反请求不能获得支持，对反请求应当予以驳回。

处理结果

依照《中华人民共和国民法典》第四百六十五条第一款、第五百零九条第一款、第五百五十五条、第五百七十七条、第五百九十五条、第五百九十八条的规定，裁决如下：

（一）被申请人协助申请人办理位于某小区 1-204 号房屋的不动产权证书；

（二）被申请人向申请人支付逾期办理不动产权证书的违约金（违约金以 845 764 元为基数，按照日万分之 0.001 的标准，自 2022 年 5 月 30 日起至产权证书办理完毕之日止）；

（三）驳回申请人的其他仲裁请求；

（四）驳回被申请人的仲裁反请求。

第六章 合同权利义务的终止

第一节 清 偿

案例 6-1 清偿抵充规则的适用

【案情介绍】

申请人：某服务公司

被申请人：某体育运动公司

申请人称：申请人与被申请人于 2018 年 5 月 21 日签订了《国际轮滑场地项目租赁合同》。该合同约定："1. 经营期限为 2018 年 8 月 1 日至 2023 年 7 月 31 日；2. 租金为 15 万元/年；3. 租金的支付方式为一次性付清当年租金；4. 按照 450 元/日的标准支付违约金，自逾期之日起至全部租金交纳完毕之日止；5. 在解除合同之日起的两个月内，将租赁场地内的设施、设备拆除,恢复租赁场地的原貌。"后因新冠疫情影响,申请人考虑到被申请人在此期间经营困难,故于2021年7月22日签订《某服务公司国际轮滑场地项目补充协议书》(以下简称《补充协议书》),将2021年8月1日至2023年7月31日的租金的支付方式改为:分两次交纳当年租赁费。被申请人未按约定的期限履行义务,已欠交租金达9万元。基于上述事实,申请人为维护自身合法权益,提出以下仲裁请求:(1)裁决被申请人支付申请人欠付租金9万元;(2)裁决被申请人支付申请人逾期付款违约金按日计算至付清之日止(暂计至2023年9月25日为171 000元);(3)裁决被申请人将租赁场地内的设施、设备拆除,恢复租赁场地的原貌;(4)本案仲裁费由被申请人承担。

申请人对其提出的主张向仲裁庭提供了以下证据:

(1)《国际轮滑场地项目租赁合同》1份,证明:① 合同约定经营期限为2018年8月1日至2023年7月31日;② 租金为15万元/年;③ 租金的支付方式为一次性付清当年租金;④ 按照450元/日的标准支付违约金,自逾期之日起至全部租金交纳完毕之日止;⑤ 在解除合同之日起的两个月内,将租赁场地内的设施、设备拆除,恢复租赁场地的原貌。

被申请人的质证意见:对该证据的真实性予以认可,证明目的①—③予以认可,证明目的④违约金系格式条款,签订合同时被申请人曾对此条款提出过异议,但因此条款系格式条款不能更改。对证明目的⑤不予认可,被申请人在场地内并无设施设备,只有一栋2层办公楼和4000平方米轮滑场地,如需拆除,申请人应当给予赔偿。

（2）《某服务公司国际轮滑场地项目补充协议书》1份，证明该补充协议将2021年8月1日至2023年7月31日的租金的支付方式改为分两次交纳当年租赁费。

被申请人的质证意见：对该证据的真实性及证明目的均予以认可。

（3）《律师函》1份，证明申请人告知被申请人履约，支付欠付租赁费用及违约金，将租赁场地内的设施、设备拆除，恢复租赁场地的原貌。

被申请人的质证意见：对该证据的真实性及证明目的均予以认可。

（4）《承诺书》1份，证明被申请人承诺2023年7月31日前结清场地租赁费用15万元及违约金按照合同规定的450元/天的标准支付。合同期满后，关于租赁场地内的设施、设备拆除，恢复租赁场地的原貌。

被申请人的质证意见：对该证据的真实性予以认可，证明目的不予认可。当时被申请人是在申请人胁迫下盖章、签字，当时申请人把被申请人经营场地大门锁了，被申请人通过报警处理。该《承诺书》是申请人自己机打的，并告知被申请人不在《承诺书》上面签字不给开门，被申请人无奈签字。

（5）申请人原始凭证粘贴单1份、发票1张，证明被申请人逾期支付租赁费共计360天，应当承担相应的违约责任。

被申请人的质证意见：对该组证据的真实性予以认可，证明目的不予认可。被申请人于2023年6月29日支付2万元，于

2023年7月7日支付4万元，于2023年9月5日支付了9万元，共计15万元全部交清，并不欠付租金，不存在违约行为。

被申请人辩称：(1)被申请人已于2023年9月5日向申请人支付租金9万元，被申请人并不欠付申请人租金。被申请人与申请人于2018年5月21日签订《国际轮滑场地项目租赁合同》，约定经营期限为2018年8月1日至2023年7月31日，每年租金15万元，2018年8月1日至2022年7月31日租金已全部交清，2022年8月1日至2023年7月31日，由于被申请人经营困难分三次将房租15万元交清，2023年6月29日支付2万元、7月7日支付4万元、9月5日支付9万元。故被申请人并未欠付申请人租金。(2)被申请人并非主观恶意拖欠申请人租金，因新冠疫情突然而至，致使被申请人经营困难，无力及时支付租金，况且合同约定逾期付款违约金系格式条款，超出法律规定，被申请人不应支付申请人逾期付款违约金。2022年下半年我市一直处于疫情防控阶段，截至10月10日我市高风险地区50个，中风险地区58个，全市人民停产停工，政府也号召市民"居家抗疫、重在居家、减少人员流动"。某自治区国资委印发了《关于自治区区属国有企业减免服务业小微企业和个体工商户房屋租金的通知》，就减免服务业小微企业和个体工商户租金事宜进行了部署安排，明确2022年被列为疫情中高风险地区所在的县级行政区域内的服务业小微企业和个体工商户承租国有房屋，2022年减免6个月租金，其他地区减免3个月租金。被申请人在2018年8月1日至2022年7月31日四个年度合同履行中从未欠付申请人租金，疫情三年被申请人经营确实举步维艰，在疫情过后也积极筹措资金将 2022 年 8 月 1 日至 2023 年 7 月 31 日年度租金 15 万元分三次交清。申请人作为某国有独资公司的全资子公司更应该响应国家政策，积极落实房租减免政策要求，切实减轻被申请人这样的小微企业的经营负担，关键时刻彰显国企担当。申请人既没有减免被申请人租金，也没有任何政策上的扶持，反而向被申请人索要逾期付款违约金，违背国家政策，《国际轮滑场地项目租赁合同》约定逾期付款违约金系格式条款，被申请人不应支付申请人逾期付款违约金，况且申请人主张违约金的金额远远超过法定 30% 的赔付标准，于法无据，不应予以支持。（3）申请人恶意违约，合同履行期间多次断水、断电及锁大门，迫使被申请人无法正常经营，造成被申请人多名学员退费，致使被申请人经营困难，无法及时补交剩余房租。2023 年 5 月开始申请人多次对被申请人经营场所断水、断电及锁大门，致使被申请人学员无法正常上课，学员陆续退费。2023 年 6 月申请人又以被申请人营业场所是危房为理由在被申请人营业场门口张贴告示，让学员退费，致使被申请人营业更加艰难。7 月 8 日申请人又将大门上锁，在学员家长中造成了很坏的影响，被申请人通过报警才将锁着的大门打开。申请人在疫情过后三番五次恶意违约，致使被申请人经营困难，无法及时补交剩余房租。（4）根据《国际轮滑场地项目租赁合同》第五条第二款第十一项约定，被申请人应与申请人续签场地租赁合同。被申请人与申请人签订的《国际轮滑场地项目租赁合同》第五条第二款第十一项约定，"在双方合同到期后，由于项目所涉建筑为不可移动财产，因此乙方为双方合作的第一候选人。合同到期需续签合同时，若由于市场客观情况甲方需调整租金，涨幅在原租金的10%之内调整"。现合同虽然到期，但申请人仍继续经营轮滑项目，理应履行合同，被申请人是轮滑项目的第一候选合作伙伴。（5）申请人申请的恢复租赁场地原貌不具备履行可能，合同约定申请人同意被申请人在租赁场地内建造办公室用房，如需拆除建筑物恢复原状申请人应给予被申请人国家标准的补偿，强制被申请人拆除培训用房显失公平，于情无礼，于法无据。被申请人在租赁场地内并无设施、设备，只有一栋2000平方米的培训用房（两层）及4000平方米的轮滑场地。《国际轮滑场地项目租赁合同》第五条第一款第五项约定，"乙方所建培训用房，其中北端的两套办公用房无偿提供给甲方使用，用房面积为一共84.24平方米，其中每间7.8米×5.4米"，此条款明确申请人同意被申请人在租赁场地内建设培训用房，被申请人也履行合同约定将两套培训用房交予申请人使用。被申请人在建设培训用房期间与申请人签订补充协议并将招标时5万元履约保证金转为场地施工保证金，同时约定了施工时间为2018年4月26日至2018年10月25日，工期180天。《国际轮滑场地项目租赁合同》第五条第一款第十项约定"由于在本项目中涉及的各项投资均由乙方投资筹建，因此乙方所投资筹建的地上物都归乙方所有。若甲方由于各种不确定因素导致双方无法继续合作，乙方需配合甲方工作，土地所有权仍为甲方所有，设施等相关建筑与权属方按相关国家政策协商解决，并不受合同是否到期的影响"。故申请人要求拆除培训用房恢复场地原貌应当按照国家政策与被申请人协商补偿金额或补偿房产。为规范某市国有土地上房屋征收与补偿活动，维护公共利益，保障被征收房屋所有权人的合法权益,某市人民政府办公厅《关于修订〈某市国有土地上房屋征收与补偿办法〉的通知》(某府办发〔2018〕62号)第二十条规定,"对被征收房屋价值的补偿,不得低于房屋征收决定公告之日被征收房屋类似房地产的市场价格,被征收房屋的价值由具有相应资质的房地产价格评估机构按照住房和城乡建设部《国有土地上房屋征收评估办法》评估确定"。故被申请人在恢复场地原貌之前,申请人应当给予被申请人经济补偿或房产补偿。

被申请人对其提出的主张向仲裁庭提供了以下证据:

(1)中标通知书、《国际轮滑场地项目租赁合同》、《补充协议书》各1份,证明被申请人已完全履行合同内容,且申请人要求加盖培训用房费用巨大,如需拆除建筑物恢复原状申请人应给予被申请人国家标准的补偿。被申请人与申请人通过公开招标的方式签订了《国际轮滑场地项目租赁合同》,合同约定了经营地址,经营期限为5年,占地费用标准为一年15万元。合同第五条第一款第五项约定"乙方所建培训用房,其中北端的两套办公用房无偿提供给甲方使用,用房面积为一共84.24平方米,其中每间7.8米×5.4米",《补充协议书》约定将招标时5万元履约保证金转为场地施工保证金,同时约定了施工时间为2018年4月26日至2018年10月25日,工期180天。该合同及《补充协议书》条款证明申请人明确要求被申请人建设培训用房并将其中两间房无偿提供给申请人使用,被申请人建设培训用房两层共2180.08平方米。合同第五条第一款第十项约定"由于在本项目中涉及的各项投资均由乙方投资筹建,因此乙方所投资筹建的地上物都归乙方所有。若甲方由于各种不确定因素导致双方无法继续合作，乙方需配合甲方工作，土地所有权仍为甲方所有，设施等相关建筑与权属方按相关国家政策协商解决，并不受合同是否到期的影响"。根据《国有土地上房屋征收与补偿条例》第十九条规定，证明申请人要求拆除培训用房恢复场地原貌应当按照国家政策与被申请人协商补偿金额或补偿房产。

申请人的质证意见：对该组证据的真实性予以认可，证明目的不予认可。被申请人迟延履行合同支付租赁费，被申请人要求加盖培训用房属于其经营行为所需，与申请人无直接关系，现合同履行完毕，依据合同第 5.2.11 条的约定，租赁期满后双方不再续签合同，被申请人应在两个月内将设备设施拆除，恢复租赁场地原貌。超出期限交还场地，逾期视为放弃主张权利，申请人将予以拆除，并不承担其他经济损失及法律后果。双方的合同属于民事行为，而不是被申请人所主张的行政行为从而予以补偿。

（2）租金交纳凭证 3 页，证明被申请人已经足额交纳全部场地租金。2022 年 8 月 1 日至 2023 年 7 月 31 日被申请人由于经营困难分三次将租金 15 万元交清，2023 年 6 月 29 日支付 2 万元（发票日期）、7 月 7 日支付 4 万元（发票日期）、9 月 5 日支付 9 万元（收据日期）。故被申请人并不欠付申请人租金。

申请人的质证意见：对该证据的真实性及证明目的均予以认可。被申请人已经交清租金，但该组证据也证明了被申请人迟延履行租金交纳义务，依据该合同及《补充协议书》约定，被申请人迟延支付租金共计 360 天，应依据约定支付违约金。

（3）《关于自治区国有企业减免服务业小微企业和个体工商

户房屋租金的通知》1份，证明被申请人不应支付申请人逾期付款违约金。申请人作为国有独资公司的全资子公司更应该响应国家政策，积极落实房租减免政策要求，切实减轻被申请人这样的小微企业的经营负担，不应索要逾期付款违约金。

申请人的质证意见：对该组证据的真实性予以认可，证明目的不予认可。政策具有指导性，不具有强制力。作为民事主体，双方应当依据合同履约。

（4）接处警登记表1份、微信聊天截图（被申请人公司财务与学员家长）18页，证明申请人恶意违约，合同履行期间多次断水、断电及锁大门，迫使被申请人无法正常经营。2023年7月8日申请人保安将大门上锁，在学员家长中造成了很坏的影响，被申请人通过报警才将锁着的大门打开。申请人多次对被申请人经营场所断水、断电及锁大门，致使被申请人学员无法正常上课，学员陆续退费，致使被申请人经营困难，无法及时补交剩余房租。

申请人的质证意见：对该组证据中接处警登记表的真实性予以认可，微信聊天截图真实性不予认可，证明目的均不予认可。申请人不存在违约行为，因被申请人迟延支付租金，在2023年6月申请人已向被申请人发出了律师函，因其违约行为导致了合同解除的情形，但被申请人仍然继续经营。从聊天记录可以看出，合同到期以后被申请人仍在进行培训，可见被申请人的行为不仅存在违约，也会侵害到学员的利益。

（5）房屋鉴定报告1份，证明被申请人所建培训用房，质量及安全性能完全符合国家标准。被申请人委托某工程检测咨询公司对被申请人所建培训用房进行鉴定，于2023年9月6日出具房屋鉴定报告，鉴定结论为"目前该房的安全等级综合评定为Bsu级"；房屋质量及安全性能完全符合国家标准。

申请人的质证意见：对该证据的真实性予以认可，仅认可报告评定内容。对于被申请人所称"房屋质量及安全性能完全符合国家标准"的证明目的不予认可。

经仲裁庭审理查明：2018年5月21日，申请人与被申请人签订《国际轮滑场地项目租赁合同》（以下简称《合同》）。《合同》第一条约定，申请人将场地出租给被申请人；第二条约定，出租场地用于国际轮滑极限运动及相关教学培训、比赛用场地；第三条约定，被申请人的经营期限为5年，即从2018年8月1日至2023年7月31日止；第四条约定，轮滑场地占用面积约5000平方米，占用费15万元/年，占用费于每年的7月15日前付清，一次性付清当年占地费用；第五条约定了双方的权利及义务，其中第一款第五项约定被申请人可建设培训用房，第二款第十一项约定"若乙方租赁期满后，甲乙双方如不再续签合同，乙方负责2个月内将租赁场地内的设施、设备拆除，恢复租赁场地的原貌，超过上述期限交还场地的逾期视为放弃主张权利，甲方将予以拆除，并不承担其他经济损失及法律后果"；第六条约定了履约保证金；第七条约定了违约责任及终止合同条款，其中第四款第一项约定"占地费不能按时交纳，逾期超过15日的，并按日向甲方支付逾期付款违约金每日肆佰伍拾元整（¥450元/日）"；第八条约定，发生争议提请某仲裁委员会仲裁。

《合同》签订后，申请人基于项目经营需要，在约定的场地上建设了培训用房、临时采光房、轮滑跑道。2021年7月22日，申请人与被申请人签订《某服务公司国际轮滑场地项目补充协议书》，将2021年8月1日至2023年7月31日的租金的支付方式改为年度租金每年分两次交纳：每年8月25日前支付年度第一笔租金75 000元，次年2月25日前支付年度第二笔租金75 000元。申请人与被申请人就租金支付事宜产生争议的事项为2022年8月1日至2023年7月31日的租金。2023年6月29日，被申请人向申请人支付租金2万元，2023年7月7日被申请人向申请人支付租金4万元。2023年7月10日，被申请人向申请人出具《承诺书》，承诺："即日起至2023年7月31日，被申请人向申请人结清场地租赁费用全部款项共计人民币壹拾伍万元整（¥150 000.00）及违约金按照合同规定的450元/天的标准收取。"2023年9月5日被申请人向申请人支付租金9万元。至此，2022年8月1日至2023年7月31日的租金本金已经结清。

[争议问题]

（1）被申请人是否欠付租金？

（2）违约金主张应当如何处理？

（3）被申请人应否恢复租赁场地原状？

[法理分析]

申请人与被申请人签订的《合同》及《补充协议书》是双方真实意思表示，不违反法律、行政法规的禁止性规定和公序良俗，合法有效，应当作为确定双方当事人权利和义务的依据。就双方争议的焦点问题，分析如下。

1. 被申请人是否欠付租金，即申请人第一项仲裁请求 9 万元租金问题应如何处理？

申请人与被申请人就租金支付事宜产生争议的事项为 2022 年 8 月 1 日至 2023 年 7 月 31 日的租金。2023 年 6 月 29 日，被申请人向申请人支付租金 2 万元，2023 年 7 月 7 日被申请人向申请人支付租金 4 万元，2023 年 9 月 5 日被申请人向申请人支付租金 9 万元。至此，2022 年 8 月 1 日至 2023 年 7 月 31 日的租金本金已经结清，被申请人不再欠付申请人租金本金，申请人在仲裁庭审中对此予以确认，故对申请人提出的支付 9 万元租金的第一项仲裁请求不予支持。

2. 被申请人应否支付逾期付款违约金，如应支付，违约金的计算标准是什么，具体数额是多少？

根据《补充协议书》的约定，对于 2022 年 8 月 1 日至 2023 年 7 月 31 日的租金，被申请人应当在 2022 年 8 月 25 日前、2023 年 2 月 25 日前各支付 75 000 元，而被申请人实际支付租金的时间分别为 2023 年 6 月 29 日、2023 年 7 月 7 日、2023 年 9 月 5 日，显然不符合《补充协议书》约定的支付时间，构成履行迟延。虽然被申请人辩称迟延支付租金是经营受新冠疫情影响导致的，但是 2023 年 7 月 10 日被申请人向申请人出具的《承诺书》再次对迟延支付租金的违约责任进行了承诺，应当视为申请人与被申请人就新冠疫情对履约的影响已经作出了安排。"对于金钱债务，一般情形下不适用不可抗力规则主张部分或全部免除合同责任。"[1] 故对被申请人提出的不承担逾期付款违约金的抗辩不予支持。相对于年租金 15 万元而言，《合同》约定的 450 元/天的违约金标准显然过高，被申请人在庭审中亦提出调减的请求，仲裁庭参照《最高人民法院关于审理买卖合同纠纷案件适用法律问题的解释》第十八条第四款关于逾期付款违约金的规定，酌定以中国人民银行授权全国银行间同业拆借中心公布的一年期贷款市场报价利率（LPR）标准的 1.4 倍作为本案中被申请人应当支付违约金的标准。

仲裁庭对违约金计算如下：（1）第一笔 75 000 元租金的违约金。根据《补充协议书》的约定，被申请人应当在 2022 年 8 月 25 日前支付 75 000 元，而被申请人实际支付租金的时间分别为 2023 年 6 月 29 日（2 万元）、2023 年 7 月 7 日（4 万元）、2023 年 9 月 5 日（9 万元），根据《民法典》第五百六十条规定的清偿抵充规则，2023 年 6 月 29 日 2 万元、2023 年 7 月 7 日 4 万元及 2023 年 9 月 5 日 9 万元中的 15 000 元，应当视为对 2022 年 8 月 25 日前应支付的 75 000 元租金的清偿。故，其中 2 万元的逾期期间为 2022 年 8 月 26 日至 2023 年 6 月 29 日计 308 天，4 万元的逾期期间为 2022 年 8 月 26 日至 2023 年 7 月 7 日计 316 天，15 000 元的逾期期间为 2022 年 8 月 26 日至 2023 年 9 月 5 日计 376 天。被申请人逾期付款时（2022 年 8 月 26 日）的一年期 LPR 为 3.65%，故被申请人就第一笔 75 000 元租金应当支付的违约金为 2 万元 ×（308/365）× 3.65% × 1.4 + 4 万元 ×（316/

---

[1] 最高人民法院民法典贯彻实施工作领导小组. 中华人民共和国民法典合同编理解与适用【一】[M]. 北京：人民法院出版社，2020：215.

365)×3.65%×1.4+15 000 元×(376/365)×3.65%×1.4=3421.60 元。(2)第二笔 75 000 元租金的违约金。根据《补充协议书》的约定，被申请人应当在 2023 年 2 月 25 日前支付 75 000 元，根据《民法典》第五百六十条规定的清偿抵充规则，2023 年 9 月 5 日 9 万元中的 75 000 元，应当视为对 2023 年 2 月 25 日前应支付的 75 000 元租金的清偿。故，逾期期间为 2023 年 2 月 26 日至 2023 年 9 月 5 日计 212 天。被申请人逾期付款时（2023 年 2 月 26 日）的一年期 LPR 为 3.65%，故被申请人就第二笔 75 000 元租金应当支付的违约金为 75 000 元×(212/365)×3.65%×1.4=2226 元。综上，被申请人就迟延支付 2022 年 8 月 1 日至 2023 年 7 月 31 日的 15 万元租金应当支付违约金总额为 3421.60 元+2226 元=5647.60 元。

3. 被申请人应否恢复租赁场地原状？

申请人提出的第三项仲裁请求为，裁决被申请人将租赁场地内的设施设备拆除，恢复租赁场地的原貌。《合同》第五条第二款第十一项约定："若乙方租赁期满后，甲乙双方如不再续签合同，乙方负责 2 个月内将租赁场地内的设施、设备拆除，恢复租赁场地的原貌，超过上述期限交还场地的逾期视为放弃主张权利，甲方将予以拆除，并不承担其他经济损失及法律后果。"案涉《合同》租赁期限 2023 年 8 月 1 日届满，至仲裁庭审之日已经 4 月有余，根据《合同》约定，租赁场地内的设施、设备应由申请人自行处理。申请人未能举证证明租赁场地原状，其请求被申请人恢复租赁场地原貌亦难以处理，且申请人举证的 2023 年 7 月 10 日的《承诺书》约定"合同期满后，关于（租）赁场地内的设施、设备拆除,恢复租赁场地的原貌,甲乙双方协商解决",应当视为《承诺书》对《合同》的相关内容进行了变更,故申请人请求被申请人拆除租赁场地上的设施、设备,恢复租赁场地原貌,缺乏合同和法律依据,仲裁庭不予支持。

> 处理结果

依照《中华人民共和国民法典》第四百六十五条第一款、第五百零九条第一款、第五百六十条、第五百七十七条、第五百七十九条、第五百八十五条第二款、第六百四十六条的规定,裁决如下:

(一)被申请人向申请人支付逾期付款违约金5647.60元;

(二)驳回申请人的其他仲裁请求。

第二节 合同解除

案例6-2 约定解除权及其适用

> 案情介绍

申请人(被反请求人):某再生资源利用公司
被申请人(反请求人):某物资公司

一、本请求部分

申请人称:2019年4月10日,就申请人尾矿矿渣处理再利用项目，申请人与被申请人签订了《合作协议》。该协议约定被申请人负责办理该项目建设所需的手续，合作期限自2019年4月10日至2029年4月11日，为期十年。根据该协议，申请人向被申请人支付了项目建设保证金20万元。2019年10月9日，申请人授权其某分公司与被申请人签订了《补充协议》。根据该补充协议，申请人向被申请人交纳了10万元预购电费保证金。申请人自始期待着案涉项目的正式启动，故除向被申请人交纳了上述保证金外，还为该项目的履行投入了大量的人力和物力。但时至今日，就案涉项目的环境影响评价，被申请人仍未完成，导致双方合作无法进行，合同目的更是无法实现。另，根据双方所签订《合作协议》第三条约定："甲乙双方签订协议后3个月内，该项目如无实质性进展，本协议自行解除作废。"故，不论是根据法律之规定，还是根据当事人之约定，双方《合作协议》均已解除。现申请人特提出仲裁，并保留要求被申请人赔偿损失的权利。为维护申请人合法权益，提出以下仲裁请求：（1）裁决被申请人返还申请人30万元保证金；（2）裁决本案仲裁费、保全费、律师费等相关费用由被申请人承担。在2021年8月10日的庭审中，申请人当庭增加一项仲裁请求，即裁决解除申请人与被申请人签订的《合作协议》及《补充协议》，并在2021年8月19日向仲裁庭提交了书面的《变更仲裁请求申请书》。

申请人对其提出的主张向仲裁庭提供了以下证据：

（1）《合作协议》1份。证明：① 申请人与被申请人就案涉项目，即"铁矿尾矿渣的处理"签订《合作协议》的事实。② 根据该《合作协议》中"乙方责任和义务"可知，申请人的义务之一是：在被申请人开采后的矿区内建设项目。到目前为止，被申请人仍未开始采矿作业，无法产出尾矿渣石，双方处理尾矿渣石的合同目的无法实现。③ 该协议约定：申请人向被申请人支付20万元保证金的事实。④ 该协议第三条约定：本协议签订后3个月内，案涉项目如无实质性进展，该协议自行解除作废的事实。⑤ 该协议约定：以仲裁的形式解决双方纠纷的事实。

被申请人的质证意见：对该证据的真实性予以认可，对证明目的②以外的其他证明目的予以认可。被申请人认为，在签订合同时，申请人多次去矿山进行实地考察，双方认可了当时存有大量的废弃料，也就是生产原料，不存在申请人所述的无料可加工的情况。

（2）《补充协议》1份，证明：① 申请人授权其某分公司与被申请人签订《补充协议》的事实；② 双方约定申请人向被申请人交纳预购电费保证金10万元的事实。

被申请人的质证意见：对该证据的真实性及证明目的均予以认可。

（3）《收据》2张（编号0008609，金额20万元；编号0008610，金额10万元）、《中国建设银行网上银行电子回执》1张、《中国建设银行单位客户专用回单》1张，证明申请人向被申请人支付30万元保证金的事实。

被申请人的质证意见：对该证据的真实性及证明目的均予以认可。

（4）《代理协议》1份、增值税专用发票1张、汇款凭证1张，证明申请人支出律师费1万元的事实。

被申请人的质证意见：对该组证据不予质证，认为其与本案无关。

被申请人辩称：申请人在仲裁申请书的"事实与理由"部分向仲裁委进行了与事实不符的虚假陈述，负责办理案涉项目建设手续的义务在申请人一方，而非被申请人一方。双方一直在积极履行合同，为此均投入了大量人力物力，不存在协议自行作废的情形。申请人所说的《合作协议》已经解除的理由不能成立，退还保证金的条件不成就。申请人未能按照约定对矿山进行治理复垦，构成了违约，给被申请人造成了严重损失，被申请人下一步还要追究申请人的违约责任。

被申请人对其提出的主张向仲裁庭提供了以下证据：

（1）视频资料3份、照片7张，证明双方自从签订《合作协议》后一直在合作，从未终止，《合作协议》没有作废。视频是2019年4月签订合同之后拍摄的。视频内容为双方正在调试机器。该套机器设备是申请人自行安装建成。照片内容与视频资料内容一致。

申请人的质证意见：对该证据的真实性以及证明目的均予以认可。但该证据反而可以证明双方合作项目至今未正式投入生产，因为在该组证据中被申请人并没有提供其安全生产许可证，证明被申请人虽持有采矿许可证，但其安全许可证并没有办理下来，其无权对矿山进行开采，没有开采就没有废矿渣石的产生，故双方的合作没有实质性的进展。该组证据形成于2年多前，被申请人不能提供之后包括现在的任何生产场面，同时也证明双方合作符合《合作协议》第三条所约定的签订协议后3个月内该项目如无实质性进展，协议自动解除作废，故申请人所提仲裁请求有合同依据。

（2）现场照片 7 张（其中 5 张是 2019 年 8 月 23 日签订《合作协议》之后拍摄的；另 2 张是 2019 年 8 月 29 日后拍摄的），证明双方合作协议没有作废，合作一直在进行中。

申请人的质证意见：对该证据的真实性、证明目的及关联性均不予认可。拍摄地点、时间、对象不清楚，不是申请人的施工现场。因为申请人处理尾矿渣石也必须依法履行相关手续，其中最重要的一个手续是被申请人在作出该项目的大环评之后，申请人要对案涉项目作出小环评。而这些手续双方均未履行，所以双方均不可能违法进行采矿，或进行对废矿渣石的处理。该证据如果是拍摄的被申请人所持采矿许可证范围内的照片，那么也只是申请人在调试机器。

（3）2019 年 10 月 9 日《补充协议》1 份、2020 年 1 月 14 日《补充协议》1 份，证明原合作协议继续有效，申请人才会继续签订补充协议，合作一直在进行中，从未间断。

申请人的质证意见：对 2019 年 10 月 9 日《补充协议》的真实性予以认可，该协议可以证明申请人向被申请人支付 10 万元预购电费保证金的事实。《补充协议》的签订只能证明申请人与被申请人均在为合作的最后成功努力，但合作项目仍然没有实质性进展是不争的事实。2020 年 1 月 14 日《补充协议》的甲方不是被申请人，而是某矿产品经销部，与本案无关。

（4）《某县无主矿山地质环境治理与生态恢复委托书》1 份，证明《合作协议》没有作废，与申请人的合作还在延续中。

申请人的质证意见：该证据不是原件，对该证据的真实性无法确认，但认为与本案无关。双方合作矿山是属于被申请人的，并非无主矿山。如果申请人存在将案涉矿山瞒报谎报为无主矿山的话，建议仲裁庭将案件移送公安部门。另，矿山到底是有主还是无主，应以政府部门颁发的采矿许可证为主，政府部门不至于对申请人存在瞒报谎报行为认可且下达相关行政文件，本案案涉矿山非属无主矿山，申请人更没有也不敢进行瞒报谎报。

二、反请求部分

反请求人称：2019年4月10日，申请人与被申请人签订的《合作协议》是在平等、自愿、公平的原则下签订的，该协议是受法律保护的，对双方都有约束力，双方都应该严格按照《合作协议》去履行。该协议约定：双方的合作期限是十年，自2019年4月10日至2029年4月11日。现在被反申请人在双方合作期间内，无任何解除合同的法定事由而单方面提前要求解除合同，构成严重违约，且提前解除合同会给反申请人造成难以弥补的经济损失。协议签订后，为了全面履行《合作协议》，反申请人为了双方的合作投入了大量的人力、物力、财力。同时反申请人也放弃了与其他人合作的机会。被反申请人现在单方面提前解除合同不仅构成违约，势必给反申请人带来严重的经济损失。在合同签订过程中，被反申请人存在以下违约：自从签订合作协议后，被反申请人几乎没有实质性地履行过协议。（1）在《合作协议》乙方的责任和义务第一条约定：被反申请人办理项目所需要的一切手续及费用，被反申请人全权负责该项目政府监管部门所需的一切手续。签订协议之后，反申请人才发现，被反申请人每天只是空口说大话，实际办不了一点事。协议签订后，反申请人通过数月观察和了解，被反申请人根本不具备大型加工矿渣的能力和技术，被反申请人只是安装了两台老旧早已淘汰的旧机器，根本不具备加工大型矿渣能力。当时合同中约定：项目在政府方面的监管手续全部由被反申请人办理。办理项目所需手续一事，被反申请人根本不懂政府项目所需要手续的监管报批流程和审批要件，根本谈不上去政府部门办理。（2）《合作协议》第一条约定：矿山环境治理复垦工作全部由被反申请人负责，自从签订合同后的两年多的时间内，被反申请人迟迟不予办理。政府三番五次到矿山现场口头督促以及某县政府和县国土局下文件督促限期治理，被反申请人就是无动于衷，不予治理。被逼无奈，反申请人只能花费大量的人力物力自行治理。（3）在《合作协议》乙方的责任和义务第三条约定：被反申请人保证每年生产不低于一百万吨石料，每年给反申请人交纳不低于250万元，时至今天仲裁，被反申请人没有给反申请人交回一分钱。每年造成反申请人至少250万元的经济损失。以上事实，被反申请人严重地违反了合同的诚信义务，没有积极履行合同的承诺。《民法典》第四百六十五条中规定：依法成立的合同，受法律保护。依法成立的合同，仅对当事人具有约束力。《民法典》第五百零九条第一款中规定：当事人应当按照约定全面履行自己的义务。为了维护反申请人的合法权益，特提出如下仲裁请求：（1）确认被反请求人提前解除合同构成合同违约，裁决被反请求人继续履行合同；（2）裁决被反请求人赔偿合同履行期间因未尽到合同规定的义务给反请求人造成的损失（具体赔偿金额根据第三方司法评估鉴定机构评估确定）；（3）裁决被反请求人支付反请求人办理复垦治理项目支出的费用 364 962 元；（4）评估鉴定费由被反请求人承担；（5）本案本请求、反请求仲裁费由被反请求人承担。反请求人在庭审中明确，第一项反请求中的"继续履行合同"是指裁决被反请求人每年生产不低于 100 万吨的石料，并且给反请求人交纳 250 万元以上的经济费用。

反请求人对其提出的主张向仲裁庭提供了以下证据：

（1）某县人民政府〔2020〕16 号文件《某县人民政府关于开展矿山地质环境生态恢复治理的通告》1 份，证明矿山治理是政府强制性规定，矿山治理必须在 2020 年 3 月 27 日前完成，否则视为自动放弃矿业权，并且矿山地质环境治理保证金不予退回。

被反请求人质证意见：对该证据的真实性予以认可，证明目的不予认可。认为该文件是某县人民政府对矿区环境整治工作一个连续性的检查工作的文件，即"回头看文件"。该文件是某县人民政府整体对其辖区内矿山许可证、采矿权人等整体下达的文件，本案反请求人并不属于该文件的相对人，因为在"回头看"之前其安全生产许可证还没有办理下来，其无权对其持有的采矿权证范围内的矿区进行开采，所以该文件与反请求人及本案无关。

（2）某县自然资源局下发的限期整改通知书 1 份，证明截止到 2021 年 1 月 21 日，被反请求人并没有对矿山进行治理。如果在 2021 年 6 底前未完成治理，反请求人将会受到处罚。

被反请求人质证意见：对该证据的真实性予以认可，证明目的不予认可。认为该证据下达的对象是某矿产品经销部，而非本案反请求人，该证据所涉矿山无法证明是本案中的矿山，该证据中所涉的整改行为也不能证明是对本案矿山的整改。该证据与本案无关。

（3）票据53张，证明反请求人替被反请求人进行矿山治理花费364 962元，被反请求人应该支付反请求人垫付的这些费用。

被反请求人质证意见：该证据中的票据均为收据，且无相应打款凭证，与本案无关。作为采矿权人的反请求人所持有的采矿权的范围不仅仅是其与本案被反请求人的合作部分，反请求人与被反请求人合作的项目至今未开始合作。反请求人将其治理的（如果是真实的话）其他矿山所支出的费用作为本案支出的费用，这种行为是违反诚信原则的行为，不应得到法律的支持。

（4）某县自然资源局出具的《退还矿山地质环境恢复治理保证金的情况说明》1份，证明反请求人对矿山进行了治理，并且通过了专家组的验收，从而说明反请求人花费364 962元治理费的真实性。

被反请求人质证意见：对该证据的真实性予以认可，证明目的不予认可。认为，该证据反而可以证明反请求人所持采矿权证至今没有批准延续。该笔保证金是反请求人要求延续许可证的保证金，由于许可证未延续，所以将该证据中所涉保证金进行了退还，该证据说明双方合作的前提条件到目前为止未实现。前提条件是被申请人必须依法采矿，但目前采矿许可证都未被延续，双方合作只能依法停止。

被反请求人辩称：本案双方的合作是针对尾矿废渣石进行处理的合作。即，反请求人将在矿山开采过程中所产生的尾矿废渣石出售给被反请求人从中获取利益；而被反请求人则是从反请求人处先购得废矿渣石，利用自己的技术对尾矿废渣石进行深加工之后进行二次销售从中获取利益。也就是说，双方的合作是针对反请求人在开矿过程中产生的尾矿废渣石的合作。如果没有反请求人依法采矿的在先行为，就不会有尾矿废渣石的产生，没有尾矿废渣石的产生，双方的合作就无法进行。到目前为止，尽管双方签订合作协议的时间已有三年之久，但由于反请求人的相关开矿手续仍没有办理下来，双方合作无法进行，合同目的无法实现。在开矿手续没有办理下来的情况下，反请求人根本不存在投入大量人力物力的情形，更不存在放弃与他人合作的情形。反请求人对案涉《合作协议》第一条的解读是完全错误的。首先让我们来看一下反请求人在反请求申请书中所引用的《合作协议》第一条的内容：被反请求人办理项目所需要的一切手续及费用，被反请求人全权负责该项目政府监管部门所需的一切手续。从该内容我们清楚地可知，被反请求人的义务仅仅是办理案涉项目的手续以及承担办理案涉项目所需要的费用。如前所述，案涉项目是对反请求人在采矿过程中所产生出的废矿渣石进行处理的合作。也就是说，被反请求人负责办理的手续仅仅是有关处理废矿渣石的手续，而反请求人却将被反请求人办理手续的义务扩大到同时为其办理开矿的手续并为其承担相关费用，显然是错误的。至于反请求人所述其花人力物力对矿山环境复垦工作进行治理，更是让人难以理解。复垦工作是矿山依法全部开采之后才实施的最后一项工作,本案根本没有涉及此环节,何谈复垦?何谈因复垦花费了大量人力和物力?至于反请求人所述每年造成其至少250万元的经济损失,更是无中生有。被反请求人获取利益的步骤是:反请求人将其在开矿过程中所产生出的废矿渣石出售给被反请求人,被反请求人将该废矿渣石进行深加工,之后再出售给第三方从中获取利益。而本案中,反请求人并未开始采矿,废矿渣石还没有产生,到目前为止,反请求人还没有向被反请求人出售过一公斤的废矿渣石,何谈被反请求人造成反请求人每年250万元以上的经济损失。最后,由于案涉《合作协议》的履行必须经政府部门的审批,而反请求人的开矿手续因安评和环评均未通过,至今仍未办理下来,双方合作项目没有任何实质性的进展,合同目的无法实现。另外,《合作协议》第三条约定:"甲乙双方签订协议后3个月内,该项目如无实质性进展,本协议自行解除作废。"故,被反请求人认为案涉《合作协议》依约、依法均应予以解除。反请求人的反请求事项全部应予驳回。

被反请求人就反请求部分未提供证据。

三、仲裁庭合并查明的事实

经仲裁庭审理查明:2019年4月10日,申请人(被反请求人)与被申请人(反请求人)签订《合作协议》,合作开展"某再生资源利用公司尾矿矿渣处理再利用项目"。《合作协议》第二条对双方在合作过程中的责任和义务作出了具体约定。《合作协议》第三条约定,双方签订协议后3个月内,该项目如无实质性进展,该协议自行解除作废。《合作协议》第五条约定,凡因该协议所发生的或与该协议有关的一切争议，双方应友好协商解决，协商不成的，双方均有权在该项目所在地向仲裁机构提请仲裁。《合作协议》签订后，申请人在项目现场安装了机器设备，双方对机器设备进行了调试。2019 年 4 月 24 日，申请人根据《合作协议》第二条的约定向被申请人交纳项目保证金 20 万元。2019 年 10 月 9 日，申请人所属的某分公司与被申请人签订《补充协议》，约定申请人向被申请人交纳"预购电费保证金"的相关事宜。《补充协议》签订的同日申请人向被申请人交纳"预购电费保证金" 10 万元。《合作协议》签订后，由于相关法律手续的欠缺，合作项目至仲裁开庭之日始终未能正式投产。

> **争议问题**

（1）约定的合同解除条件是否成就？
（2）30 万元保证金是否应当予以返还？
（3）被反请求人是否构成违约？
（4）反请求人提出的损失及赔偿问题如何处理？
（5）反请求人提出的鉴定申请是否应予准许？
（6）反请求人提出的复垦费用问题如何处理？

> **法理分析**

申请人与被申请人签订的《合作协议》及 2019 年 10 月 9 日的《补充协议》是双方真实意思表示，不违反法律、行政法规的强制性规定，合法有效，应当作为认定案件事实和确定双方当事人权利义务及责任的基础。

1. 合同解除条件是否成就的问题

《合作协议》第三条约定："甲（被申请人）、乙（申请人）

双方签订协议后3个月内,该项目如无实质性进展,本协议自行解除作废。"根据该约定,《合作协议》解除条件是否成就,在本案中取决于案涉项目是否已经取得"实质性进展"。"实质性进展"需要进行解释,以确定其真实含义。当事人订立合同均为达到一定目的,合同的各项条款及其用语均是达到该目的的手段。因此,确定合同用语的含义乃至整个合同内容自然须适合于合同目的。如果说"立法旨趣之探求,是阐释法律疑义之钥匙",那么合同目的之探寻,亦有如此重要性。❶ 合同目的应被认为是当事人真意的核心,是决定合同条款内容的指针。❷《民法典》第一百四十二条明确规定了符合合同目的原则。案涉项目为申请人与被申请人合作进行尾矿矿渣处理再利用项目,相关生产行为(对尾矿矿渣处理再利用)乃是案涉项目的实质性工作,也就是合同的目的。从《合作协议》签订至仲裁开庭的两年多时间里,双方虽为生产作了一些准备工作,但正式的生产行为始终未能开展,应当认为案涉项目"无实质性进展"。根据《合作协议》第三条的约定,只要协议签订后3个月内项目无实质性进展,该协议即可解除,并未将"无实质性进展"须由一方的违约行为导致作为合同解除的条件,更未将解除权只赋予守约方。故无论项目无实质性进展的原因和责任归属如何,《合作协议》第三条约定的解除条件均告成就,申请人请求解除《合作协议》及《补充协议》具有事实和法律依据,应予支持。

---

❶ 崔建远. 合同法 [M]. 北京:北京大学出版社, 2021:434.
❷ 杨仁寿. 法学方法论 [M]. 台北:三民书局, 1989:221.

2. 30 万元保证金是否应当返还的问题

《合作协议》及《补充协议》解除后，被申请人继续占有申请人交纳的 20 万元项目保证金和 10 万元"预购电费保证金"即丧失了法律依据，被申请人应当将保证金返还申请人，因此对于申请人返还 30 万元保证金的请求应予支持。

3. 被反请求人是否构成违约，合同是否应当继续履行的问题

被反请求人加工尾矿矿渣需要以反请求人提供相应原料为条件，现反请求人没有证据证明曾经提供相应原料，且现有证据显示由于反请求人缺乏采矿所需要的行政审批手续，也不可能为被反请求人持续提供相应的生产原料，所以合同未履行的责任不在被反请求人，故对反请求人提出的确认被反请求人违约的请求不予支持。由于被反请求人在本请求中提出的解除《合作协议》及《补充协议》的主张仲裁庭予以支持，故对反请求人提出的与解除合同相矛盾的继续履行合同的请求不予支持。

4. 合同未履行的损失及赔偿问题

反请求人所提出的办理采矿行政审批手续的义务在被反请求人的说法，缺乏合同依据。《合作协议》第二条第（二）款第一项约定的被反请求人负责办理项目所需要的一切手续的义务，应当理解为办理案涉尾矿矿渣处理再利用项目的行政手续，不包括应当由反请求人办理的采矿手续。虽然采矿手续与案涉尾矿矿渣处理再利用项目有关联，但是采矿相对于本项目具有独立性，采矿主要不是为本项目而存在，与本项目的法律联系较为疏远。如

果认定《合作协议》第二条第（二）款第 1 项的约定旨在由被反请求人为反请求人办理采矿手续，不但不具备可行性，而且不合常理。由于《合作协议》的不履行，主要是由反请求人不具备相应的采矿行政审批手续所致，所以其请求被反请求人赔偿因合同不履行可能产生的损失缺乏合同和法律依据，且反请求人也没有证据证明实际损失的存在及其具体数额。故对反请求人所提出的有关赔偿损失的第二项仲裁请求不予支持。

5. 关于反请求人所提出的鉴定问题

由于被反请求人不存在违约行为，不应当承担案涉项目未能进行可能给反请求人造成的损失，故对反请求人提出的损失鉴定申请不予支持。同时，反请求人所提出的鉴定申请客观上亦不具备鉴定的条件。反请求人所提出的损失鉴定的基础条件是反请求人能够供给被反请求人的可加工的尾矿矿渣总量，《合作协议》只约定了每年应当加工的最低量，实际加工的数量取决于合同履行的具体情况，不可能提前预知，同时由于反请求人至今未取得采矿所需的全部行政手续，并未实际进行采矿作业，《合作协议》约定的年度最低量能否供应同样无法确定，鉴定的基础条件并不具备，故对其鉴定请求的第一项不予准许。

6. 复垦费用的承担问题

虽然《合作协议》约定被反请求人负责案涉项目的复垦工作，但是由于案涉项目并未开展，也就不存在复垦问题。反请求人将复垦理解为不但包括案涉项目范围内的复垦，还包括整个矿山的复垦，这种解释并没有合同依据。反请求人所提供的证据不足以证明 364 962 元费用是案涉矿山的复垦费用。故对反请求人所提出的要求被反请求人支付 364 962 元复垦费用的请求不予支持。由于案涉项目未开展，不存在复垦问题，故对反请求人在鉴定申请书中所提出的就复垦费用进行鉴定的第二项鉴定请求不予准许。

> 处理结果

根据《中华人民共和国民法典》第五百六十二条第二款、第五百六十五条第二款、第五百六十六条的规定，裁决如下：

（一）解除申请人与被申请人 2019 年 4 月 10 日签订的《合作协议》及 2019 年 10 月 9 日签订的《补充协议》；

（二）被申请人返还申请人保证金 30 万元；

（三）驳回申请人的其他仲裁请求；

（四）驳回反请求人的仲裁请求。

案例 6-3　长期搁置合同的解除

> 案情介绍

申请人 1：某 1 房地产开发公司

申请人 2：方某

申请人 3：马某

申请人 4：赵某

被申请人：某 2 房地产开发公司

申请人称：2011 年 5 月，申请人某 1 房地产开发公司（以下简称"某 1 公司"）与被申请人某 2 房地产开发公司（以下简称"某 2 公司"）协商合作事宜，并签订了《房地产合作合同》。

该合同约定，被申请人某 2 公司作为甲方与申请人某 1 公司作为乙方达成合作开发某市滨河新城 B 区房地产项目的意向，双方在合同中约定了各自的权利义务，同时约定，乙方某 1 公司向甲方某 2 公司支付合作定金人民币 2000 万元。该合同签订后，申请人某 1 公司依约于 2011 年 7 月期间，陆续分多次给被申请人的时任法定代表人武某账户内支付了 2000 万元的合作金，但该项目并未启动。2012 年 2 月 21 日，四申请人与被申请人某 2 公司就合作开发上述地产项目事宜，重新签订了一份《房地产开发投资协议》，各方决定不再以申请人某 1 公司的主体与被申请人合作，而是以其余三申请人个人身份与被申请人合作，并在合作后组建新公司共同运作某市滨河新城 B 区项目。新公司总投资额 1000 万元，其中被申请人某 2 公司出资 200 万元，占股 20%，申请人方某出资 125 万元，占股 12.5%，申请人马某出资 595 万元，占股 59.5%，申请人赵某出资 80 万元，占股 8%。该投资协议同时约定，申请人某 1 公司与被申请人某 2 公司于 2011 年签订的《房地产合作合同》自"本协议签署后自动失效，各方同意将甲方（被申请人某 2 公司）或其指定代理人收取的上述合作资金（2000 万元）归还给实际出资者或其指定代理人……"。此外，该协议第五条"违约责任"第三项约定："经各方确认，本协议在合作履行期间，任何一方不得擅自终止本协议的履行，如有一方违约，应向守约方承担本协议项目总投资金额的 10% 的违约赔偿责任。"上述开发投资协议签订后，申请人方某、马某、赵某等人依约组建了新公司，但被申请人某 2 公司却以各种理由推脱不予配合，既不按照协议约定将合作地块投入新公司运营，也未依约将已收取的合作金 2000 万元退还给申请人某 1 公司。虽申请人某 1 公司经常催要，但被申请人某 2 公司却始终以高新区政府未给其支付代垫款为由拖延不付。现四申请人与被申请人之间的合作基础已完全丧失，故四申请人按照投资协议约定申请仲裁，为此，提出以下仲裁请求：（1）裁决解除四申请人与被申请人于 2012 年 2 月 21 日签订的《房地产开发投资协议》。（2）裁决被申请人向申请人某 1 公司退还项目合作定金 2000 万元。（3）裁决被申请人向申请人某 1 公司支付项目合作定金 2000 万元的资金使用利息 9 745 861.11 元，利息期间：从 2012 年 2 月 21 日签订《房地产开发投资协议》之日计算至本案申请仲裁之日止。计算标准：2012 年 2 月 21 日至 2019 年 8 月 19 日按中国人民银行 6 个月同期贷款利率计算；2019 年 8 月 20 日至 2022 年 6 月 24 日按一年期贷款市场报价利率（LPR）计算。（4）裁决被申请人向申请人某 1 公司支付自 2022 年 6 月 25 日起至实际清偿上述资金之日止的利息［以 2000 万元为基数，按一年期贷款市场报价利率（LPR）计算］。（5）本案仲裁费、保全费、保函费及其他费用由被申请人某 2 公司承担。

申请人对其提出的主张向仲裁庭提供了以下证据：

（1）企业查询系统截图、企业信用报告各 1 份，证明被申请人的曾用名为某某公司，其与申请人签订合同时使用的是曾用名，2012 年 8 月后才变更为现公司名称，被申请人主体适格。

被申请人的质证意见：对该组证据的真实性、合法性及证明目的均予以认可。被申请人确实进行过名称变更。

（2）《房地产合作合同》1 份，证明 2011 年 7 月，申请人 1

与被申请人签订了《房地产合作合同》，双方约定共同投资滨河新城 B 区项目，并由乙方（申请人1）向甲方（被申请人）支付定金 2000 万元用于项目合作。

被申请人第一次庭审发表的质证意见：对该组证据的真实性和证明目的均不认可。被申请人就没有找到该合同，该合同上没有申请人某 1 公司的公章。

被申请人第二次庭审发表的质证意见：经被申请人在第一次庭审后核实，对该证据的真实性和内容予以认可。

（3）转账汇总表、转账凭条回单、收款收据各 1 份，证明申请人 1 按《房地产合作合同》约定，用马某、杜某、郝某、郭某等四人的账户先后分 9 笔给被申请人时任法定代表人武某账户转款 1496 万元，加上替被申请人偿还的 504 万元债务，已完成了合同约定的 2000 万元合作定金的支付义务，被申请人向申请人 1 出具了 2000 万元收款凭据。证明被申请人已收取 2000 万元的事实。

被申请人的质证意见：对该组证据中的马某、杜某、郝某、郭某的付款没有异议，但其不是本案的当事人，本案中当事人与实际出资人的关系应当举证证明，故对该组证据的真实性予以认可，证明目的不予认可。收据确实出具过，但对其真实性予以认可，证明目的不予认可。被申请人实际没有收到那么多的款项。

（4）《房地产开发投资协议》1 份，证明 2012 年 2 月 21 日，各申请人与被申请人就合作事项再次签订《房地产开发投资协议》。该协议约定，原《房地产合作合同》不再适用，由被申请人将已收取的项目合作定金 2000 万元归还给实际出资者或其指定代理人。归还的资金来源为政府向甲方支付的工程代垫款或持有新组建公司股权产生的分红，以较早者为准。被申请人对已收取的 2000 万元负有退还义务。

被申请人的质证意见：对该证据的真实性予以认可，证明目的中的申请人 1 是实际出资人不予认可，对退还 2000 万元不予认可，认为应当退还 1496 万元。

（5）《关于滨河大厦付款情况说明》、《滨河大厦工程支付汇总表》及附表 1、建设工程施工合同各 1 份。证明：① 被申请人在与申请人 1 首次签订合作协议时，就已经从高新区管委会（《房地产开发投资协议》中所称的"政府"）获得工程款 4814 万元，付款进度达到 96%（见《滨河大厦工程支付汇总表》附表 1，截至 2010 年 10 月 13 日），并不存在《房地产开发投资协议》中所称的被申请人给"政府"代垫资金一事，其在合同中所设置的退还 2000 万定金的退还条件并不具备可履行性。被申请人在签订协议时存在欺诈行为。② 双方签订上述合作协议后并未实际开展合作，双方已不具备合作基础，被申请人属于违约方，除应退还申请人 1 2000 万元定金外，还应赔偿申请人 1 的实际损失，即从收款之日至还清之日的资金使用利息；该项目不存在，根本不具备履行条件，该行为涉嫌合同诈骗，申请人 1 保留追究刑事责任的权利。

被申请人的质证意见：对该组证据的真实性不予认可，不符合证据要件，证明目的不予认可。

（6）申请人 1 与被申请人微信聊天截图 21 页、2022 年 11 月 25 日和解协议 1 份、2022 年 12 月 12 日和解协议 1 份，证明：

以上证据再结合被申请人委托律师李某两次对和解协议内容的修改以及被申请人出具的2000万元的收据等证据，足以印证申请人1向被申请人支付滨河新城B区项目合作金2000万元的事实。

被申请人的质证意见：对该组证据的真实性予以认可，证明目的不予认可。认为上述聊天和协议仅是双方的初步协商内容，双方最终没有达成和解协议。

（7）某市住房和城乡建设局关于商品房预售许可证信息公开截屏4份、卫星云图1份、滨河项目商品房销售宣传效果图1份，证明：案涉《房地产开发投资协议》已不具备继续履行可能，符合法定解除条件，且被申请人存在严重欺诈，构成根本违约，理应承担违约责任。被申请人与申请人签订协议时，地块即将到期，实际上合同不具备履行性，结合申请人的证据可知，目前该地块已经被其他房地产公司开发建设为商品住宅，建设人并非被申请人，证明被申请人在与申请人1签订第一份合同时就存在明显的欺诈行为。故被申请人也应该按照实际用款之日归还2000万元的用款利息。

被申请人的质证意见：对该组证据的真实性予以认可，证明目的不予认可。认为双方在签订协议时被申请人不存在欺诈行为，且被申请人没有违约，不应当承担违约责任。

（8）证人杜某、王某、马某1的证言，证明申请人1向被申请人支付2000万元合作定金的具体情况。

被申请人的质证意见：对实际打款人杜某所说其是代表赵某打的款，被申请人予以认可。被申请人不认可证人王某所述给武某打款500万元，认为如王某给武某打过500万元，应当提供打款证据。被申请人认可证人马某1所述其替申请人马某给被申请人分三笔支付了564万元,但认为马某给证人王某支付过100万元与本案无关。

被申请人辩称:(1)合同解除的条件未达到,申请人无权请求解除案涉协议;(2)申请人1向被申请人主张退还合作资金的条件未达到,某1公司不是实际出资者,即使退还合作资金也应当向实际出资者退还。

被申请人对其提出的主张向仲裁庭提供了以下证据:

(1)某2公司投资建设胜源滨河新城B区项目入区协议书及协议补充条款1份,某市规划局建设工程规划设计要点通知书1份、证明1份,证明:案涉项目地块确实存在,签订协议过程中被申请人不存在欺诈行为。

申请人的质证意见:对该组证据的真实性予以认可,证明目的不予认可。认为该入区协议明确约定项目建设期为3年,即2011年9月到期,同时该协议当中的第四条第五项明确约定在乙方两个年度内没有达到项目进度要求的,政府可以无偿收回土地。在与申请人洽谈本协议项目时,实际上该项目并未达到政府要求的进度,而被申请人的时任法定代表人武某提供了上述证据却隐瞒了该项目的实际情况,在此情况下其目的就是达到长期占有使用申请人1的2000万元的目的。这充分说明与申请人签订协议时,被申请人存在明显的欺诈行为,也说明被申请人应当按照法律规定履行其从用款之日起支付利息的义务。

(2)关于《建设工程规划设计要点通知书》延期的函1份,证明:与申请人签订案涉项目合作协议时,被申请人不存在欺诈行为。

申请人的质证意见：对该证据的真实性予以认可，证明目的不予认可。认为该函件仅是规划设计要点的延期，入区协议确定的开工日期并没有变化，就是到 2011 年 9 月，被申请人没有其他证据证实当时施工进度及开发规模。

经仲裁庭审理查明：2011 年，申请人某 1 公司与被申请人某 2 公司签订《房地产合作合同》，约定双方合作开发某市滨河新城 B 区房地产项目，合同约定了双方的合作模式、合作项目的经营管理、违约责任等内容。该合同签订后，申请人某 1 公司通过他人账户先后分 9 笔向被申请人的时任法定代表人武某账户内支付了 1496 万元的合作金，具体支付情况为：2011 年 7 月 1 日通过马某账户支付 276 万元，2011 年 7 月 1 日通过杜某账户支付 377 万元，2011 年 7 月 2 日通过郝某账户支付 190 万元，2011 年 7 月 2 日通过郝某账户支付 10 万元，2011 年 7 月 4 日通过杜某账户支付 82 万元，2011 年 7 月 4 日通过马某账户支付 50 万元，2011 年 7 月 5 日通过郭某账户支付 96 万元，2011 年 7 月 7 日通过杜某账户支付 177 万元，2011 年 7 月 7 日通过马某账户支付 238 万元。2011 年 7 月 27 日，某 2 公司向某 1 公司出具收据 1 份，确认收到某 1 公司合作金 2000 万元。2012 年 2 月 21 日，四申请人与某 2 公司就上述地产项目开发事宜，重新签订了《房地产开发投资协议》。该协议第二条"合作方式"约定："各方同意为了开发该项目，共同出资 1000 万元组建有限公司，其中甲方（某 2 公司）出资 200 万元，占 20% 的股权比例，丙方（方某）出资 125 万元，占 12.5% 的股权比例，丁方（马某）出资

595万元，占59.5%的股权比例，戊方（赵某）出资80万元，占8%的股权比例"；第三条约定了各方的权利和义务；第四条"特别约定"："甲方与乙方（某1公司）于2011年为了共同开发该项目签有《房地产合作合同》，乙方根据该协议及其他约定，委托第三方合作者（实际出资者）向甲方指定的代理人先后支付了项目合作资金。甲方、乙方、丙方、丁方及戊方现特别约定，上述协议自本协议签署生效后自动失效，各方同意将甲方或其指定代理人收取的上述合作资金归还实际出资者或其指定代理人，归还资金来源为政府向甲方支付的工程代垫款或其持有新组建公司股权产生的分红，以较早者为准。"

《房地产开发投资协议》签订后，某2公司、方某、马某、赵某均未实际出资组建运行某市滨河新城B区房地产项目的新公司，也没有以其他方式实际运作该项目。该项目至仲裁庭辩论终结之时仍处于搁浅状态。

另查明，某某公司为被申请人的曾用名，其与申请人1签订《房地产合作合同》，与申请人2、申请人3、申请人4签订《房地产开发投资协议》时使用的是曾用名。2012年8月后变更为现名某2公司。

争议问题

(1)《房地产开发投资协议》是否应予解除？

(2) 被申请人应否向某1公司退还合作金，如应退还，退还金额应为多少？

(3) 被申请人应否支付占用合作金期间的利息？

(4) 仲裁费、保全费和保函费应当如何承担？

> **法理分析**

1. 《房地产开发投资协议》是否应予解除？

《民法典》第五百八十条规定："当事人一方不履行非金钱债务或者履行非金钱债务不符合约定的，对方可以请求履行，但是有下列情形之一的除外：（一）法律上或者事实上不能履行；（二）债务的标的不适于强制履行或者履行费用过高；（三）债权人在合理期限内未请求履行。有前款规定的除外情形之一，致使不能实现合同目的的，人民法院或者仲裁机构可以根据当事人的请求终止合同权利义务关系，但是不影响违约责任的承担。"该条款的目的是解决实践中存在的合同僵局问题，完善合同违约责任制度。❶ 自2012年2月21日四申请人与某2公司签订《房地产开发投资协议》至仲裁开庭审理本案已经11年半之久，其间各方当事人均未实际履行《房地产开发投资协议》，亦未请求对方履行，且拟开发地块已由他人开发建设，《房地产开发投资协议》继续履行在事实上已无可能。根据《民法典》第五百八十条之规定，《房地产开发投资协议》应予解除。

2. 被申请人应否向某1公司退还合作金，如应退还，退还金额应为多少？

首先，《房地产开发投资协议》约定，该协议签订后《房地产合作合同》自动失效。故在2012年2月21日《房地产开发投资协议》签订后，《房地产合作合同》已经终止存在，申请人某

---

❶ 最高人民法院民法典贯彻实施工作领导小组. 中华人民共和国民法典合同编理解与适用【二】[M]. 北京：人民法院出版社，2020：736.

1公司在《房地产合作合同》项下支付的合作金根据《房地产合作合同》第四条的约定，应当视为自动转化为《房地产开发投资协议》项下的付款。《房地产开发投资协议》解除后，被申请人即实际收款人某2公司应当将合作金返还申请人即实际出资人某1公司。其次，虽然被申请人向申请人某1公司出具的合作金收据金额为2000万元，但是某1公司所提供的转账凭证金额为1496万元，其余504万元缺乏相应凭证予以佐证，故仲裁庭确定被申请人应向申请人某1公司返还金额为1496万元。

3. 被申请人应否支付占用合作金期间的利息？

根据《房地产开发投资协议》第四条的约定，被申请人应使用"政府向甲方支付的工程代垫款或其持有新组建公司股权产生的分红"归还申请人某1公司的合作金，但是至《房地产开发投资协议》裁决解除之时已经近12年之久，被申请人未采取任何措施促成"政府向甲方支付的工程代垫款或其持有新组建公司股权产生的分红"条件的成就，被申请人在迟延归还某1公司合作金上存在过错，在《房地产开发投资协议》被裁决解除的情况下，被申请人应当向申请人某1公司支付占用合作金期间的利息。利息分段计算，2012年2月21日至2019年8月19日，以1496万元为基数，以中国人民银行同期同类贷款利息为标准，2019年8月20日之后，以1496万元为基数，以中国人民银行授权全国银行间同业拆借中心公布的一年期贷款市场报价利率为标准，至本息全部付清之日止。

4. 仲裁费、保全费和保函费应当如何承担？

本案仲裁费用根据支持比例由申请人和被申请人分担，保全费由被申请人承担。申请财产保全并非必须采用保函的形式，保函费非必然产生的费用。《最高人民法院关于适用〈中华人民共和国民事诉讼法〉的解释》第一百五十二条第三款规定："在诉讼中，人民法院依申请或者依职权采取保全措施的，应当根据案件的具体情况，决定当事人是否提供担保以及担保的数额。"本案中，申请人可以采取其他的诸如提供不动产、保证人、银行存款等灵活性的方式为财产保全提供担保，其自行购买保函是其自主行为，应由其承担保函费用。财产保全责任保险系为避免保全错误承担损害赔偿责任而给自己购买的保险产品。该费用不属于违约后必然发生的损失，应由投保人自行负担。另外，购买保函并不属于案件受理费用之列。故对申请人提出的由被申请人承担保函费用的请求不予支持。

处理结果

依照《中华人民共和国民法典》第五百六十二条第一款、第五百六十六条第一款、第五百八十条的规定，裁决如下：

（一）解除申请人某1公司、方某、马某、赵某与被申请人某2公司于2012年2月21日签订的《房地产开发投资协议》；

（二）被申请人某2公司退还申请人某1公司合作金1496万元；

（三）被申请人某2公司向申请人某1公司支付合作金占用利息（2012年2月21日至2019年8月19日，以1496万元为基数，以中国人民银行同期同类贷款利息为标准；2019年8月20日之后，以1496万元为基数，以中国人民银行授权全国银行间同业拆借中心公布的一年期贷款市场报价利率为标准，至本息全

部付清之日止);

(四)驳回申请人的其他仲裁请求。

案例 6-4　合同的事实解除问题

> 案情介绍

申请人:王某

被申请人:某体育运动公司

申请人称:申请人是一名高尔夫球爱好者,2014 年 9 月 27 日,被申请人工作人员向申请人介绍了被申请人经营的高尔夫球项目,并承诺缴纳会费后,申请人可终身享受会员待遇。于是,申请人与被申请人签订了《入会协议书》,并于协议签订当日交纳了 15 万元入会费,被申请人给申请人办理了 VIP 卡一张。2016 年被申请人突然停业,至今未能恢复,致使其无法提供会员服务,合同目的无法实现。停业期间申请人多次与被申请人协商解除合同并退费事宜,但被申请人均以各种理由拒绝,之后被申请人为申请人办理了一张价值 12 万元的太平洋会员卡抵顶了 12 万元入会费,剩余 3 万元入会费申请人多次催要,被申请人拒绝退还。为此,申请人提出以下仲裁请求:(1)裁决解除申请人与被申请人签订的《入会协议书》;(2)裁决被申请人返还申请人缴纳的入会费 3 万元;(3)裁决被申请人支付占用入会费期间的利息(以 3 万元为基数,自 2017 年 1 月 1 日起至 2019 年 8 月 19 日按照中国人民银行公布的贷款基准利率计算,自 2019 年 8 月 20 日起至实际返还入会费之日止按照全国银行间同业拆借中心公布的贷款市场报价利率计算。截至申请仲裁时利息为

8723 元);(4)本案仲裁费用全部由被申请人承担。

申请人对其提出的主张向仲裁庭提供了以下证据:

(1)《入会协议书》1 份、《个人会籍申请表》1 份、《会员卡》正副卡 2 张。证明:① 申请人于 2014 年 9 月 27 日与被申请人签订《入会协议书》,协议书约定会籍价格为 15 万元。《入会协议书》签订当时,申请人按照协议书约定向被申请人交纳了全部入会费后,被申请人向申请人交付了会员卡正副卡两张。② 在法院诉讼阶段被申请人提供了申请人办理会员卡时被申请人留存的《个人会籍申请表》《入会协议书》,结合申请人已经取得会员卡成为会员的事实,说明《入会协议书》已生效,申请人履行了会员的全部缴费义务,现被申请人无法提供会员服务,被申请人应当向申请人退还全部费用。

被申请人的质证意见:对该组证据的真实性认可,证明目的不认可。理由是:① 申请人未证明其已支付全部入会费;② 合同现已经终止,并且被申请人通过为其办理第三方会员卡的形式履行了相应的补偿义务,且申请人已同意,故无须退还申请人所交纳的入会费用;③ 申请人所称的退还全部入会费用与其所主张的仲裁请求不一致。

(2)《公告:国家部委联合公布已取缔的高尔夫球场名单》1 份,证明 2015 年 3 月 30 日国家林业和草原局、国家公园管理局在其官方网站公示了《国家部委联合公布已取缔的高尔夫球场名单》,其中编号 × 即为取缔被申请人的高尔夫球场,取缔的原因是被申请人的高尔夫球场属于违法违规建设,并非国家政策变更,也非不可抗力。故,被申请人无法按照《入会协议书》向申请人提供会员服务，是其自身过错导致，被申请人没有合法合规经营高尔夫球场的手续，在违规经营的情况下收取申请人会员费，本就属于恶意欺诈，不属于不可抗力。

被申请人的质证意见：对该组证据的真实性予以认可，证明目的不予认可。理由是：① 该公告仅记载治理及整改高尔夫球场，但该公告并没有直接影响到申请人的相应权利。公告发布后，申请人仍正常享受合同权利，直至 2016 年球场关闭。所以该文件的发布并未实际影响到申请人的使用；② 该文件也不能说明被申请人系因违规违建导致停运。被申请人与第三人政府之间是存在合法有效的合同的，合同中明确了前述文件均需政府协调办理（本案正在诉讼中），只是政府未能依约办理，所以申请人主张相应违规违建的事实与实际不符；③ 从双方签订《入会协议书》至所谓公告之日，仍存在实际履行情况，被申请人不存在欺诈行为。

被申请人辩称：（1）申请人第一项请求不存在相应的法律依据，申请人应先行明确该请求的请求权基础。（2）被申请人不存在返还入会费及支付相应的利息的法律义务。综上请求驳回申请人的仲裁请求。

被申请人对其提出的主张向仲裁庭提供了以下证据：

被申请人与申请人的微信聊天记录截图共 5 页。证明：① 申请人第一项请求不存在相应的法律依据，申请人应先行明确该请求的请求权基础。截至 2019 年 11 月 9 日，被申请人已经为申请人转出相应会籍，并转入太平洋高尔夫会籍，自此申请人与被申请人之间不再有任何权利义务，况且根据发生的最后时间，申请人解除权的行使期限已经完全结束。②被申请人不存在返还入会费及支付相应的利息的法律义务。双方不存在所谓退款的合意，也不存在被申请人的单方允诺，更不存在申请人的单方主张，因此相应的入会费用返还及利息支付无依据，事实上通过双方的沟通记录也可以发现，申请人从未主张本案的相应权利。

申请人的质证意见：对该组证据的真实性及证明目的均不予认可。虽然截图的聊天的对方为"申请人"，但现在代理人无法核实是不是本案的申请人本人。聊天截图的提供方没有相应信息，不知道是谁与所谓的申请人聊天记录。从内容来看，不能体现聊天是为了解决什么事情。本案不存在会籍转出的问题，被申请人停业后在申请人主张退费过程中，被申请人给申请人办理了一张价值12万元的太平洋会员卡作为补偿，剩余3万元入会费至今未提何时退费。太平洋会员卡是对申请人交纳15万元的入会费的部分补偿，并非办理会籍转出。申请人多次催促被申请人退还3万元，但至今被申请人不予解决。

经仲裁庭审理查明：2014年9月27日，申请人与被申请人签订《入会协议书》，约定申请人向被申请人支付15万元入会费后成为被申请人球会会员，享受被申请人球会章程所规定的会员待遇。申请人依约向被申请人支付15万元入会费，被申请人为申请人办理VIP会员卡正副卡各一张。2015年3月30日，国家林业和草原局、国家公园管理局联合发布《已取缔的高尔夫球场名单》，被申请人开办的球场在列。后被申请人给申请人办理了太平洋会员卡1张，申请人自认该卡价值人民币12万元。

> 争议问题

（1）申请人是否已经交纳 15 万元入会费？

（2）申请人解除《入会协议书》的请求是否应予支持？

（3）申请人提出的退还剩余 3 万元入会费的请求是否应予支持？

（4）申请人提出的自 2017 年 1 月 1 日起由被申请人支付占用剩余入会费期间的利息的请求是否应予支持？

> 法理分析

申请人与被申请人签订的《入会协议书》是双方真实意思表示，不违反法律、行政法规的禁止性规定和公序良俗，合法有效，应当作为确定双方当事人权利和义务的依据。

1. 申请人是否已经交纳 15 万元入会费？

《入会协议书》第二条第一款规定："乙方（申请人）在签订本合同时，一次性支付全部入会费用及当年会籍管理费。"第四款规定："乙方在签约时未能一次性支付全部入会费用及年度会籍管理费，本合同不生效。"后手写："免 2014 年会费，2015 年 10 月左右正常交费。"《入会协议书》签订后，被申请人为申请人办理会员卡正副卡各 1 张，申请人也曾经实际到被申请人经营的高尔夫球场进行打球。虽然被申请人对申请人主张的其曾经交纳 15 万元入会费的事实不予认可，但是被申请人也没有说明申请人曾经缴纳了多少入会费，又欠缴多少入会费，综合双方签订的《入会协议书》的相关约定、被申请人为申请人办理会员卡的事实、申请人曾经到被申请人处消费的事实以及被申请人后来为申请人办理太平洋会员卡的事实，仲裁庭认为申请人关于其已经交纳 15 万元入会费的主张更符合常情常理，仲裁庭对申请人的主张予以确认，即申请人已经按照《入会协议书》的约定向被申请人全额交纳入会费 15 万元。

2. 申请人解除《入会协议书》的请求是否应予支持？

申请人和被申请人均认可《入会协议书》签订后曾经发生法律效力，只不过申请人主张至仲裁开庭之日其仍然有效，被申请人主张其已经终止。2015 年 3 月 30 日国家林业和草原局、国家公园管理局联合发布《国家部委联合公布已取缔的高尔夫球场名单》后，被申请人经营的高尔夫球场被取缔，《入会协议书》中的权利和义务已经无法实际履行。就《入会协议书》权利义务无法履行的善后事宜，申请人和被申请人曾经进行过协商，申请人接受了被申请人为其办理的太平洋会员卡 1 张。被申请人为申请人办理太平洋会员卡、申请人予以接受的行为，是与《入会协议书》项下权利义务履行行为相反的行为，应当认定为双方当事人此时已经通过行为解除了《入会协议书》，也就是说双方当事人通过行为表达了解除合同的意思表示且形成了一致。《民法典》第一百三十五条规定："民事法律行为可以采用书面形式、口头形式或者其他形式；法律、行政法规规定或者当事人约定采用特定形式的，应当采用特定形式。"《最高人民法院关于适用〈中华人民共和国民法典〉总则编若干问题的解释》第十八条规定："当事人未采用书面形式或者口头形式，但是实施的行为本身表明已经作出相应意思表示，并符合民事法律行为成立条件的，人民法院可以认定为民法典第一百三十五条规定的采用其他形式实施的民事法律行为。"根据上述规定,除明示外,意思表示还可以其他行为作出。该"其他行为",即是推知的意思表示,在通常情况下,它与默示同义。一般情况下,只要被认定为意思表示,无论明示默示,法律效果并无区别。[1] 申请人和被申请人通过行为解除《入会协议书》,具有法律根据,依法应予确认。申请人在本案中提出的要求被申请人退还 3 万元剩余入会费的请求,也并非要求被申请人履行《入会协议书》项下合同义务的行为,而是合同解除后的善后行为。鉴于《入会协议书》已经解除,故对申请人提出的解除《入会协议书》的仲裁请求,仲裁庭不予支持。

3. 申请人提出的退还剩余 3 万元入会费的请求是否应予支持?

本案被申请人经营的高尔夫球场被取缔,无论是否与政府有关,均属于被申请人一方的原因,申请人对此并无过错,被申请人应当采取必要措施保证申请人的合法权益。因此,有关善后处理情况的举证责任应当由被申请人承担。由于没有申请人、被申请人和太平洋会员卡发卡人的三方协议,被申请人为申请人办理太平洋会员卡的行为,只能视为被申请人在《入会协议书》解除后给申请人所进行的以有价证券形式体现的价值补偿,不能认定为上述三方的会籍转让行为。根据《民法典》第五百六十六条第一款的规定,《入会协议书》解除后,被申请人应当将收取的申请人的费用退还申请人。现被申请人虽辩

---

[1] 朱庆育. 民法总论 [M]. 北京:北京大学出版社,2013:189-190.

称其为申请人办理的太平洋卡的价值为 20 余万元,但未能提供证据予以证实,申请人自认该卡价值人民币 12 万元,仲裁庭对申请人的自认予以确认。鉴于申请人在签订《入会协议书》时曾经向被申请人缴纳 15 万元入会费,扣除申请人接受的价值 12 万元的太平洋会员卡,被申请人仍应向申请人退还 3 万元费用。故对申请人提出的退还剩余 3 万元入会费的仲裁请求,仲裁庭予以支持。

4. 申请人提出的自 2017 年 1 月 1 日起由被申请人支付占用剩余入会费期间的利息的请求是否应予支持?

申请人接受被申请人为其办理的太平洋会员卡的时间为《入会协议书》解除的时间。《入会协议书》解除后,被申请人应当将太平洋会员卡与被申请人发行的会员卡之间的价值差额退还给申请人。但是申请人未说明其接受被申请人为其办理太平洋会员卡的确切时间,又考虑到申请人曾经在被申请人球场打球享受过一段会员权利的情况,仲裁庭对申请人提出的由被申请人支付占用剩余入会费期间的利息的仲裁请求,酌定从申请人申请仲裁立案之日予以支持。

处理结果

依照《中华人民共和国民法典》第一百四十条第一款、第四百六十五条第一款、第五百零九条第一款、第五百六十二条第一款、第五百六十六条第一款、第五百七十九条的规定,裁决如下:

(一)被申请人退还申请人入会费 3 万元;

(二)被申请人向申请人支付资金占用利息〔利息以尚欠入

会费 3 万元为基数，以中国人民银行授权全国银行间同业拆借中心公布的一年期贷款市场报价利率（LPR）为标准，自 2023 年 2 月 17 日起至付清之日止］；

（三）驳回申请人的其他仲裁请求。

第七章

违约责任

第一节 违约行为

案例7-1 违约行为的认定

案情介绍

申请人：费某

被申请人：某房地产开发公司

申请人称：申请人与被申请人系商品房买卖合同关系。申请人于2008年8月18日与被申请人签订了《某市商品房买卖合同》，申请人购买被申请人开发的坐落于某市某区工业路北口5-207、建筑面积89.32平方米商品房一套，合同总价284 038元。合同对双方之间的权利义务进行了详细约定。申请人于2008年7月16日、2008年8月18日分两次将首付款人民币134 038元,于2008年11月7日将公积金贷款人民币15万元付于被申请人账户,合计总房款284 038元全部支付到被申请人指定账户。同时,申请人依照合同约定缴纳了税费,履行了自己作为一个买受人应尽的付款义务。《某市商品房买卖合同》第12条约定,被申请人应在商品房交付使用后90日内,将办理权属登记须由出卖人提供的资料报产权登记机关备案。如因出卖人的责任,买受人不能在规定的期限内取得房地产权属证书的,合同继续履行,出卖人按已付房价款的同期银行利息向买受人支付违约金。由于被申请人自身的问题,致使申请人至今未能取得房地产权属证书,生产、生活受到极大困扰。多年来,申请人无数次向被申请人提出按照合同约定办理产权证及支付违约金的合理请求都遭到拒绝,无奈之下,申请人只得拿起法律武器来维护自己的合法权益。为此,提出以下仲裁请求:(1)裁决被申请人按照《某市商品房买卖合同》的约定办理某市某区某小区5-207号《不动产权证书》;(2)裁决被申请人支付逾期办证违约金43 759.65元;(3)本案仲裁费用由被申请人承担。

在仲裁庭审中,申请人将第1项仲裁请求明确为:裁决被申请人按照《某市商品房买卖合同》的约定将产权登记资料报送产权登记机关备案,并协助申请人办理案涉房屋产权证。

申请人对其提出的主张向仲裁庭提供了以下证据:

(1)《某市商品房买卖合同》1份,证明《某市商品房买卖合同》是申请人与被申请人在平等自愿、协商一致的基础上依法签订,是有效合同,应受法律保护;《某市商品房买卖合同》明确约定申请人以总房价 284 038 元购买了被申请人开发的位于某区工业路北口 5-207、面积 89.32 平方米住宅一套;被申请人已构成违约,《某市商品房买卖合同》第 12 条约定,如因出卖人的责任,买受人不能在规定的期限内取得房地产权属证书的,合同继续履行,出卖人按已付房价款的同期银行利息向买受人支付违约金。

被申请人的质证意见:对该组证据的真实性予以认可,证明目的不予认可。认为《某市商品房买卖合同》第 12 条明确约定了出卖人应在交付房屋后 90 日内将办证资料交付产权登记机关备案,合同明确的义务是提交资料备案,而非办妥产权证。合同没有约定给申请人办证的明确期限,从产权证办理的实际情况来看,只有资料报备是被申请人能控制的,其余问题,办证时间长短,是由产权办理机构决定。无论从报备情况还是实际办证情况来看,被申请人的义务就是报备资料。从合同约定来看,被申请人并未构成违约,申请人不能据此主张逾期办证违约金,即使主张,也应结合项目实际提交的时间来确定。

(2)编号为 0017925 的《收据》1 份、编号为 0017926 的《收据》1 份、《职工住房公积金担保贷款借款合同》1 份、《解除担保通知书》1 份、《住房公积金贷款对冲业务受理单》1 份、《某市住房公积金管理中心个人贷款结清通知书》1 份、《还款明细》1 份,证明申请人于 2008 年 7 月 16 日、2008 年 8 月 18 日分两次将首付款人民币 134 038 元,于 2008 年 11 月 7 日将公积金贷款人民币 15 万元付于被申请人账户,合计总房款 284 038 元全部支付到被申请人指定账户,于 2016 年 9 月 14 日结清所有贷款,申请人履行了《某市商品房买卖合同》第 14 条约定的付款义务;被申请人的违约行为是持续状态,合同在继续履行,申请人的主张未过诉讼时效。

被申请人的质证意见:对该组证据的真实性予以认可,证明目的不予认可。申请人是否履行付款义务与本案被申请人是否违约无关;该证据只能证明其履行了付款义务,被申请人的违约行为是否超过诉讼时效,从该组证据中不能证明。

(3)编号为 5003911 的《收据》1 份、编号为 5003930 的《收据》1 份、编号 00238278 的《某市房屋专项维修资金收据》1 份,证明申请人依照规定自觉缴纳了契税和房屋维修基金等办证费用,履行了自己作为一个买受人应尽的缴纳税费义务,被申请人有义务也有责任为申请人办理产权证;被申请人由于懈怠,一直挪用申请人缴纳的房屋维修基金,直到 2021 年 3 月 25 日才将其交到相关管理部门。

被申请人的质证意见:对该组证据的真实性予以认可,证明目的不予认可。申请人确实在交房时缴纳了契税、维修基金,收据能证明交房时间,但申请人所主张的被申请人挪用维修基金的事实,从该份证据上无法证明。办证过程中,房屋专项维修基金是开发商代扣代缴的款项,是业主和开发商之间代扣代缴的问题,与双方之间商品房买卖合同属不同法律关系,与双方之间合同的主义务或附随义务无关,且宿某非本庭申请人,与本案无关,无法证明被申请人存在逾期办证的情形。房屋专项维修基金是在房屋初始登记办理完毕后,业主自行办理分户产权时向登记机关缴纳的费用,既然申请人举证宿某缴纳房屋专项维修基金的证据，就证明该小区房屋早已办理完毕初始登记，被申请人不存在违约行为。初始登记与分户产权的登记不同。

被申请人辩称：（1）针对申请人的第一项仲裁请求，被申请人将办理权属登记需要提供的资料报产权登记机关备案，已经按照合同约定履行了义务；（2）针对申请人的第二项仲裁请求即请求被申请人支付逾期办证违约金，该项请求已经超过诉讼时效，应驳回该项仲裁请求；（3）退一步讲，即使被申请人应当承担违约金的责任，其计算标准约定不明确，计算存在错误，申请人的主张没有任何法律及合同依据。

被申请人对其提出的主张向仲裁庭提供了以下证据：

（1）《某市商品房买卖合同》1份、《收据》1张。证明：① 申请人与被申请人于2008年8月18日签订了《某市商品房买卖合同》，约定：出卖人应在商品房交付使用后90日内，将办理权属登记须由出卖人提供的资料报产权登记机关备案；如因出卖人的责任，买受人不能在规定的期限内取得房地产权属证书的，双方同意按下列规则处理，即合同继续履行，出卖人按已付房屋价款的同期银行利息向买受人支付违约金。② 案涉合同明确约定了被申请人交付房屋后的义务是将办理权属登记需由出卖人提供的资料报产权登记机关备案，并非办妥房地产权属证书。换言之，被申请人向产权办理机关提供所需资料即完成了上述合同义务。③ 被申请人承担违约责任的前提是"因出卖人的责任，买受人不能在规定的期限内取得房地产权属证书的"，非出卖人原因导致的迟延，不应由被申请人承担。④ 合同中约定的违约金计算方式并非明确的计算标准。⑤ 申请人于2009年3月2日缴纳了契税、产权费、他项权证费、公证费等相关费用,缴费当日被申请人向申请人交付了案涉房屋。⑥按照《某市商品房买卖合同》的约定,提交资料报产权登记机关备案的时间应从交付时开始计算。

申请人的质证意见:对该组证据的真实性予以认可,证明目的不予认可。被申请人所述其义务为提供资料报产权登记机关备案,并非办妥房地产权属证书,是对合同第12条的断章取义,申请人认为因为被申请人建筑面积超规划面积导致业主产权证无法办理,合同约定"如因出卖人责任未能办理产权证的,出卖人应承担违约责任",申请人认为本案就属被申请人责任导致不能办证,其应承担违约责任。合同约定被申请人报登记机关备案的期限为交付房屋后90日内。被申请人辩称已将办证资料提交备案,但被申请人于2016年才提交资料进行报备,说明被申请人已经违约。《收据》恰恰证明申请人已经按照合同约定向被申请人缴纳了相关税费,被申请人应按照合同约定向相关机关报备,但被申请人迟迟未将相关税费缴纳,存在懈怠行为。

(2)《某市关于进一步简化房地产开发项目审批程序的意见》1份、《关于印发某市房地产开发项目联合验收暂行办法的通知》1份、某市某区人民法院(2017)某0203民初6129号《民事判决书》1份、某市中级人民法院(2018)某02民终353号《民事判决书》1份。证明:①因某市政府于2014年下发了《某市关于进一步简化房地产开发项目审批程序的意见》,该意见指出成立某市房地产开发项目联合验收委员会,组织开展联合验收工作,对工程规划执行情况、小区内基础设施配套和配建工程完成情况等进行综合验收,建设项目未通过验收的,不得交付使用、不予办理房屋产权初始登记；② 案涉房屋所在小区属于2014 年前已经竣工交付的项目，由于之前某市政府无上述前置工作要求，因此根本无法实现联合验收。该问题严重制约了某市所有房地产公司初始登记的办理，某市政府也意识到该问题，并于 2015 年 12 月 11 日下发《关于印发某市房地产开发项目联合验收暂行办法的通知》，取消了 2014 年 3 月 13 日之前已办理项目施工许可证的房地产开发项目的联合验收程序；③ 自 2014 年 3 月 13 日起至 2015 年 12 月 11 日止，因某市房地产开发项目审批程序有调整，该期间几乎没有项目能够完成联合验收，办妥房屋产权初始登记；④ 在审判实践中，因上述某市房地产开发项目审批程序的调整，人民法院认定开发企业在此期间不能办妥初始登记并无过错，并判决将上述 638 天从报送产权登记资料的时间中进行扣减。

申请人的质证意见：《某市关于进一步简化房地产开发项目审批程序的意见》系打印件，对其不予认可；《关于印发某市房地产开发项目联合验收暂行办法的通知》系复印件，对其不予认可；民事判决书均系复印件，对其也不予认可。认为该组证据与本案不具有关联性，对证明目的不予认可。

（3）《建设工程规划许可证副本》《建设工程施工许可证》《国有土地使用证》《某市商品房预（销）售许可证》各 1 份，证明被申请人按照合同约定履行了义务，提交了办理产权登记备案的资料，具体如下：2006 年 8 月 5 日的《国有土地使用证》明确，案涉项目使用土地进行了登记；2006 年 10 月 19 日某市规划局出具了《建设工程规划许可证副本》，其中明确城市规划行政主管部门审定意见是同意在遮挡建筑拆除完毕后方可建设；2007年6月7日某市建设委员会出具了《建设工程施工许可证》，其中明确案涉项目符合施工条件，准予施工；案涉项目1—3号、5—7号住宅楼于2007年1月26日取得《商品房预（销）售许可证》。被申请人于2016年已经将前述资料提交至集中治理产权登记的产权遗留办公室。

申请人的质证意见：该证据均系复印件，对其真实性不予认可，对证明目的也不予认可。

（4）某府发〔2016〕34号文件《某市推进城市规划区房屋产权登记集中治理工作实施方案》1份、《关于对某市城市规划区国有土地上房屋产权登记办证遗留问题的复函》1份、某市不动产登记中心《国有土地使用证作废公告》1份。证明：① 某市人民政府于2016年3月21日印发某府发〔2016〕34号文件，其中明确：市政府决定对城区规划区内2015年12月31日前已交付使用、未办理产权登记的房屋项目进行集中治理。可见，政府相关部门对于具备办理产权登记条件的项目，进行分批次处理办理产权。案涉项目符合条件，被申请人已于集中治理开始后便提交了办理产权登记的全部资料。② 某规划函〔2016〕15号文件于2016年1月28日印发，系某市规划局对某市城市规划区国有土地上房屋产权登记办证遗留问题专项治理工作领导小组办公室的复函，其中明确：我局积极联系相关部门单位，被申请人开发建设的位于某区工业路东、东门外大街南侧商住小区进行现状比对，该项目部分建筑（1号—6号住宅楼、一栋商店）基本与规划相符，同意按现状保留并办理后续相关手续。可见，案涉项目符合遗留项目产权的办理条件,被申请人已于复函前向专项治理部门提供了全部的资料,该部门告知了规划部门,规划部门同意继续办理后续手续。被申请人已于2016年1月28日前完成了《某市房屋买卖合同》约定的"提供资料报产权登记机关备案"的合同义务。即使按照三年的诉讼时效来计算,在被申请人于2016年1月28日前已完成合同义务的情形下,申请人于2021年1月24日申请仲裁也早已超过诉讼时效。③被申请人于2016年已将权属的登记资料提交,相关部门收到了前述资料,但是有关部门的原因导致案涉项目的国有土地使用证材料丢失,从而造成后续办理产权证的推迟。2018年4月28日,相关部门要求被申请人作出国有土地使用证作废公告并办理新的国有土地使用证。可见,被申请人在提交相关资料后,仍一直在积极配合办理权属登记,不存在任何过错。

申请人的质证意见:该组证据均系打印件,对其真实性不予认可,对证明目的亦不予认可,且与本案无关联性。

(5)《商品房首次登记不动产权属汇总表》1份、"某小区3号楼"住户办理产权资料领取表1份,证明案涉房屋于2021年2月20日已经完成了初始登记,《商品房首次登记不动产权属汇总表》中包括了申请人的房屋。目前案涉项目正在分批次办理分户产权的登记,各个住户已经在被申请人处领取相关资料并签字确认。可见,办理分户产权登记正在逐步进行,合同约定的被申请人协助办理权属证书的义务已经完成。

申请人的质证意见:对《商品房首次登记不动产权属汇总表》的真实性存疑,骑缝章后页没有盖上,对证明目的不予认可,制表时间为 2021 年 2 月,是在申请人申请仲裁之后做出的;对"某小区 3 号楼"住户办理产权资料领取表的真实性不予认可,与本案无关联性,名单中没有本案申请人,对证明目的不予认可。

经仲裁庭审理查明:2008 年 8 月 18 日,申请人与被申请人签订《某市商品房买卖合同》,申请人购买被申请人开发的某市某区某小区 5-207 号房屋 1 套,房屋建筑面积 89.32 平方米,房屋总价款 284 038 元;合同第三条约定,被申请人应于 2008 年 8 月 31 日前将房屋交付申请人;合同第四条约定,首付款 134 038 元,贷款金额 15 万元;合同第十二条约定,"出卖人(被申请人)应在商品房交付使用后 90 日内,将办理权属登记需由出卖人提供的资料报产权登记机关备案。如因出卖人的责任,买受人(申请人)不能在规定的期限内取得房地产权属证书的,双方同意按下列第 3 项处理:……3. 合同继续履行,出卖人按已付房价款的同期银行利息向买受人支付违约金";合同第十五条约定,因该合同发生争议,双方应协商解决,协商不成时向某仲裁委员会申请仲裁。

2007 年 1 月 26 日,被申请人取得案涉房地产项目的《某市商品房预(销)售许可证》。2008 年 7 月 16 日,申请人向被申请人支付案涉房屋购房款 3 万元。2008 年 8 月 18 日,申请人向被申请人支付案涉房屋购房款 104 038 元。2008 年 11 月 7 日,申请人通过公积金贷款将 15 万元购房款支付给被申请人。至此,申请人已经将全部购房款支付给被申请人。2009 年 3 月 2 日,被申请人将房屋交付申请人,同时代收了维修基金、契税、产权费、他项权证费和公证费。房屋交付后,被申请人未能在合同约定的 90 日内将办理权属登记需由出卖人提供的资料报产权登记机关备案。2016 年案涉房地产项目被列入某市城市规划区房屋产权登记集中治理工作范围，被申请人已于 2016 年 1 月 28 日前完成了《某市商品房买卖合同》约定的"提供资料报产权登记机关备案"的合同义务。2021 年 2 月 20 日，被申请人取得某市自然资源局出具的《商品房首次登记不动产权属汇总表》，案涉房屋进入排队等待办理产权证状态。截至仲裁开庭之日，申请人未收到被申请人关于可以办理案涉房屋不动产权属登记的通知。

争议问题

（1）被申请人在办证事项上是否存在违约行为？
（2）被申请人违约行为的持续时间如何确定？
（3）申请人的办证请求是否应予支持？
（4）被申请人提出的违约金时效抗辩是否成立？

法理分析

1. 在案涉房屋不动产权属证书办理事项上，被申请人是否存在违约行为？

申请人与被申请人签订的《某市商品房买卖合同》第十二条约定："出卖人（被申请人）应在商品房交付使用后 90 日内，将办理权属登记需由出卖人提供的资料报产权登记机关备案。"案涉房屋交付时间为 2009 年 3 月 2 日，故被申请人应当在 2009 年 5 月 31 日之前将办理权属登记需由出卖人提供的资料报产权登记机关备案。但是被申请人未能举证证明在上述日期之前完成了资料报备义务。虽然被申请人辩称由于某市人民政府 2014 年 3

月13日出台的《某市关于进一步简化房地产开发项目审批程序的意见》改变了某市房地产开发项目审批程序，案涉房地产项目无法完成联合验收、办理产权登记，被申请人对此不存在过错，但是这一客观情况发生在被申请人已经陷于履行迟延期间。参照原《合同法》第一百一十七条关于"当事人迟延履行后发生不可抗力的，不能免除责任"的规定，被申请人仍然应对其迟延履行资料报备义务的行为承担违约责任。虽然案涉房地产项目2016年被纳入某市城市规划区房屋产权登记集中治理工作范围，且经被申请人工作取得了行政主管部门出具的《商品房首次登记不动产权属汇总表》，但是无法改变被申请人未能在合同约定的期限内完成办证资料报备义务从而已经构成合同违约的客观事实。

2. 被申请人在履行资料报备事项上的违约行为持续至何时终结？

由于案涉房地产项目被列入某市城市规划区房屋产权登记集中治理工作范围，被申请人在《某市商品房买卖合同》第十二条项下的办证资料报备义务遂转变为根据行政主管部门要求提供产权登记集中治理所需资料的义务。根据情势变更原则的精神，合同义务中与行政程序相关的内容，应当随着国家行政法律、法规、政策等的调整，进行相应的调整，不能完全拘泥于当事人合同中约定的内容，否则将导致裁判结果无法执行。如果因为一方迟延履行导致进入行政程序变化期间，迟延一方应当根据合同约定向对方承担赔偿责任等自不待言，但是有关行政手续的裁判内容，必须根据最新的行政法律、法规和政策的要求作出裁判。2016年1月28日，某市规划局向某市城市规划区国有土地上房屋产权登记办证遗留问题专项治理工作领导小组办公室出具了《关于对某市城市规划区国有土地上房屋产权登记办证遗留问题的复函》。通过该函可知，被申请人已经将产权登记集中治理所需资料报某市城市规划区国有土地上房屋产权登记办证遗留问题专项治理工作领导小组办公室，该办公室出具了〔2015〕函规字第0012号《某市城市规划区国有土地上房屋产权登记遗留问题受理告知函》。故，被申请人迟延报备办证资料的违约行为持续至2016年1月28日前终结。

3. 申请人所提出的第一项仲裁请求，即裁决被申请人将办理权属登记需由出卖人提供的资料报产权登记机关备案并协助申请人办理不动产权证书的仲裁请求，是否应当予以支持？

如前所述，由于案涉房地产项目被列入某市城市规划区房屋产权登记集中治理工作范围，被申请人在《某市商品房买卖合同》第十二条项下的办证资料报备义务转变为根据行政主管部门要求提供产权登记集中治理所需资料的义务，2016年1月28日被申请人承担的办证资料报备义务履行完毕，所以对申请人所提出的关于被申请人应当继续履行办证资料报备义务的请求不予支持。但是被申请人在案涉房屋交付之时代收了维修基金、契税、产权费、他项权证费和公证费，该等费用中的维修基金、契税等费用是办理不动产权属登记时应当缴纳给相关部门的费用，被申请人未能举证证明其已经将该等费用转交给相关部门，因此仍然应当承担转交该等费用等协助申请人办理不动产权属登记的义务。故，对申请人所提出的请求被申请人协助申请人办理案涉房屋不动产权属证书的请求予以支持。

4. 被申请人所提出的办证违约金已经超过诉讼时效的抗辩是否成立？

《最高人民法院关于适用〈中华人民共和国民法典〉时间效力的若干规定》第一条第三款规定："民法典施行前的法律事实持续至民法典施行后，该法律事实引起的民事纠纷案件，适用民法典的规定，但是法律、司法解释另有规定的除外。"不可分割的持续性状态类事实主要表现为时间状态的经过，特别是诉讼时效、除斥期间和保证期间。法律之所以将这三类时间状态确定为权利丧失司法保护或者绝对消灭的事由，主要是为了敦促权利人积极行使权利，避免因为权利人的过分懈怠而给义务人的财务和生活安排造成不确定性。❶ 案涉违约金债务的诉讼时效属于《民法典》施行前开始持续至《民法典》施行后的时间法律事实，所以对于诉讼时效期间的计算应当适用《民法典》的规定。《民法典》第一百八十八条第一款规定："向人民法院请求保护民事权利的诉讼时效期间为三年。法律另有规定的，依照其规定。"故，本案申请人提出的违约金主张应适用三年诉讼时效期间。申请人主张被申请人承担违约责任的条款为《某市商品房买卖合同》第十二条的约定，该条款规定的是被申请人的办证资料报备义务及其违约责任。如前所述，被申请人所承担的办证资料报备义务已经于 2016 年 1 月 28 日前完成，至申请人提起仲裁之日（2021 年 2 月 23 日）已经超过了《民法典》第一百八十八条第一款规定的三年诉讼时效期间，申请人未提供诉讼时效中止、中

---

❶ 熊丙万. 论《民法典》的溯及力 [J]. 中国法学，2021 (2)：20-41.

断的证据，且《某市商品房买卖合同》第十二条有关违约责任的约定并未明确为按日给付的债权，故被申请人所提出的违约金债务已经超过诉讼时效的抗辩成立，对申请人提出的违约金主张不予支持。

> 处理结果

根据《最高人民法院关于适用〈中华人民共和国民法典〉时间效力的若干规定》第一条第二款、第三款，《中华人民共和国民法典》第一百八十八条第一款，原《中华人民共和国合同法》第八条、第六十条第二款、第一百零七条、第一百三十五条的规定，裁决如下：

（一）被申请人协助申请人办理某市某区某小区 5 - 207 号房屋的不动产权属证书；

（二）驳回申请人的其他仲裁请求。

第二节 损害赔偿

案例 7 - 2 损害赔偿范围的确定

> 案情介绍

申请人：郭某

被申请人：某人力资源公司

申请人称：2020年6月17日至2020年7月14日，申请人向被申请人共缴纳45 000元就业服务费，双方签订《就业服务协议》，协议约定被申请人在3个月内为申请人提供5G网络优化岗位，转正后薪资待遇为每月4000元左右，工作满一年，每月工资为8000元左右。之后，被申请人安排申请人进行简单培训，申请人完成培训后去了被申请人推荐的单位实习。实习期满，申请人被用人单位告知转正后薪资为3200元/月，工作内容也并非5G网络优化岗位。工资待遇和工作内容与《就业服务协议》的约定内容严重不符。申请人与被申请人协商，被申请人又安排申请人去H公司，但待了一个月，H公司也未提供正式工作岗位给申请人。事后，申请人与被申请人多次协商，被申请人均不理会。综上，被申请人未能按照协议约定给申请人提供相应就业服务，其行为已构成违约。为此，提出以下仲裁请求：（1）裁决解除申请人与被申请人签订的《就业服务协议》；（2）裁决被申请人退还申请人就业服务费45 000元及资金占用使用费3539元（以45 000元为基数，从2020年7月14日起按照全国银行间同业拆借中心公布的一年期LPR计算，暂计至起诉之日，实际计算至全部付清之日为止）；（3）裁决被申请人退还申请人在培训期间交纳的住宿费用1150元；（4）裁决被申请人退还申请人租房费用1300元；（5）本案仲裁费由被申请人承担。

申请人对其提出的主张向仲裁庭提供了以下证据：

（1）《就业服务协议》1份、收据2份、被申请人在其微信公众号发布的《五险一金！三大运营商5G岗招聘，某省各地均有岗位!》《某地最新国企岗位！五险一金!》文章截图打印件 23 张，证明 2020 年 6 月 17 日，申请人与被申请人签订《就业服务协议》，申请人分别于 2020 年 6 月 17 日、2020 年 7 月 14 日向被申请人交纳就业服务费共计 45 000 元，双方约定由被申请人为申请人提供就业服务，协议第八条岗位及岗位描述约定：工作地点为 B 地，岗位为 5G 网优，实习期薪资 3000 元左右，转正后 4000 元左右，工作满一年 8000 元左右。合同第三页下方缺失，甲、乙方作为平等权利义务主体，按照合同权利义务平等原则，第五条第一款乙方的权利义务应与第二款甲方的权利义务一致。该内容补全应当为"甲方在合同履行期间有下列情况之一的，视为合同自动终止，乙方有权终止合同，退还所收费用"。且被申请人同时在自有公众号上发布文章《五险一金！三大运营商 5G 岗招聘，某省各地均有岗位!》《某地最新国企岗位！五险一金!》，承诺提供的就业方向为央企和上市公司，或移动直签，或在中国通信服务有限公司、中邮通信科技股份有限公司、北京电信工程有限公司、北京电旗通信有限公司等大型央企、国企、上市的通信公司就业，承诺实习工资为 2500~3000 元，转正后为 5000~8000 元，最后作出了包上岗、包转正、包待遇，三包任何一条不满足，费用全额退回的承诺。被申请人发布的广告具有明确具体的内容，因合同签订于 2020 年，依据原《合同法》第十四条之规定应作为要约，申请人已缴费完毕，该要约成立，则广告中的各项内容应为申请人与被申请人于 2020 年 6 月 17 日签订的《就业服务协议》的一部分，均需要约人即被申请人严格遵守。

被申请人的质证意见：对《就业服务协议》《五险一金！三大运营商5G岗招聘，某省各地均有岗位！》《某地最新国企岗位！五险一金！》的真实性予以认可，对《就业服务协议》的证明目的予以认可，对公众号中发布的两条招聘信息证明目的不予认可。上述两条信息发布时间分别是2020年7月2日和2020年7月13日，而双方的《就业服务协议》的签订时间为2020年6月17日，双方之间的权利义务关系应按照该协议约定为准，而不能适用后期发布的招聘信息的相关条款。

（2）申请人垫付的房费金额为1150元的收据1张，证明培训期间，被申请人安排申请人去保定实习，明确承诺先由申请人垫付房费，后期退还；申请人于2020年10月18日垫付房费1150元，后被申请人未予以退还。

被申请人的质证意见：对该组证据的真实性予以认可，证明目的不予认可。该收据不能显示被申请人曾承诺对申请人支出的住宿费用后期予以退还。

（3）被申请人负责人魏某的微信主页截图及申请人与其的微信聊天截图12张、社保证明1张，证明2021年3月19日，申请人通过微信向被申请人负责人魏某询问工作安排情况，对方明确表示"联通电信移动手机维修全部是外包的，没有正式工作这一说"。2021年4月18日，被申请人负责人魏某联系我方，称已经给联系好工作，工作地点位于B市某通信公司6楼，还甚至要求申请人自行携带礼物与工作单位负责人沟通工作岗位情况，称"你实习，和某工说想留在华为工作，方向你也可以和他说下，回头我和某局沟通，然后再和某工沟通，你给某工带点礼物"。经申请人与工作单位的某工沟通得知，被申请人给指定的某工所负责的岗位并没有5G相关的，都是处理投诉跟产品销售方面的工作，但被申请人负责人魏某称"华为分公司的经理我认识呢，你先去实习吧"，故申请人在该单位一直待到2021年5月底，但单位并未让申请人与其签订劳动合同，其间也未发放工资，未给缴纳社保。2021年7月2日，被申请人负责人魏某仅向申请人提供了电网运维工程师、地产公司监控室文员工作岗位，因安排的岗位与《就业服务协议》中约定的5G网络优化没有关联，申请人未同意，后一直等待被申请人安排新的工作，但至今被申请人仍未按照协议约定安排5G网络优化岗位。

被申请人的质证意见：对该组证据的真实性予以认可，证明目的不予认可。申请人表示在安排的单位工作到2021年5月底，其间未签订劳动合同，也未发放工资，未提供相应的证据，因申请人与第三方是否形成劳动关系，被申请人也无法获得相关证据，申请人以未缴纳社保而推理不具备劳动关系，与法律规定不符。根据《劳动合同法》规定，劳动关系自用工之日即形成，申请人自认在该公司工作到2021年5月底，即表示其与用人单位已经形成劳动关系，对于其工作岗位是否为5G网优，也未提供相应的证据证明并非该岗位。

（4）申请人母亲董某与中介、房东的微信转账截图，微信电子转账凭证，申请人与其母亲董某户口本复印件，证明2021年4月，因被申请人称已为申请人找好单位，申请人家住C市，故在B市通过中介租赁一套房屋，申请人通过其母亲董某支付租房费用1300元，其中300元为向中介公司支付的中介费，1000

元为向房东支付的房屋租金。此部分为被申请人违约导致的实际损失,被申请人应予以赔偿。

被申请人的质证意见:对该组证据的真实性予以认可,证明目的不予认可。申请人租房支出的费用是其在居住期间产生的消费费用,并非被申请人违约导致的费用,不应由被申请人赔偿。

被申请人辩称:(1)依据双方之间签订的《就业服务协议》,被申请人已全面履行合同义务,不存在违约行为,本案所涉合同已经履行完毕。申请人与被申请人于2020年6月17日签订《就业服务协议》,甲方的义务(职责)是认真组织技能培训,并对乙方进行必要的专业技能培训,就业范围包括国际国内各大航空公司、各大机场、高速公路、高铁、国内能源、电力、化工及煤化工央企、软件、通信行业国企、事业单位、上市公司、民营企业。如乙方考核不达标或不服从就业安排的,甲方不保证就业率。协议签订后,被申请人依据协议约定履行了培训和推荐就业的服务义务,申请人参加培训通过考试后,取得华为5G网络优化工程师资质证书。申请人取得资质证书后,先被某通信技术公司录取并上岗,申请人入职后一段时间无故主动退岗。申请人在被申请人第二次推荐下,入职H公司。被申请人对申请人进行系统的岗位培训,并向委托的培训机构公司支付12 800元培训费。被申请人已全面履行协议约定的义务,并且向申请人推荐就业成功,但申请人对工作岗位不适应,屡次主动退岗,导致其个人无法成功就业。申请人主张第一个用人单位告知其转正后月工资3200元、岗位并非5G网络优化,未提供任何证据;也没有任何证据显示其在第二个单位即H公司上班期间未给其提供正式工作岗位。(2) 本案申请人单方违约主动退岗，不服从就业安排，不符合退还服务费的协议约定。2020 年 11 月 12 日，申请人表示其已被某通信技术公司录用并开始上岗工作，试用两周，然后是实习期。申请人入职工作几天后表示该公司工作较为辛苦，要求重新调剂就业岗位。被申请人依据协议第二条第四项的约定，对申请人进行二次调剂，向 H 公司推荐申请人就业，申请人于 2020 年 11 月 19 日接到 H 公司电话通知上岗。申请人上岗后，再次无故退岗，拒绝继续在 H 公司工作。申请人的违约行为符合协议第五条第二款第五项约定，即："乙方在本合同履行期间有下列情况之一，视为合同自动终止，甲方有权终止合同，且不退还所收费用：考试通过拒绝上岗，上岗后不能适应工作要求退岗。"被申请人不应对其进行退费。被申请人以及与被申请人合作的某科技公司均已履行了培训和安置就业的合同义务，申请人无故主动放弃了两个就业单位的就业岗位，构成单方违约，无权主张退费。(3) 申请人主张退还住宿费、租房费用缺乏法律依据。申请人主张其在培训期间缴纳的住宿费 1150 元和租房费用 1300 元，缺乏合同依据，双方签订的《就业服务协议》第二条第三项约定"甲方做好培训期间食宿安排，费用由乙方自理"。上述两笔费用属于申请人本人消费产生的住宿费用，应由申请人自己承担，被申请人没有义务承担或退还。(4) 本协议不存在解除合同的法定条件和合同依据。被申请人已全面履行协议约定义务，两次为申请人安排岗位，申请人均主动退岗，按照协议约定，本协议自动终止，且不退还所收取费用。因此，申请人要求退还服务费和住宿费，缺乏法律和事实依据，请求依法驳回申请人全部仲裁请求。

被申请人对其提出的主张向仲裁庭提供了以下证据：

（1）《就业服务协议》1份。证明：① 申请人与被申请人于2020年6月17日签订《就业服务协议》，甲方的义务（职责）是认真组织技能培训，并对乙方进行必要的专业技能培训，就业范围包括国际国内各大航空公司、各大机场、高速公路、高铁、国内能源、电力、化工及煤化工央企，软件、通信行业国企、事业单位、上市公司、民营企业。如乙方考核不达标或不服从就业安排的，甲方不保证就业率。② 协议第二条第三项约定：甲方做好培训期间食宿安排，费用由乙方自理。第四项约定：在乙方专业技能培训达标的条件下，甲方负责一次安排二次调剂。③ 协议第五条第二款第五项约定："乙方在本合同履行期间有下列情况之一，视为合同自动终止，甲方有权终止合同，且不退还所收费用：考试通过拒绝上岗，上岗后不能适应工作要求退岗。"

申请人的质证意见：对该组证据的真实性予以认可，证明目的部分不认可。在《就业服务协议》第八条明确约定岗位为5G网优岗位，同时协议第六条明确约定，协议完成并终止的情形为乙方面试成功后与用人单位建立用工关系，签订用工协议，或者首次签订劳动合同后本协议完成并终止。现被申请人为申请人安排的岗位并非5G网优岗位，同时该岗位的就业单位也未与申请人签订劳动合同。

（2）《培训就业安置合作协议》《授权书》《5G网络优化工程师资质证书》样本各1份，证明被申请人与某科技公司就培训就业安置事宜达成合作协议，被申请人委托该公司为招收的学员提供网络工程师的培训和安置服务。被申请人为申请人的岗位培训向该公司支付12 800元培训费。申请人通过参加被申请人安排的岗位培训后,取得了华为5G网络优化工程师资质证书。被申请人已全面履行双方协议约定的义务,并且向申请人推荐就业成功。

申请人的质证意见:对该组证据的真实性予以认可,证明目的不予认可。《培训就业安置合作协议》中并未载明申请人的名字,无法证明申请人是在该培训机构进行培训的,同时《培训就业安置合作协议》中也未载明培训期间,且其培训的金额与我方签订的《就业服务协议》约定的金额不符,《就业服务协议》第四条约定,技能培训费是2万元,21 000元为技能实操培训费,故被申请人提供的该组证据与本案无关。

(3)"魏某与舒某聊天记录截屏"打印件5页、转账记录截屏打印件1页、"申请人与培训机构老师微信聊天记录和群聊截屏"打印件各1页、"被申请人工作人员李某与H公司王某微信聊天记录"打印件1页。证明:① 2020年8月30日被申请人安排申请人参加了合作单位某科技公司举办的岗位培训班,被申请人公司魏某与某科技公司舒某(舒某是某科技公司授权人)对接培训和安置岗位事宜。② 被申请人为申请人一批培训班学员向某科技公司的经办人舒某转账8万元培训费,其中包括申请人需支付的12 800元。③ 2020年11月12日,申请人已被某通信技术公司录取并开始在D市上岗工作,申请人认可某通信技术公司的工作是试用两周,然后是实习期。申请人于2020年11月19日接到H公司的上岗通知。综上,上述证据共同证明:双方在合同履行过程中，被申请人两次为申请人安置岗位，申请人到岗后均无故拒绝继续上岗工作，申请人单方违约，被申请人不应向申请人退还已收取费用。

申请人的质证意见：对该组证据的真实性和证明目的均不予认可。依据《民事诉讼法》相关规定，电子证据应核对原始载体。在被请人提交的聊天记录中也无法证明微信主体是谁，因微信中微信名可以随意更改，故无法证明舒某是其本人。即使此微信号为舒某本人，在微信聊天截图第四页中最下方，舒某本人也说"后面就没有安排他，我已经在问企业这几天是否还有空缺"，表明被申请人没有完成《就业服务协议》中约定的义务。在微信聊天截图第七页中，申请人本人说的是试用和实习，并没有说已经正式入职，且可以看出申请人还有后续的文字，并没有被被申请人提供，属于未提交完整全面的聊天记录，在断章取义。后续的第八、第九页，也无法核实聊天人的身份，被申请人所述申请人到岗后，均无故拒绝上岗工作，申请人单方违约没有证据证实。

经仲裁庭审理查明：2020年6月17日，申请人与被申请人签订了《就业服务协议》（以下简称《协议》），约定"二、甲方（被申请人）的权利及义务。(1)认真组织技能培训，严格管理，并对乙方（申请人）进行必要的专业技能培训，确保把学员培养成综合性人才……(3)甲方做好培训期间食宿安排，费用由乙方自理。(4)在乙方专业技能培训达标的条件下，甲方负责一次安排二次调剂……(6)本着公平、公正、公开原则推荐工作，给每人至少一次就业机会，在乙方培训合格后，对其进行就业教育、择业指导，在通过用人单位面试后协助乙方办理就业相关手续……（9）就业非乙方个人原因导致无法顺利签订劳动合同时，甲方有义务应给予帮助……（10）甲方为乙方提供就业服务期限为3个月（不包括节假日及培训时间）……"；"三、乙方的权利及义务。……（2）培训期间态度端正，成绩优良，所学课程需通过考核……（5）按照有关规定缴齐技术咨询费、技能培训费、就业推荐服务费……"；"四、培训及服务资费。本协议签订时，乙方应向甲方一次性支付贰万元整（小写：20 000元）的技能理论培训费；贰万壹仟元整（小写：21 000元）的技能实操培训费；肆仟元整（小写：4000元）就业咨询、指导、服务费"；"五、特别约定。1. 甲方在合同履行期间有下列情况之一，视为自动合同终止：（1）无特殊原因，无故取消或延迟乙方面试上岗时间。（2）乙方约定时间内无法就职于约定岗位时，视为推荐就业不合格……2. 乙方在本协议合同履行期间有下列情况之一，视为自动协议终止，甲方有权终止本协议，且不退还所收费用。（1）在本协议履行规定时间内乙方没有按本协议约定缴纳费用的……"；"八、岗位及岗位描述。工作地点：B市，岗位：5G网优，此协议服务到学员转正，但要求学员遵守单位规章制度，努力工作，完成单位实习期工作要求，实习期薪资3000元左右，转正4000元左右，工作满一年8000元左右"；"九、争议解决条款。凡因本协议发生的或者本协议有关的争议，甲乙双方通过友好协商解决，协商不成的可向某仲裁委员会申请仲裁"。《协议》签订后，申请人分别于2020年6月17日、2020年7月14日向被申请人缴纳就业服务费共计

45000元。被申请人对申请人进行了就业培训，申请人取得了5G网络优化工程师资质证书。2020年11月至2021年5月，被申请人为申请人先后推荐了某通信技术公司的工作岗位和H公司的实习岗位，申请人曾短暂到岗，但是上述岗位均与"5G网优"无关，且未能签订劳动合同。2020年10月18日，申请人在被申请人安排培训期间支付住宿费1150元。2021年4月，申请人通过其母亲董某支付B市租房费用1300元。

争议问题

（1）被申请人是否存在违约行为？
（2）《就业服务协议》是否应予解除？
（3）被申请人是否应退还就业服务费并支付资金占用费？
（4）住宿费和房屋租赁费是否应计入损害赔偿范围？

法理分析

1. 被申请人是否存在违约行为？

《协议》第八条约定："岗位及岗位描述。工作地点：B市，岗位：5G网优，此协议服务到学员转正，但要求学员遵守单位规章制度，努力工作，完成单位实习期工作要求，实习期薪资3000元左右，转正4000元左右，工作满一年8000元左右。"双方当事人均认可，申请人缔结《协议》的根本目的在于获得《协议》中约定的工作机会，培训只是获得工作机会的一项准备工作，无独立意义。虽然被申请人为申请人提供了培训服务，但是在申请人培训结束后，被申请人为申请人所推荐的某通信技术公司的工作岗位和H公司的实习岗位，均不属于"5G网优"，不符合《协议》约定的岗位性质。被申请人未能按照《协议》约定完成工作推荐的行为构成根本违约,应当承担相应的违约责任。

2.《协议》是否应予解除?

《协议》第五条"特别约定"的第一款约定:"甲方在合同履行期间有下列情况之一,视为自动合同终止,乙方有权。"该条款后续内容缺失,应当通过合同解释方法予以补充。结合《协议》第五条"特别约定"第二款的内容"乙方在本协议合同履行期间有下列情况之一,视为自动协议终止,甲方有权终止本协议,且不退还所收费用",根据公平原则和对等原则,仲裁庭认为,《协议》第五条"特别约定"的第一款的完整内容应为:"甲方在合同履行期间有下列情况之一,视为自动合同终止,乙方有权终止本协议,且甲方应退还所收费用。"《民法典》第六条规定:"民事主体从事民事活动,应当遵循公平原则,合理确定各方的权利和义务。"合理确定各方权利和义务,实际是要求主体注意维系彼此之间的利益平衡。❶ 上述漏洞补充方法做到了权利义务上的均衡,符合《民法典》公平原则的要求。申请人与被申请人在庭审中亦认可此种补充方法。《协议》第五条"特别约定"的第一款第一项规定:"乙方约定时间内无法就职于约定岗位时,视为推荐就业不合格。"如果出现这种情况,申请人就可以根据《协议》第五条"特别约定"第一款的约定,请求解除合同。《协议》第二条第十项约定"甲方为乙方提供就业服

---

❶ 陈甦. 民法总则评注(上册)[M]. 北京:法律出版社,2017:41.

务期限为 3 个月（不包括节假日及培训时间）"，这就意味着被申请人应当在培训结束后三个月（不包括节假日）内完成《协议》约定的就业推荐服务。被申请人自 2020 年 11 月开始为申请人提供就业推荐服务，至仲裁开庭之日仍未能提供满足《协议》要求的工作岗位，也就是说未能在《协议》要求的培训结束后 3 个月（不包括节假日）内完成就业推荐服务，申请人依照约定有权请求解除合同。故，对申请人解除《协议》的请求，仲裁庭予以支持。

3. 被申请人是否应退还就业服务费并支付资金占用费？

《民法典》第五百六十六条第一款规定："合同解除后，尚未履行的，终止履行；已经履行的，根据履行情况和合同性质，当事人可以请求恢复原状或者采取其他补救措施，并有权请求赔偿损失。"故，《协议》解除后，被申请人应当退还向申请人收取的 45 000 元就业服务费，同时还应当赔偿申请人因此遭受的损失，即 45 000 元的资金占用费。对于资金占用费，申请人主张以 45 000 元为基数，从 2020 年 7 月 14 日（最后一笔就业服务费的支付时间）起按照全国银行间同业拆借中心公布的一年期贷款市场报价利率（LPR）计算，计算至全部付清之日为止，具有事实和法律依据，应予支持。

4. 住宿费和房屋租赁费是否应计入损害赔偿范围？

2020 年 10 月 18 日，申请人在被申请人安排培训期间支付住宿费 1150 元。2021 年 4 月，申请人通过其母亲董某支付 B 市租房费用 1300 元。对于申请人提出的上述住宿费和房屋租赁费的退还问题，仲裁庭认为：首先，对于住宿费问题。《协议》第二条第三项约定:"甲方做好培训期间食宿安排,费用由乙方自理。"培训期间的住宿费并非由被申请人收取,根据《协议》约定相关费用亦应当由申请人自理,申请人请求被申请人退还,缺乏合同和法律依据,仲裁庭不予支持。其次,对于房屋租赁费问题,申请人支付的房屋租赁费,虽然与被申请人安排其在 H 公司的实习工作有关,但同时亦为申请人一般生活费用,难以认定专为履行《协议》支出的费用,且该等费用并非由被申请人收取,被申请人在缔约时亦难以预见到。《民法典》第五百八十四条规定:"当事人一方不履行合同义务或者履行合同义务不符合约定,造成对方损失的,损失赔偿额应当相当于因违约所造成的损失,包括合同履行后可以获得的利益;但是,不得超过违约一方订立合同时预见到或者应当预见到的因违约可能造成的损失。"可预见性的判断通常是以客观标准进行的,也就是说以一个抽象的"理性人""常人""善良家父"等之类的标准进行判断。此种判断是一个法律问题而不是一个事实问题,其中涉及法律的价值判断,最终是要确定归责与否及责任的公平分摊。❶ 申请人是否需要租房、租房费用几何,被申请人在缔约时均难以合理预见,所以申请人请求被申请人退还租房费用,缺乏合同和法律依据,仲裁庭不予以支持。

【处理结果】

依照《中华人民共和国民法典》第五百六十二条第二款、第五百六十五条第二款、第五百六十六条第一款、第五百八十四

---

❶ 崔建远. 合同法 [M]. 北京:北京大学出版社,2021:395.

条的规定,裁决如下:

(一)解除申请人与被申请人 2020 年 6 月 17 日签订的《就业服务协议》;

(二)被申请人退还申请人就业服务费 45 000 元;

(三)被申请人向申请人支付就业服务费的资金占用费(资金占用费以就业服务费 45 000 元为基数,以中国人民银行授权全国银行间同业拆借中心公布的一年期贷款市场报价利率(LPR)为标准,自 2020 年 7 月 14 日起至就业服务费及资金占用费全部付清之日止);

(四)驳回申请人的其他仲裁请求。

案例 7-3　约定不退还租金的处理方法

案情介绍

申请人:李某

被申请人:智某

申请人称:2019 年 7 月 18 日,申请人与被申请人签订一份《房屋租赁合同》,约定:由申请人承租被申请人的房屋,租期 5 年,从 2019 年 9 月 1 日起至 2024 年 8 月 31 日止,年租金为 41 000 元,按年支付。2019 年 7 月 19 日,申请人通过手机银行给被申请人预付第一年房租 11 000 元。但是直到提起本次仲裁请求时,被申请人仍未将租赁房屋腾空并交付给申请人。被申请人未及时腾房的原因致使申请人无法实现租赁并使用房屋的目的。为此,申请人提出以下仲裁请求:(1)解除双方签订的《房屋租赁合同》;(2)被申请人立即向申请人返还预付房租 11 000 元;(3)本案仲裁费用由被申请人承担。

申请人对其提出的主张向仲裁庭提供了以下证据：

（1）《房屋租赁合同》1份，证明双方形成租赁合同关系，被申请人没有按照合同约定给申请人腾房，申请人已经向被申请人付款11 000元。

被申请人对合同的真实性予以认可，申请人也确实付了11 000元，但对申请人所述没有腾房的事实不认可。被申请人不需要给申请人腾房，因为申请人已经通知被申请人不租这个房子了。双方于2019年7月18日签订合同，年租金41 000元，申请人应在2019年9月1日之前再向被申请人支付33 000元，但申请人未付该笔款项，所以不存在给申请人腾房的问题。

（2）中国建行手机银行转账记录1份，证明申请人于2019年7月19日向被申请人转账11 000元。

被申请人认可该证据，确实在2019年7月19日收到了申请人转过来的这笔钱。

（3）照片2张，证明在2019年9月2日这一天，被申请人尚未腾房，致使申请人无法租赁并使用房屋。

被申请人认可照片上的实物是被申请人的，但申请人是不是在案涉房屋拍得不清楚，因为被申请人不在场。

被申请人辩称：申请人的陈述与事实严重不符，不存在被申请人拒绝腾房的情况。申请人因个人利益，在签订《房屋租赁合同》并交付房租定金后，向被申请人提出解除已签订的《房屋租赁合同》并要求退还房租定金，在遭到被申请人拒绝之后，编造虚假理由提交仲裁申请。《房屋租赁合同》是双方当事人的真实意思表示，已经签字生效。根据《房屋租赁合同》第五条约定的违约责任，在申请人因其个人原因提前解除合同的情况下，被申请人一方不予退还剩余租金。被申请人同意解除双方签订的《房屋租赁合同》，但不同意返还已经收取的房租定金 11 000 元。

被申请人在庭后向仲裁庭提交了证人焦某出具的书面证人证言 1 份。证明申请人违约在先，是申请人在 2019 年 7 月底前通知被申请人不租案涉房屋，所以不存在被申请人腾不出办公室致使申请人无法入住的情况。

申请人对证人证言的书面质证意见为：焦某的证言在内容上前后矛盾，不可采信；申请人交付的 11 000 元是房租款，不是定金；无论如何，被申请人在 2019 年 9 月 1 日未腾房是事实，其后在合同未解除期间又将此房屋于 2019 年 9 月 8 日出租已经形成了事实违约。

经仲裁庭审理查明：2019 年 7 月 18 日，申请人与被申请人签订《房屋租赁合同》，双方约定由申请人承租被申请人的房屋，租期 5 年，从 2019 年 9 月 1 日起至 2024 年 8 月 31 日止，年租金为 41 000 元，按年支付。《房屋租赁合同》第九条约定的争议解决方式为提请某仲裁委员会仲裁。2019 年 7 月 19 日，申请人通过中国建设银行手机银行给被申请人支付第一年房租 11 000 元。2019 年 7 月下旬，申请人因个人原因向被申请人提出解除《房屋租赁合同》并要求被申请人返还已经支付的 11 000 元租金。被申请人同意解除合同，但是不同意返还已经收取的租金。2019 年 9 月 8 日，被申请人将案涉房屋另租他人。

> 争议问题

(1)《房屋租赁合同》是否应予解除？

(2)《房屋租赁合同》解除的责任方是谁？

(3) 11 000 元是租金还是定金？

(4) 11 000 元租金是否应当返还？

> 法理分析

申请人与被申请人签订的《房屋租赁合同》是双方真实意思表示，不违反法律、行政法规的强制性规定，合法有效，应当作为认定案件事实和确定双方当事人权利义务及责任的基础。

1.《房屋租赁合同》是否应予解除？

原《合同法》第九十三条第一款规定："当事人协商一致，可以解除合同。"该条款规定的合同解除方式被称为合意解除或协议解除，是指当事人通过协商达成合意，将合同解除的行为。它不以解除权的存在为必要，解除行为体现为当事人的合意。合意解除实质上是一种合同行为，即当事人之间达成一个新合同，而该合同的内容就是终止另一既存合同的履行并对已履行债务进行清算。❶申请人请求解除案涉《房屋租赁合同》，被申请人同意解除。鉴于双方当事人对于解除合同已经形成一致意见，符合《合同法》第九十三条的规定，故仲裁庭对申请人提出的解除《房屋租赁合同》的仲裁请求予以支持。

2. 案涉《房屋租赁合同》解除的责任如何确定？

《房屋租赁合同》签订后，被申请人即将房屋密码锁的密码

---

❶ 苏号朋. 合同法教程［M］. 北京：中国人民大学出版社，2015：222.

告诉申请人，申请人也曾使用该密码实际进入案涉房屋，说明被申请人已经履行了房屋交付义务。2019 年 7 月下旬，申请人因为个人原因向被申请人提出解除《房屋租赁合同》并要求返还已经支付的 11 000 元。原《合同法》第一百零八条规定："当事人一方明确表示或者以自己的行为表明不履行合同义务的，对方可以在履行期限届满之前要求其承担违约责任。"根据该规定，申请人的行为已经构成预期违约。原《合同法》第六十七条规定："当事人互负债务，有先后履行顺序，先履行一方未履行的，后履行一方有权拒绝其履行要求。先履行一方履行债务不符合约定的，后履行一方有权拒绝其相应的履行要求。"申请人未能按照合同约定在 2019 年 9 月 1 日之前付清第一年房租，被申请人有权不予腾房。虽然被申请人在 2019 年 9 月 1 日未腾空租赁房屋，但是由于申请人已经提出解除《房屋租赁合同》且未能依约在 2019 年 9 月 1 日之前按照约定付清第一年度的租金，所以被申请人未腾房的行为不违反合同约定和法律规定。故，导致案涉《房屋租赁合同》解除的责任在申请人一方。

3. 2019 年 7 月 19 日申请人通过中国建行手机银行转账给被申请人的 11 000 元支付的到底是房租还是定金？

经查，双方当事人签订的《房屋租赁合同》没有约定定金，被申请人也没有提供充分证据证明该款项为定金，故仲裁庭确认该款项为申请人支付的租金。

4. 案涉《房屋租赁合同》解除后，被申请人收取的申请人支付的 11 000 元租金是否应当返还？

申请人的原因导致《房屋租赁合同》解除，就此给被申请人造成的损失，申请人应当进行赔偿。在申请人单方面解除合同的情况下，《房屋租赁合同》第五条将剩余租金不予返还作为申请人承担违约责任的方式，也就是作为赔偿损失来处理。原《合同法》第一百一十三条第一款规定："当事人一方不履行合同义务或者履行合同义务不符合约定，给对方造成损失的，损失赔偿额应当相当于因违约所造成的损失，包括合同履行后可以获得的利益，但不得超过违反合同一方订立合同时预见到或者应当预见到的因违反合同可能造成的损失。"根据原《合同法》上述规定，损失赔偿额应当与实际损失相当。"赔偿损失原则上仅具有补偿性而不具有惩罚性。从等价交换原则出发，任何民事主体一旦造成他人损害都必须以等量的财产予以补偿。一方违约后，另一方必须赔偿对方因违约遭受的全部损失。赔偿损失也应完全符合这一交易原则，其主要目的在于弥补或者填补债权人因违约行为所遭受的损害后果。"[1] 2019年9月8日，被申请人已经将案涉房屋另租他人，其损失计算应当截止到该日期。仲裁庭综合考虑申请人违约情形及给被申请人所造成的损失，酌情确定申请人应当承担损失赔偿额2000元，剩余9000元被申请人应予返还。

处理结果

根据原《中华人民共和国合同法》第六十七条、第九十三条、第九十七条、第一百一十三条的规定，裁决如下：

（一）解除申请人与被申请人签订的《房屋租赁合同》；

（二）被申请人向申请人返还租金9000元。

---

[1] 刘凯湘. 合同法 [M]. 北京：中国法制出版社，2010：418.

第三节 违约金

案例 7-4 违约金的计算方法

案情介绍

申请人：某银行

被申请人：某房地产开发公司

申请人称：2014 年 8 月 28 日，申请人与被申请人签订《商品房买卖合同》，合同编号为 2014-0326617。合同约定：申请人向被申请人购买位于 B 市某区某商业中心 2-W3 的房屋，房屋建筑面积 105.38 平方米，销售价格为 811 426 元。双方约定，签订《认购书》后申请人支付总房款的 20%，签订《商品房买卖合同》后支付认购房屋总价款的 40%，被申请人交房后，申请人在 10 日内支付认购房屋总价款的 35%，剩余认购房屋总价款 5% 的尾款，待办理完房屋所有权证后，申请人在 10 日内支付。申请人于 2013 年 6 月 28 日至 2015 年 12 月 2 日共支付到总房款的 93.6%。被申请人于 2015 年 5 月向申请人交付了房屋。申请人取得房屋后进行了装修，并用作经营银行业务的营业厅使用至今。申请人多次敦促被申请人早日配合办理房屋所有权证，但时至今日，被申请人以商业中心不动产初始登记未进行完，分户产权暂不能办理为由，一直未予办理。综上所述，被申请人作为《商品房买卖合同》的出售方,在申请人按照约定支付购房款履行了付款义务后,未按照约定交房后365天内和法律规定为申请人办理产权登记。因双方在买卖合同中未约定违约金,故应按照已付购房款总额,参照中国人民银行规定的金融机构逾期贷款利息的标准计算向申请人支付直至办理产权登记之日止的违约金。为此,申请人提出以下仲裁请求:(1)裁决被申请人立即为申请人办理房屋所有权证;(2)裁决被申请人支付逾期办理房屋所有权证的违约金(按照已付购房款总额,参照中国人民银行规定的金融机构逾期贷款利息计算),暂计至立案之日利息为109 367.2元;(3)裁决被申请人承担仲裁费用。在仲裁庭审理过程中,申请人将上述第一项仲裁请求明确为裁决被申请人将办理权属登记需由出卖人提供的资料报产权登记机关备案,并配合申请人办理房屋所有权证;将第二项请求中违约金的计算标准明确为日万分之一。

申请人对其提出的主张向仲裁庭提供了以下证据:

(1)《商品房买卖合同》1份,证明2014年8月28日申请人与被申请人签订《商品房买卖合同》,合同约定申请人支付购房款总价的40%,被申请人交房后申请人在10日内支付购房款总价的35%,剩余尾款待办理完产权证后申请人在10日内支付;合同第十二条约定,被申请人应在房屋交付使用后365日内将申请人办理权属登记所需的材料报产权登记机关备案。

被申请人对该证据的真实性、合法性予以认可,证明目的予以认可。

(2)中国工商银行记账凭证3份,证明申请人在2013年6

月 28 日、2014 年 9 月 29 日、2015 年 12 月 2 日分 3 次共支付购房款 3 593 562.63 元（同时购买的 5 套房屋的价款），占总房款的 93.6%。

被申请人对该组证据的真实性、合法性、证明目的均予以认可。

（3）电费收据 3 张，证明 2015 年 5 月被申请人向申请人交付案涉房屋后，申请人进行了装修，产生两笔电费 589 元和 923 元。

被申请人对该组证据的真实性、合法性、证明目的均予以认可。

（4）被申请人出具的《关于办理房屋权证情况的说明》1 份，证明被申请人承诺在 2019 年 12 月 31 日前办理所有权证，截至目前并未办理。

被申请人对该证据的真实性、合法性和证明目的均予以认可，但由于政府原因，产权证未能及时办理。

（5）中国人民银行同期贷款利率截图 1 份，证明自 2015 年 5 月被申请人交付房屋至今，中国人民银行进行了三次利率调整，平均日利率为 0.0001，是申请人主张违约金的计算标准。

被申请人对该证据的真实性、合法性予以认可，但对证明目的不予认可，被申请人认为不应该计算违约金。

被申请人辩称：关于不能办理产权证的原因，与取得土地的方式有关，被申请人的土地是从城投公司取得的，不是从国土资源局直接取得的。城投公司是政府成立的，该土地取得模式在 B 市和其他地区都有存在，购买土地的款项被申请人早已付清，城投公司应当给被申请人办理土地使用权证，土地证面积为 12 000

多平方米,城投公司实际办理11 000多平方米,土地证不全。城投公司给被申请人的答复是很快就能办理完毕,结果一直没办理下来,被申请人找到国土资源局想自行办理,因为政策原因,程序复杂,剩余1300多平方米土地出让金150多万元应由城投公司去交,但城投公司迟迟未能交齐,被申请人多次催促城投公司并找到区政府协调此事,但未能解决。2019年末,区政府出面协调,市财政局归还城投公司150万元用于解决此事。截至目前,区政府又一次出面协调拨款,近期内可以交土地出让金150万元,只要将该10%的出让金交齐就可办理产权证。争取在年底前办理出大证,大证办理后即可为申请人办理分户产权证。综上,不能及时办理产权证的原因在于政府,被申请人不存在过错,被申请人会积极协调为申请人办理产权证,不认可申请人方的违约金请求。

被申请人未向仲裁庭提供证据。

经仲裁庭审理查明:2014年8月28日,申请人与被申请人签订《商品房买卖合同》(合同编号2014-0326617),申请人向被申请人购买位于B市某区某商业中心2-W3的房屋,房屋面积105.38平方米,房屋价款811 426元;合同约定,签订《认购书》后申请人支付总房款的20%,签订《商品房买卖合同》后支付总房款的40%,申请人在被申请人交房后10日内支付总房款的35%,剩余购房款5%待办理完房屋所有权证后10日内付清;合同第十二条约定,被申请人应在房屋交付使用后365日内将办理权属登记需由被申请人提供的资料报产权登记机关备案;合同第十五条约定,因本合同发生争议,双方应当协商解决,协商不成时,向某仲裁委员会申请仲裁。《商品房买卖合同》签订前后，申请人分别于 2013 年 6 月 28 日、2014 年 9 月 29 日、2015 年 12 月 2 日先后三次共支付其所购买的 5 套房屋的价款 3 593 562.63 元，约占 5 套房屋总价款 3 838 340 元的 93.6%。被申请人于 2015 年 5 月将房屋交付申请人。由于案涉房地产项目的土地使用证截至仲裁开庭之日仍未办理完毕，案涉房屋所在楼的初始登记未完成，案涉房屋的产权证尚未办理。

争议问题

（1）被申请人在办理房屋产权登记事项上是否违约，如果存在违约，是否应当承担法律责任？

（2）被申请人逾期办理产权登记的法律责任如何确定？

（3）被申请人承担的违约金数额应如何计算？

法理分析

1. 被申请人在办理房屋产权登记事项上是否存在违约，如果存在违约，是否应当承担法律责任？

申请人与被申请人签订的《商品房买卖合同》第十二条约定，被申请人应在房屋交付使用后 365 日内将办理权属登记需由被申请人提供的资料报产权登记机关备案。至仲裁开庭之日被申请人仍未能将办理权属登记需由被申请人提供的资料报产权登记机关备案。虽然被申请人抗辩说，为其提供土地的城投公司未能足额交付土地出让金导致其土地证未能办理，进而导致房屋产权登记无法办理，但是该抗辩理由缺乏合同和法律根据。原《合同法》第一百二十一条规定："当事人一方因第三人的原因造成违约的，应当向对方承担违约责任。当事人一方和第三人之间的纠纷，依照法律规定或者按照约定解决。"该规定一方面体现了合同相对性原则，另一方面也确立了债务人对通常事变负责的原则。❶ 根据该条款的规定，即使因城投公司未能足额交付土地出让金导致被申请人无法办理土地证，进而无法完成对申请人负有的合同义务，也应当由被申请人负责。被申请人逾期办理产权登记构成对申请人与被申请人签订的《商品房买卖合同》的违反，依法应当承担相应的法律责任。原《合同法》第一百零七条规定："当事人一方不履行合同义务或者履行合同义务不符合约定的，应当承担继续履行、采取补救措施或者赔偿损失等违约责任。"第一百三十五条规定："出卖人应当履行向买受人交付标的物或者交付提取标的物的单证，并转移标的物所有权的义务。"根据合同约定和原《合同法》的上述规定，被申请人应当继续履行将办理产权登记需由被申请人提供的资料报产权登记机关备案并协助申请人办理产权登记的合同义务，同时还应当赔偿因为逾期办理产权登记给申请人造成的经济损失，因此对申请人所提出的协助办证和承担违约责任的仲裁请求应予支持。

2. 被申请人逾期办理产权登记的法律责任如何确定？

申请人与被申请人签订的《商品房买卖合同》第十二条约定了被申请人办理产权登记的时限，但没有约定被申请人逾期办理产权登记的法律责任。《最高人民法院关于审理商品房买卖合同纠纷案件适用法律若干问题的解释》（2020年已修正）第十八条修正后为第十四条规定："由于出卖人的原因，买受人在下列

---

❶ 韩世远. 合同法总论［M］. 北京：法律出版社，2018：756.

期限届满未能取得房屋权属证书的,除当事人有特殊约定外,出卖人应当承担违约责任:(一)商品房买卖合同约定的办理房屋所有权登记的期限;(二)商品房买卖合同的标的物为尚未建成房屋的,自房屋交付使用之日起 90 日;(三)商品房买卖合同的标的物为已竣工房屋的,自合同订立之日起 90 日。合同没有约定违约金或者损失数额难以确定的,可以按照已付购房款总额,参照中国人民银行规定的金融机构计收逾期贷款利息的标准计算。"由于案涉《商品房买卖合同》没有约定被申请人逾期办理产权登记的违约金且损失数额难以确定,根据《最高人民法院关于审理商品房买卖合同纠纷案件适用法律若干问题的解释》第十八条的规定,应当按照申请人已付购房款总额,参照中国人民银行规定的金融机构计收逾期贷款利息的标准计算被申请人应当承担的违约金。故申请人所提出的第二项仲裁请求"裁决被申请人支付逾期办理房屋所有权证的违约金(按照已付购房款总额,参照中国人民银行规定的金融机构逾期贷款利息计算)",具有事实和法律依据,应予支持。根据 2003 年 12 月《中国人民银行关于人民币贷款利率有关问题的通知》(银发〔2003〕251号)第三条的规定,逾期贷款利息利率为在正常贷款利息利率基础上上浮 30%~50%。自 2019 年 8 月 20 日起,中国人民银行已经授权全国银行间同业拆借中心于每月 20 日(遇节假日顺延)9时 30 分公布贷款市场报价利率(LPR),中国人民银行贷款基准利率这一标准已经取消。根据最高人民法院 2019 年 11 月 8 日发布的《全国法院民商事审判工作会议纪要》精神,自此之后人民法院裁判贷款利息的基本标准应改为全国银行间同业拆借中心公布的贷款市场报价利率。也就是说，在 2019 年 8 月 20 日之后，《最高人民法院关于审理商品房买卖合同纠纷案件适用法律若干问题的解释》第十八条第二款规定的出卖人逾期办证的违约责任，应当参照 LPR 的 1.3 至 1.5 倍计算。经查，2020 年 6 月申请人申请仲裁时，中国人民银行授权全国银行间同业拆借中心公布的一年期贷款市场报价利率（LPR）为 3.85%。所以，应当在不超出上述标准的范围内支持申请人的仲裁请求。根据申请人《仲裁申请书》所附的《违约金计算明细》以及申请人在庭审中的陈述，申请人是按照已付房款日万分之一的标准主张逾期办理产权登记的违约金的。被申请人所主张的标准不超过《最高人民法院关于审理商品房买卖合同纠纷案件适用法律若干问题的解释》第十八条第二款的规定，应当予以支持，故仲裁庭确定按照已付购房款日万分之一的标准计算被申请人应当承担的逾期办理产权登记的违约金。

3. 被申请人承担的违约金数额应如何计算？

经审理查明，案涉房屋交付于 2015 年 5 月，合同第十二条约定的办理权属登记的时间为 365 日内，申请人主张从 2016 年 6 月 1 日起计算逾期办理产权登记的违约金。申请人关于逾期办理产权登记起始日期的主张具有事实和法律依据，应当予以支持，仲裁庭确定自 2016 年 6 月 1 日起计算逾期办理产权登记的违约金。申请人分三次支付 5 套房屋的购房款 3 593 562.63 元，约占 5 套房屋总价款 3 838 340 元的 93.6%，付款总额中未明确每一套房屋的具体付款数额。申请人主张每套房屋均按照合同约定的房屋总价款的 93.6% 计算已付款数额，被申请人没有提出异议，仲裁庭对此予以支持。案涉房屋合同总价款为 811 426 元，按照已支付 93.6% 的口径计算，实际付款数额确定为 759 494.7 元。申请人主张 2016 年 6 月 1 日至 2020 年 5 月 31 日的损失数额为 109 367.2 元，计算方法为 759 494.7 元 × 0.0001 × 1440，申请人的计算方法符合法律规定，所主张的数额不超过仲裁庭所确定的标准，仲裁庭将 2016 年 6 月 1 日至 2020 年 5 月 31 日的违约金数额确定为 109 367.2 元。2020 年 6 月 1 日之后的违约金，按照已付房款总额的日万分之一，继续计算到被申请人协助申请人办理完毕产权登记之日。

处理结果

根据原《中华人民共和国合同法》第八条、第六十条、第一百零七条、第一百三十五条，《最高人民法院关于审理商品房买卖合同纠纷案件适用法律若干问题的解释》第十八条的规定，裁决如下：

（一）被申请人于本裁决书发生法律效力之日起三十日内将办理房屋权属登记需由被申请人提供的资料报产权登记机关备案，并协助申请人办理坐落于 B 市某区某商业中心 2 – W3 房屋的产权证书；

（二）被申请人向申请人赔偿 2016 年 6 月 1 日至被申请人协助申请人办理完毕产权登记之日的逾期办理产权登记的违约金：其中，2016 年 6 月 1 日至 2020 年 5 月 31 日的违约金数额为 109 367.2 元；2020 年 6 月 1 日之后的违约金，以 759 494.7 为基数，按照日万分之一的标准，计算至被申请人协助申请人办理完毕产权登记之日。

CHAPTER 08>>

第八章

合同的解释

第一节 合同解释的原则

案例 8-1 客观主义结合主观主义

案情介绍

申请人：贾某

被申请人：某教育信息咨询公司

申请人称：2022 年 6 月 8 日，申请人与被申请人签订《2022 年某教育 B 市教师公开招聘面试报名协议》。协议约定，被申请人为申请人在 2022 年 B 市教师公开招聘面试录用考试中提供培训服务，申请人向被申请人交纳学费 16 800 元。协议约定该学费的收取以申请人被录取为前提，若申请人在 2022 年 B 市教师公开招聘面试成绩不足，最终未进入体检环节，被申请人须退还申请人学费。协议签订后，申请人向被申请人账户支付 16 800 元。后申请人参加了被申请人提供的培训，申请人报考的是 B 市 Q 区小学语文岗前面试培训，但最终未能通过面试，未被录取，申请人于是依约向被申请人要求退费，但被申请人拒不退还。为此，申请人提出以下仲裁请求：（1）裁决被申请人退还申请人学费 16 800 元；（2）裁决被申请人向申请人给付逾期退款的利息（以 16 800 元为基数，按 LPR 利率计算，自 2023 年 1 月 9 日起至款项全部付清为止）；（3）本案仲裁费由被申请人承担。

申请人对其提出的主张向仲裁庭提供了以下证据：

（1）《2022 年某教育 B 市教师公开招聘面试报名协议》1 份、《2022 年 B 市教师招聘 796 人公告》1 份、《2022 年 B 市教育系统公开招聘教师岗位表》1 份，证明被申请人在协议中约定申请人参加被申请人组织的面试指的就是教师招聘 796 人公告中的 B 市教师招聘，但 B 市 G 县并未在本次考试中设岗，与 G 县招聘无关。

被申请人的质证意见：对该组证据的真实性予以认可，证明目的不予认可。被申请人与申请人于 2022 年 6 月 8 日签订合同，G 县教师招聘公告于 2022 年 5 月 26 日发布，G 县教师招聘不在上述教师招聘 796 人公告中。正因为如此，我们签订的合同把 2022 年教师招聘所有的考试都涵盖在内了，并且此合同包含范围与我方课表标题一致；我们将合同期限放长时间，就是为了防止学员钻空子，合同包含了 B 市全年所有的教师招聘考试。

（2）微信截图 1 份，证明被申请人日常宣传 2022 年 B 市教师招聘改为统考，一年一次考试机会，并且被申请人前期宣传都是针对2022年B市教师招聘796人开设的面试班进行宣传的。我们是看了宣传后才交定金、签合同、接受培训的。微信聊天过程中明确表明岗位是B市X区英语教师，被申请人客服询问了是否预定5月21日笔试的面试班，申请人明确回复是面试班X区。

被申请人的质证意见：对该组证据的真实性予以认可，证明目的不予认可。因为我们的聊天当中确实是申请人进入了面试，但是我们在签订合同时也解释了，合同不仅包含一个区的教师招聘，就如合同第三条约定的培训范围2022年B市教师招聘考试即包含B市所有的市区和旗县，同时它们的考试内容相近。

（3）《2022年G县教育系统中小学、幼儿园教师校园招聘简章》及补充公告1份、《2022年G县教育系统中小学、幼儿园教师校园招聘岗位需求表》1份，证明2022年教师招聘变为统考，G县的校园招聘为什么变成了第二次机会？G县教育系统于2022年5月26日发布，但是申请人所学专业研究生小学教育045115并不能报考，本人不符合报考条件。随后学校出面与G县教育部门协调，在2022年6月9日上午11点28分，G县又发布了第二次补充公告，申请人才符合了报考条件。申请人已于2022年6月8日与被申请人签订了面试培训协议，明确表明报考岗位为X区小学英语岗位，本人没有预测能力，也就是说，报面试班完全是为了X区小学英语岗位。

被申请人的质证意见：对该组证据的真实性予以认可，证明目的不予认可。具体申请人为了哪个区的教师岗位，被申请人不清楚，但是 G 县教师招聘 6 月 9 日出的第二次补充公告，申请人并未向被申请人提及，且针对我们的合同，我们也没有预测能力，所以在 6 月 8 日签订合同后，包含了所有的教师招聘岗位，不仅是申请人个人，申请人所在班级的所有学员合同内容均相同。并且我们的合同并未规定学员必须参加哪个区的招聘考试，属于学员自愿，但是在签署合同后，2022 年 B 市教师招聘"上岸"都不退费。

（4）转账截图 3 页、收据 1 页，证明申请人向被申请人共分二次交纳学费 16 800 元，包含定金 200 元。

被申请人的质证意见：对该组证据的真实性予以认可，证明目的予以认可。

被申请人辩称：（1）申请人与被申请人在 2022 年 6 月 8 日签订的《2022 年某教育 B 市教师公开招聘面试报名协议》是双方的真实意思表示，该协议仅就 2022 年度 B 市教师招聘进行的面试培训。申请人缴费后在被申请人处参加了十天的培训。（2）2022 年 5 月 26 日 B 市 G 县人民政府网发布《2022 年 G 县教育系统中小学、幼儿园教师校园招聘简章》，其中报名时间为 2022 年 6 月 6—10 日。申请人在报名期间开始参加为期十天的面试，2022 年 6 月 9—18 日进行培训。（3）申请人参加培训后在 2022 年 7 月 16 日、17 日进行现场面试，同年 8 月 17 日被聘用。被申请人认为，申请人通过参加被申请人处的面试培训最终"上岸"，双方当时约定的合同目的已经实现。另 G 县行政划分隶属 B 市，故只要在此范围内的教师聘用都属于合同约定的教师招考的单位正式录用（见协议第 5 条第一款），按照协议约定不在退费范围内。综上，被申请人认为，如果没有通过面试培训，申请人未必能被录取，正因为申请人缺乏相关的专业知识才自愿来到被申请人处进行学习，被申请人在 10 日内组织雄厚的师资力量为包括被答辩人在内的学员进行全方位的输出，力争让每一个学员都能"上岸"。申请人正是在十天系统的学习后才得以脱颖而出最终被 G 县教育系统录用。故申请人无理的仲裁请求应当被驳回。

被申请人对其提出的主张向仲裁庭提供了以下证据：

《2022 年某教育 B 市教师公开招聘面试报名协议》1 份、《2022 年 G 县教育系统中小学、幼儿园教师校园招聘简章》及补充公告 1 份、《2022 年 G 县教育系统中小学、幼儿园教师校园招聘拟聘用人员名单》1 份，证明申请人被 G 县教育局录用，被申请人已经履行了合同义务，不应退回培训费用。

申请人的质证意见：对该组证据的真实性予以认可，证明目的不予认可。在与被申请人签订的《2022 年某教育 B 市教师公开招聘面试报名协议》中，第四条明确约定若被申请人在 2022 年某市教师招聘面试成绩不足，最终未进入体检环节，被申请人需退还学费，申请人符合退费条件，因为申请人参加的 2022 年 B 市教师招聘 X 区小学英语岗并未被录用。

经仲裁庭审理查明：2022 年 4 月，B 市相关部门发布 2022 年公开招聘教师公告，申请人报名参加考试并取得了面试资格。2022 年 6 月 2 日，申请人与被申请人客服联系，提出："老师，咱们 B 市教招开课是在万达？""包住宿不"，被申请人客服回答："是的哦，在万达""咱们不包住宿，如果需要住我们可以跟我们合作的酒店联系",申请人问:"那是什么时候开课呢?""英语70大概能进面不",被申请人客服回答:"6号开课","应该没问题,报的哪里?"申请人回答:"稀土小学英语"。申请人问:"不进面可以退的是吧",被申请人客服回答:"是的,亲爱的,你今天交的定金,你明天就要过来上课,明天上课之前你要过来补一下剩余的费用""补完剩余的费用,你明天正常上课,明天什么时候出名单,如果没进面,就包括你的定金以及补全的所有费用全部都退给你"。申请人随即通过微信向被申请人转账支付200元定金。被申请人客服说:"发一下名字,电话和报考岗位",申请人回答:"贾某176×××B市X区小学英语。"2022年6月6日,申请人向被申请人账户转账支付培训费14600元。2022年6月8日,申请人通过微信向被申请人支付10天面试班差价2000元。申请人最终未获2022年B市公开招考X区小学英语岗位录取。

申请人与被申请人签订的协议约定:被申请人向申请人提供特训班课程,申请人须一次性向被申请人预交费用总额16 800元整;特训协议约定的范围为:2022年某市教师公开招聘面试录用考试;如果申请人在2022年某市教师招聘面试成绩不足,最终未进入体检环节,被申请人须退回申请人学费16 800元。

2022年5月26日,G县人民政府发布《2022年G县教育系统中小学、幼儿园教师校园招聘简章》,G县在某省范围内面向C大学、D大学和E学院采用直接面试的方式进行校园招聘,报名时间为2022年6月6—10日。申请人参与招聘并最终被聘用。

> 争议问题

（1）G县的招聘是否在协议约定的范围内？
（2）申请人提出的逾期退款利息请求是否应当予以支持？

> 法理分析

1. G县政府发布的招聘是否在协议约定的范围内，也就是说申请人最终被G县教师岗位聘用是否意味着协议中"录用"的完成？

首先，合同解释应当以合同文义为出发点，客观主义结合主观主义。合同条款系由语言文字所构成。欲确定合同条款的含义，必须先了解其所用词句，确定词句的含义。因此，解释合同必先由文义解释入手，对此《民法典》第一百四十二条第一款作了明确规定。确定合同用语的含义，当然需要明确该词句的通常含义，在当事人按通常含义使用该词句时尤其如此。❶ 从协议中有关本培训协议适用范围的条款来看，协议项下的培训指向的是"2022年B市教师公开招聘面试录用考试"，也就应当是以"B市"市直部门名义组织的"公开招聘"，G县政府组织的招聘是以该县政府名义组织，且为"校园招聘"，而非"公开招聘"。故被申请人有关G县政府组织的招聘亦属于协议约定的招聘范围的抗辩，缺乏说服力。其次，对于合同的解释应当结合合同签订履行过程中当事人表达出的全部真实意思，不能完全拘泥于合同文句。这就要求考虑合同的订立过程，即综合考虑当事人

---

❶ 崔建远. 合同法 [M]. 北京：北京大学出版社，2021：429.

订约的时间、地点和背景等情况，考虑当事人作出的各种书面的、口头的陈述，或当事人已经作出的行为，考虑先前的交往过程和履约过程等。从这一点上来说，也体现了有的学者所认为的"历史原则"[1]。通过申请人与被申请人客服的微信聊天记录可以清晰看出，申请人与被申请人始终围绕 2022 年 B 市公开招聘教师面试培训进行磋商，所指向的岗位就是 X 区小学英语岗，与 G 县政府组织的校园招聘面试无关。综上，G 县政府发布的校园招聘不在协议约定的范围内，也就是说申请人最终被 G 县教师岗位聘用不属于协议中所谓"录用"的完成。鉴于申请人最终未被 2022 年 B 市公开招聘教师录用，申请人请求被申请人退还培训费符合协议约定，仲裁庭对此予以支持。

2. 申请人提出的逾期退款利息请求是否应当予以支持？

申请人与被申请人签订的协议未约定退还培训费的具体时间，亦未约定逾期退还费用的利息，申请人请求被申请人承担逾期退款利息缺乏合同依据，仲裁庭不予支持。

处理结果

依照《中华人民共和国民法典》第一百四十二条第一款、第四百六十五条第一款、第五百零九条第一款的规定，裁决如下：

（一）被申请人退还申请人培训费 16 800 元；

（二）驳回申请人的其他仲裁请求。

---

[1] 苏号朋. 合同法教程 [M]. 北京：中国人民大学出版社，2015：158.

第二节　合同解释的规则

案例8-2　推定不违法

案情介绍

申请人（被反请求人）：韩某

被申请人（反请求人）：某置业有限公司

一、本请求部分

申请人称：合同中第九条之5约定最终运行时间以入住后第一个采暖期开始之日，被申请人在此期间未取得消防验收合格证，根据《消防法》之规定，该房屋根本不具备使用条件。所以被申请人收取取暖费为不合法行为，故请求返还采暖费。根据购房合同中第十一条款规定应由开发商与申请人办理交接房屋手续。在被申请人未与申请人交接房屋手续的情况下耽误申请人房屋达五个月之久，给申请人对房屋装修造成延误和损失。合同附件三第二项第1条规定线路按设计要求暗敷至用电末端，然而本案被申请方却将申请人房屋内客厅空调线路从电路控制箱敷至空调面板。被申请人构成违约行为且无法恢复原设计要求，故申请赔偿。根据购房合同第五条规定，要求被申请人支付利息及违约金。按照合同第三条之规定，商品房竣工后消防验收未合格不得交付。本案被申请人 2020 年 12 月 31 日前交房行为既违反《消防法》，又违反合同约定，所以应由被申请人承担违约责任。被申请人交付的房屋因消防验收不合格，不具备交付条件，但被申请人却提前通知交付房屋，补充合同中约定"若出现《住宅质量保证书》中属于住宅质量保证范围内的问题不影响商品房的交付"。但是，消防验收不属于住宅质量问题，所以被申请人交房属于违约。至于本案被申请人以新冠疫情作为延期交房的理由根本不能成立。新冠疫情属于不可抗力，被申请人可以延期交房，但被申请人却在消防验收不合格的情况下提前通知交房。按照合同约定，如遇不可抗力，不能履行合同时应变更合同，而本案被申请方未变更合同，且一直在收取从 2021 年 1 月 1 日起的取暖费等各项费用。被申请方在消防验收不合格的情况下收取 2021 年 1 月 1 日起的取暖费，已经构成全小区购房者的欺诈。申请人为了维护自己的合法权益，提出以下仲裁请求：（1）裁决返还申请人已经交纳的 2021 年 1 月 1 日至 2021 年 4 月 15 日的取暖费壹仟肆佰叁拾陆元整（1436.00 元）；（2）被申请人未取得合法的交房手续，由此造成申请人的房屋不能入住装修，耽误达 5 个月之久，因此按租房标准应给予赔偿金 5000 元；（3）因房屋质量问题导致该房屋给申请人造成的缺憾而要求的补偿款伍佰元整（500.00 元）；（4）申请人要求被申请方承担延迟交付房屋的违约责任，按合同约定申请人有权向被申请人追究已付款购房款资金占用利息，金额为壹万零玖佰贰拾元整（10 920.00 元）；（5）申请人要求被申请人支付违约金每日按商品房价款的万分之一向申请人支付违约金玖仟元整（9000.00 元）；（6）有关本案产生的所有相关费用由被申请人全部承担。

申请人对其提出的主张向仲裁庭提供了以下证据：

（1）《商品房买卖合同》1份，证明申请人与被申请人签订《商品房买卖合同》，该合同是双方在平等、自愿的基础上签署的，真实有效合法，对双方均具有约束力。

被申请人的质证意见：对该证据的真实性及申请人当庭说明的证明目的予以认可。

（2）《某小区入伙通知书》1份，证明申请人交纳取暖费的情况。

被申请人的质证意见：对该证据的真实性和证明目的都予以认可。

（3）《首期房款收据》1份、《面积补贴差价收据》1份、《服务费收据》1份，证明申请人交纳房款及服务费的情况。

被申请人的质证意见：对该证据的真实性和证明目的都予以认可。

（4）《关于对某小区消防验收情况的说明》1份、《2021年1月、2月份建设工程消防验收审批结果》1份，证明案涉房屋未通过消防验收，不具备交房条件。

被申请人的质证意见：对该证据的真实性予以认可，对其证明目的不认可，质证意见与答辩意见相同。

（5）《行政执法公示》1份，证明被申请人未经消防验收，擅自投入使用，被主管部门处罚的情况。

被申请人的质证意见：对该证据的真实性予以认可，质证意见与答辩意见相同。

(6)《专项维修基金》《登记费收据》《水电天然气费收据》《取暖费收据》各1份，证明其他相关费用的缴纳情况，登记费、水电天然气费、取暖费由开发商代收，申请人不存在拖欠开发商费用问题。

被申请人的质证意见：对该证据的真实性予以认可，证明目的予以认可，这组证据证明被申请人具备交房条件，因为按照补充合同中第五条第一项中说明，相关的费用必须全部交齐，其中包括物业费才具备收楼条件。

被申请人辩称：(1)被申请人交房行为符合双方合同约定和相关法律规定，不存在违约行为。申请人与被申请人签订的《商品房买卖合同》第三条约定："商品房竣工，经验收合格后，方可交付；未经验收或验收不合格的不得交付。甲方于2020年12月31日前，将符合上述条件的房屋交付乙方使用。"该条款约定的验收即指房屋经建设、监理、施工、勘察、设计五方责任主体验收合格（通俗讲的单项工程"五方验收"），即视为商品房经验收合格。关于本案争议房屋，被申请人于2020年12月11日，即通过了上述五方验收合格，不但符合双方合同第三条约定的交付条件和时间，而且符合《建筑工程质量管理条例》第三条、第十六条法定竣工验收和交付条件。

(2)商品房交付应通过消防验收的规定，属于法律意义的管理性规定，不应作为被申请人向业主交付房屋的条件障碍，也不影响双方合同约定的交房条件效力。申请人以本案讼争房地产项目在统一交房日期前，未完全通过消防验收为由，主观认定被申请人不具备交房条件并主张违约赔偿，没有事实和法律依据。

首先，双方的买卖合同中并未明确约定消防验收合格为房屋交付的条件，其明确约定的交房条件为"商品房竣工，经验收合格后，方可交付；未经验收或验收不合格的不得交付"。该条约定的"验收合格"按照法律实践中的通俗理解，即指"五方验收"合格便为验收合格，而非指消防验收合格方为合格。被申请人在2020年12月11日就已完成"五方验收"，根本不存在向申请人交付验收不合格房屋的问题。其次，《消防法》有关未经消防验收的建筑工程不得投入使用的规定，是为了规范建设单位的行为，而非开发商与买受人之间的买卖关系。该规定属于管理性规定而非强制性规定，不影响开发商与业主在购房合同中对房屋交付条件约定的效力。再次，申请人的房屋及全部业主的房屋的消防工程，在2020年12月底的交房时点，并不存在重大的消防工程质量问题，只是存在"其中部分楼栋消防登高场地不符合规范要求，地下车库部分应急照明灯故障"两条需整改内容，整改后早已于2021年4月13日顺利通过了全部工程的消防验收。

（3）根据某市法院系统和全国法院系统审理与本案案由完全相同的生效判例，商品房竣工验收合格是目前国家对于建筑工程质量安全设置的唯一评价标准，也是现行法律法规和部门规章对房屋交付使用条件的强制性规定；而消防验收作为行政部门的管理行为，规范的是建设单位，而非开发商和买受人之间的买卖关系，并不影响开发商向业主交付房屋的条件约定。故此，上述判例的结果，均认定只要商品房交付时经过了竣工验收且合格，即符合法律意义上的房屋交付条件。

（4）2020年初受新冠疫情的影响，按照疫情防控的要求，被申请人所建设的本案讼争房地产项目在疫情防控期间处于停工状态。新冠疫情是不能预见、不能避免且不能克服的客观情况，属于《民法典》第一百八十条第二款规定的不可抗力，适用该条第一款规定，即：因不可抗力不能履行民事义务的，不承担民事责任。另，根据某市人民政府办公室发布的某府办发〔2020〕6号文件《关于应对新冠肺炎疫情促进房地产市场平稳发展的政策措施的通知》中的第五条顺延开竣工期限，按照有关法律法规，受疫情影响的房地产开发项目，开竣工时间可相应顺延，疫情防控期间不计入违约期；不能如期竣工验收和交付的，交付期限可相应顺延疫情防控期间不计入违约期；无法按照原施工周期完工的，应重新合理确定施工周期。结合受疫情影响而导致迟延交付的本地相关判例〔（2021）某0291民初1425号〕，酌情减免疫情发生后三个月（2020年2月1日—2020年4月30日）期间的违约责任。而本案被申请人在受疫情严重影响下，仍然如期完成了案涉项目的竣工并经验收合格，具备了交付条件并符合双方合同的约定。被申请人在合同规定时间内通知申请人收房，申请人因自身原因拒绝办理收房手续，被申请人不存在逾期交房的违约行为。另，申请人已交付开发商收房费用但拒绝领取钥匙、办理收房手续，而在被申请人2021年4月13日已取得消防验收手续后，申请人至今仍不办理相关收房手续、拒绝领取钥匙，根据双方签订《商品房买卖合同》附件五《补充合同》中的第五条约定，申请人已构成违约，被申请人将保留追究其违约责任的申请权利或诉权。

（5）关于申请人要求被申请人返还取暖费这一事项，被申请人认为其请求对象不适格,被申请人只是暖气费的代收代缴人,实际收取暖气费的主体为某热电厂,申请人应当另案起诉实际收取暖气费的主体返还。另,申请人主张空调线路调整构成违约,无事实依据,申请人对于改动部分已在《维修清单》上签字确认同意,并且房屋质量问题不属于本案的受理范围,申请人应另案申请。综上所述,被申请人认为,被申请人按照房屋买卖合同约定的时间和条件向被申请人履行了交房义务,不存在违约和违法行为,更不存在向申请人支付任何违约金及赔偿损失的事实和法律依据。被申请人请求驳回申请人的仲裁请求。

被申请人对其提出的主张向仲裁庭提供了以下证据:

(1)《商品房买卖合同》及补充协议1份,证明该合同是双方真实意思表示,并且不违反国家法律、行政法规的强制性规定,该合同合法有效。根据该合同第二页第三条,证明双方已明确约定交房条件,即:"商品房竣工,经验收合格后,方可交付;未经验收或验收不合格的,不得交付。甲方于2020年12月31日前,将符合上述条件的房屋交付乙方使用",即双方约定竣工验收合格是房屋的交付条件,而并未约定消防验收合格为房屋交付的条件。

申请人的质证意见:对该组证据的真实性予以认可,对证明目的不予认可,未经验收不得依法交付。

(2)经建设单位、设计单位、勘察单位、施工单位、监理单位出具的《单位工程质量竣工验收记录》8份(某小区项目1号—6号住宅楼、7号—8号商业楼)、《建设工程质量监报告》1份,证明案涉商品房已于2020年12月11日经五方责任主体竣工验收合格；该商品房已具备双方约定的房屋交付条件，并且符合国家规定的交付使用条件，可以交付使用。

申请人的质证意见：对该组证据的真实性予以认可，对证明目的不予认可，该组证据只能证明楼栋主体合格不能证明具备交房条件。

（3）某市住房和城乡建设局出具的《特殊建设工程消防验收意见书》（某住建消验字〔2021〕第015号）1份、《关于对某小区消防验收情况的说明》1份，证明案涉商品房已于2021年4月13日通过了消防验收；证明案涉房屋及全部业主的房屋的消防工程，不存在重大的消防工程质量问题，只是存在"其中部分楼栋消防登高场地不符合规范要求，地下车库部分应急照明灯故障"两条需整改内容。

申请人的质证意见：对该组证据的真实性与证明目的均予以认可，但是在2021年4月13日之前都是不合格的。

（4）某市人民政府办公室发布的某府办发〔2020〕6号文件《关于应对新冠肺炎疫情促进房地产市场平稳发展的政策措施的通知》，证明受疫情影响的房地产开发项目，开竣工时间可相应顺延，疫情防控期间不计入违约期；不能如期竣工验收和交付的，交付期限可相应顺延疫情防控期间不计入违约期；新冠疫情是不能预见、不能避免且不能克服的客观情况，属于不可抗力。

申请人的质证意见：对该组证据的真实性予以认可，对证明目的不予认可，因为没有通知申请人延期收房。

（5）某热电厂出具的《暖气费发票》1份，证明被申请人只是暖气费的代收代缴人，实际收取暖气费的主体为某热电厂。

申请人的质证意见：对该组证据的真实性予以认可，对证明目的不予认可，这个是代缴给了开发商，没有代缴到某热电厂。申请人所有的费用均是在2021年4月15日开发商验收合格之后缴纳的。

（6）《申请人业主2号楼505号房屋的维修清单》1份，证明这五项签字的维修内容是对所购买的房屋质量认可维修，不应作为交房违约的事实，申请人在事实上是同意接收房屋的行为，所以维修是合格的，不存在赔付的情况。

申请人的质证意见：对该证据的签字予以认可，这个维修是由被申请人造成的，而且维修造成永久的损害。

对被申请人举证的上述6组证据，申请人还综合发表了如下质证意见：被申请人未在规定的期限内向申请人提交答辩意见及证据材料，消防验收的材料不能证明验收合格的依据，没有竣工验收备案登记表，没有顺延收房日期，没有对业主进行通知，也没有其他的解决措施，没有变更合同。在未竣工之前取暖的费用均是应由被申请人承担的，被申请人为了躲避交费义务，才让申请人缴纳了2021年1月1日至2021年4月15日的取暖费。

二、反请求部分

反请求人称：2019年3月29日，双方签订《商品房买卖合同》（合同编号为2018-0035780）一份，被反请求人以按揭的方式购买了由反请求人开发的、位于某小区2-505号房屋一套。上述房屋于2021年12月11日经"五方验收"竣工验收竣工。反请求人遂向被反请求人通知交房，被反请求人以消防验收不合格为由,至今拒绝接受房屋。综上所述,根据双方购房合同第三条的约定,即"商品房竣工,经验收合格后,方可交付;未经验收或验收不合格的不得交付,甲方于 2020 年 12 月 31 日前,将符合上述条件的房屋交付乙方使用",以及根据该商品房买卖合同附件五补充合同中第五条的约定,即如果由于非甲方的原因乙方迟延办理收楼手续,每迟延一日应向甲方支付 200 元的违约金,因此,为维护反请求人的合法权益,特提出如下仲裁请求:(1)裁决被反请求人向反请求人支付延迟办理收楼手续的违约金 48 000 元(从 2021 年 1 月 1 日开始计算,至 2021 年 8 月 31 日止,200 元/天×30 天×8);(2)仲裁费由被反请求人承担。

反请求人对其提出的主张向仲裁庭提供了以下证据:

(1)《商品房买卖合同》1 份。证明:① 该合同是双方真实意思表示,并且不违反国家法律、行政法规的强制性规定,该合同合法有效。② 该合同第二页第三条,证明双方已明确约定交房条件:"商品房竣工,经验收合格后,方可交付";"甲方于 2020 年 12 月 31 日前,将符合上述条件的房屋交付乙方使用"。即双方约定竣工验收合格是房屋的交付条件。③ 附件五补充合同中第五条约定:"如果由于非甲方的原因乙方迟延办理收楼手续,每迟延一日应向甲方支付 200 元的违约金。"证明双方约定的乙方承担违约金的情形及计算方法。

被反请求人质证意见:对该证据的真实性予以认可,但是对其证明目的不予认可,因为开发商在交房的时候违反了《消防法》的规定,违法交房;2020 年 12 月 27 日被反请求人已经将办理房屋的手续向开发商交齐,不存在违约的行为,是开发商违约不向被反请求人交付房屋钥匙。

(2)经建设单位、设计单位、勘察单位、施工单位、监理单位出具的《单位工程质量竣工验收记录》8份(某小区项目1号—6号住宅楼、7号—8号商业楼)。证明:①案涉商品房已于2020年12月11日经五方责任主体竣工验收合格;②该商品房已具备双方约定的房屋交付条件,并且符合国家规定的交付使用条件,可以交付使用。

被反请求人质证意见:对该证据的真实性予以认可,对其证明目的不予认可,不认可开发商自行组织的验收合格。被反请求人的房屋存有严重的质量问题,说明验收是存在问题的,开发商的房屋建设给被反请求人造成很大损失,所以被反请求人在本诉中提出了相应的赔偿请求。

(3)《某小区入伙通知书》1份,证明反请求人按照合同的约定,通知被反请求人于2020年12月27日办理房屋的交接手续。

被反请求人质证意见:对该证据的真实性予以认可,对其证明目的不认可。被反请求人不欠开发商的任何费用,被反请求人去取钥匙是开发商通过物业给的,办理的交接手续,但是开发商的配套手续都不齐全,至今开发商的整装配套都没有交到业主手里。

(4)《住宅质量保证书》《住宅使用说明书》《收条》各1份,证明反请求人提出反请求之后,被反请求人于2021年10月6日,在涉案房屋并没有发生其他变更的情况下接收了涉案房屋。

被反请求人质证意见：对该证据的真实性予以认可，对其证明目的不认可，因为该证据显示开发商没有给被反请求人完全办理完所有应交付的内容，对方履约不完全，存有违约行为。

被反请求人辩称：（1）反请求人提出的反请求是因为被反请求人没有按期收房，被反请求人在 2020 年 12 月 27 日已经全部办完交房的手续，根据合同第十一条的约定，反请求人一直没有向被反请求人交接房屋的钥匙，所以被反请求人根本不存在违约行为。（2）这个事情发生以后，被反请求人逐级向相关单位反映过开发商的问题，开发商以企业惯例为由拒绝交接钥匙。2020 年 12 月 27 日在和开发商办理交接房屋的那天，被反请求人没有提过因为消防验收不合格为由拒绝收房。（3）被反请求人在逐级向有关部门反映这个问题后，是市住建局行政执法部门给开发商出具的消防验收不合格的文件。（4）被反请求人根据《消防法》和商品房交付使用的规定提出的仲裁请求。（5）反请求人提出的反请求，就是反请求人不具备交房条件的证据，此项的依据就是反请求人提供的单位工程质量竣工验收记录均是开发商自己的行为，房屋合格的验收证明需要相关部门出具的验收证明（竣工验收备案表及消防验收合格证）才可以。

被反请求人对其提出的主张向仲裁庭提供了以下证据：被反请求人所提供的证据与其在本请求中提供的证据相同，证明目的相同。

反请求人质证意见：与其在本请求中发表的质证意向相同。

三、仲裁庭合并查明的事实

经仲裁庭审理查明,申请人(被反请求人)(以下统称"申请人")与被申请人(反请求人)(以下统称"被申请人")于2019年3月29日签订了《商品房买卖合同》(以下简称"合同")。合同第一条约定,申请人购买被申请人开发的位于某市某区某小区2-505号商品房。合同第二条约定,房屋总价款为949 286元。合同第三条约定,商品房竣工,经验收合格后,方可交付,未经验收或验收不合格的不得交付,被申请人于2020年12月31日前,将符合上述条件的房屋交付申请人使用。合同第五条约定,除遇不可抗力外,被申请人如未按该合同第三条约定日期交付商品房,逾期在90日内的,申请人有权向被申请人追究已付款利息,利息自合同约定应支付商品房之日次日起至实际交付商品房之日止,按银行同期贷款利率计算。如超过上述约定期限,被申请人应支付已付款利息,利息自合同约定应支付商品房之日次日起至实际交付商品房之日止,按银行同期贷款利率计算,此外,被申请人还应每日按商品房价款的万分之一向申请人支付违约金。合同第七条约定了商品房建筑面积与销售建筑面积差异的处理方法。第十一条约定,商品房交付时,被申请人应书面通知申请人办理商品房交接手续,提供《商品住宅质量保证书》和《商品房住宅使用说明书》,交接房屋钥匙。合同第十五条约定,该合同发生争议,双方应协商解决,协商不成时,向某仲裁委员会申请仲裁。合同之《附件五:补充合同》第五条第一款约定,申请人须按该合同约定支付全部房款(包括按揭款)、违约金(如有)及相关物业管理费用等全部费用后才具备收楼条件,如申请人未按约定支付前述款项,则被申请人有权顺延办理交楼及产权登记手续,且视为由于申请人原因未能按期交付,因申请人原因造成的延期交楼及产权登记,被申请人无须另行书面告知申请人;第五条第四款约定,如果由于非被申请人的原因申请人迟延办理收楼手续,每迟延一日应向被申请人支付200元违约金,超过30日申请人仍未办妥收楼手续,被申请人有权解除合同,并扣除申请人已付房款(含定金);第十六条第四款第一项约定,申请人同意在签署《房屋验收交接单》当日将税费缴费被申请人代缴代办,若申请人未能在合同及该补充协议约定的期限内缴纳相关税费的,被申请人有权选择相应延期交付该商品房且不因此承担逾期交房责任。

合同签订后,申请人按合同约定支付了全部购房款。2020年12月21日,被申请人向申请人发出《某小区入伙通知书》,通知申请人于2020年12月27日到某小区售楼部办理交房手续,同时通过《某小区交房缴费明细表》明确了办理房屋交接手续时申请人应当交纳的费用情况。后,申请人按照约定时间前往被申请人处办理房屋交接手续,缴纳了相关费用,但因对办理房屋交接的具体事项存在争议,申请人与被申请人未能按照约定时间完成房屋交接。2020年12月11日,案涉房屋通过建设单位、设计单位、勘察单位、施工单位和监理单位组织的验收。因"申请人的某小区项目存在未经消防验收,擅自投入使用的行为",某市住房和城乡建设局于2021年1月20日作出某住建(房)罚决字(2021)第(001)号《行政处罚决定书》,责令停止使用并罚款 100 001 元。后申请人提出房屋存在管线敷设不规范等质量问题，被申请人对五个方面的内容维修后，申请人在《维修清单》上签字确认。2021 年 4 月 15 日，某市住房和城乡建设局作出某住建消验字〔2021〕第 015 号《特殊建设工程消防验收意见书》，通过了对案涉房屋的消防验收。2021 年 10 月 6 日，申请人和被申请人完成案涉房屋交接手续，申请人在《交付使用签收单》签字确认门窗等 8 个项目完好。

争议问题

（1）合同约定的交房条件于何时成就？
（2）新冠疫情对合同履行的影响应如何处理？
（3）逾期交房的违约金应如何计算？
（4）申请人退还取暖费的请求应如何处理？
（5）申请人提出租房损失问题应如何处理？
（6）申请人提出的房屋质量损失问题应如何处理？
（7）反请求人所提出的 48 000 元赔偿问题应如何处理？

法理分析

1. 交房条件的成就时间问题

申请人与被申请人签订的《商品房买卖合同》第三条约定："商品房竣工，经验收合格后，方可交付，未经验收或验收不合格的不得交付。"对于该条款中"验收合格"的含义，申请人与被申请人在理解上存在争议。被申请人认为，此处的"验收合格"仅指建设单位、设计单位、勘察单位、施工单位和监理单位的五方验收合格，不包括消防验收合格在内。申请人认为，此处的"验收合格",应当包括消防验收合格在内。仲裁庭认为,合同条款的解释应当本着合法性原则,与法律的强制性规定保持一致。如果一个合同或者一个条款可能有两种合理的解释,其中一种解释与制定法、行政法规或普通法相一致,另一种解释则相反,法院将采用使之合法的方式解释该合同或其条款。❶《消防法》第十三条第三款规定:"依法应当进行消防验收的建设工程,未经消防验收或者消防验收不合格的,禁止投入使用;其他建设工程经依法抽查不合格的,应当停止使用。"中华人民共和国住房和城乡建设部颁布的《建设工程消防设计审查验收管理暂行规定》(2023年已修正)第十四条第十二项规定,"单体建筑面积大于四万平方米或者建筑高度超过五十米的公共建筑"为"特殊建设工程";第二十六条规定,"对特殊建设工程实行消防验收制度。特殊建设工程竣工验收后,建设单位应当向消防设计审查验收主管部门申请消防验收;未经消防验收或者消防验收不合格的,禁止投入使用"。案涉房屋所在楼宇建筑高度为98.05米,属于《建设工程消防设计审查验收管理暂行规定》第十四条第十二项规定所定义的"特殊建设工程",依法必须经过消防验收才能投入使用。消防验收事关公共安全,法律关于"特殊建设工程"消防验收后方可投入使用的规定,属于强制性规定。某市住房和城乡建设局于2021年1月20日针对被申请人未经消防验收就进行交房的行为所作出的某住建(房)罚决字(2021)第(001)号《行政处罚决定书》,足以说明消防验收的重要性

---

❶ 崔建远. 合同解释论:规范、学说与案例的交互思考 [M]. 北京:中国人民大学出版社,2020:240.

以及消防验收规定的强制性。因此，合同中约定的"验收合格"包括消防验收合格在内。"正式的建设工程竣工验收由建设单位负责组织实施，由监理单位、勘察单位、设计单位、施工单位参加。其中，承包人需提交建设工程竣工验收报告、工程技术资料；监理单位需提交工程质量评估报告；勘察单位和设计单位需要提交质量检查报告；发包人需取得规划、公安消防、环保、燃气工程等专项验收合格文件。如果建设工程未取得这些专项验收合格证明文件，也不能进行竣工验收。"❶ 虽然被申请人在2020年12月21日就向申请人发出了交房通知，但是直到2021年4月15日被申请人才就案涉房屋通过消防验收。也就是说，被申请人通知申请人办理房屋交接手续时，案涉房屋并不具备合同约定的交房条件，申请人在当时拒绝收房的行为不违反合同约定。案涉房屋在2021年4月15日通过了行政主管部门的消防验收，具备了交房条件，被申请人应当在消防验收通过之日次日起按约收房。虽然案涉房屋的实际收房时间晚于2021年4月15日，但是由于2021年4月15日之后被申请人已经具备交房条件，处于申请人随时可收取、被申请人随时可交付状态，故之后的期间不应计入被申请人履行交付义务的迟延期间。

2. 新冠疫情对合同履行和合同责任的影响问题

突如其来的新冠疫情给全国人民的生产生活造成了巨大影响，也成为众多合同履行中的重大障碍，当事人应当根据法律的

---

❶ 最高人民法院民法典贯彻实施工作领导小组. 中华人民共和国民法典合同编理解与适用【三】[M]. 北京：人民法院出版社，2020：1984.

规定，本着公平合理原则和互谅互让的精神，妥善处理新冠疫情给合同履行造成的影响。《民法典》第一百八十条规定："因不可抗力不能履行民事义务的，不承担民事责任。法律另有规定的，依照其规定。不可抗力是不能预见、不能避免且不能克服的客观情况。"第五百九十条规定："当事人一方因不可抗力不能履行合同的，根据不可抗力的影响，部分或者全部免除责任，但是法律另有规定的除外。因不可抗力不能履行合同的，应当及时通知对方，以减轻可能给对方造成的损失，并应当在合理期限内提供证明。当事人迟延履行后发生不可抗力的，不免除其违约责任。"最高人民法院《关于依法妥善审理涉新冠肺炎疫情民事案件若干问题的指导意见（一）》提出："疫情或者疫情防控措施直接导致合同不能履行的，依法适用不可抗力的规定，根据疫情或者疫情防控措施的影响程度部分或者全部免除责任。"《某高级人民法院关于审理涉新冠肺炎疫情民商事案件相关问题的指引》提出："因疫情防控需要，造成建设工程项目停工或者不能按期开工的，属顺延工期合法事由。因工程延期交工造成商品房交付时间延后的，商品房交付时间和办证时间亦可相应顺延。"《某市人民政府办公室关于应对新冠肺炎疫情促进房地产市场平稳健康发展的政策措施的通知》第五条提出："按照有关法律法规，受疫情影响的房地产开发项目，开竣工时间可相应顺延，疫情防控期间不计入违约期；不能如期竣工验收和交付的，交付期限可相应顺延，疫情防控期间不计入违约期；无法按照原施工周期完工的，应重新合理确定施工周期。"申请人与被申请人签订的《商品房买卖合同》第五条对因不可抗力造成的逾期交房免于违约承担责任亦作出了相应约定。2020年2月至3月期间，某市的生产生活受到新冠疫情的显著影响。合同约定的被申请人履行房屋建造、组织（申请）验收等合同义务的期间，包含了上述新冠疫情影响时间，因此应当予以扣除，交房日期相应顺延。不可抗力与履行义务受阻之间存在因果关系，是不可抗力引起预定法律效果的核心。❶ "不可抗力必须是债务履行受阻的最近、唯一和关键原因，不能存在阻断因果关系的其他事由，否则，就不能引起不可抗力规则预定的法律效果。"❷ 在不可抗力规则下，合同解除权人根据不可抗力的影响，通常可部分或者全部免除责任，并非一概完全免责。不可抗力作为免责事由，只能说在不可抗力影响所及范围内不发生责任，在此范围内可以说是完全免责（非严格意义上）；如果不可抗力与债务人的原因共同构成损害发生的原因，则应本着"原因与责任相比例"的精神，令债务人承担相应部分的责任，此时可以说是部分免责（非严格意义上）。❸ 根据法律法规、人民法院的司法政策和人民政府的相关规定，结合某市新冠疫情防控实际情况，仲裁庭确定本案合同履行受新冠疫情影响的期间为2个月，被申请人可在2个月的时间范围内免于承担逾期交房违约责任，被申请人逾期交房的违约责任起算点自2021年3月1日起算。

3. 逾期交房的违约金问题

根据申请人与被申请人签订的《商品房买卖合同》第三条

---

❶ 最高人民法院民法典贯彻实施工作领导小组. 中华人民共和国民法典合同编理解与适用【二】［M］. 北京：人民法院出版社，2020：818.
❷ 叶林. 论不可抗力制度［J］. 北方法学，2007（5）：36-44.
❸ 韩世远. 合同法总论［M］. 北京：法律出版社，2018：487-488.

的约定，被申请人应当在 2020 年 12 月 31 日之前完成房屋交付，但是迟至 2020 年 4 月 15 日申请人才通过消防验收具备交房条件，扣除因为新冠疫情对合同履行造成影响的 2 个月，自 2021 年 3 月 1 日起算违约责任期间，被申请人实际迟延履行期间为 2021 年 3 月 1 日至 2021 年 4 月 15 日，计 46 日。合同第五条约定，除遇不可抗力外，被申请人如未按本合同第三条约定日期交付商品房，逾期在 90 日内的，申请人有权向被申请人追究已付款利息，利息自合同约定应支付商品房之日次日起至实际交付商品房之日止，按银行同期贷款利率计算。2021 年 1 月以来，由中国人民银行授权全国银行间同业拆借中心计算并公布的一年期贷款市场报价利率为 3.85%。因此，根据合同第三条的约定，被申请人应当向申请人支付的逾期交房利息为 949 286 元 × 3.85% × 46/365 = 4605.99 元。申请人所提出的第四项仲裁请求，具有合同和事实依据，在上述数额范围内予以支持。申请人所提出的第五项仲裁请求，以被申请人逾期交房超过 90 日为条件。由于扣除新冠疫情影响后，被申请人逾期交房时间没有超过 90 日，第五项仲裁请求的适用条件不能成立，故依法不予支持。

4. 关于取暖费的问题

取暖费是在房屋使用过程中产生的费用，应当以房屋的交付时间作为划分开发商和业主责任的时间节点。案涉房屋在 2021 年 4 月 15 日才通过消防验收具备交房条件，除非业主自愿收房，否则在此之前产生的取暖费应当由被申请人承担。被申请人向申请人收取 2021 年 1 月 1 日至 2021 年 4 月 15 日期间的取暖费，没有法律和合同根据，应当返还。至于被申请人所提出的取暖费收费主体为热力公司，被申请人系代缴，申请人应向热力公司主张返还的抗辩理由，也不能成立。无论被申请人以自己名义还是申请人名义缴纳取暖费，都不能改变在房屋具备交付条件或实际完成交付之前的取暖费应当由被申请人承担的事实，故被申请人在房屋具备交付条件且实际交付之前，擅自以申请人名义缴纳的取暖费应当由被申请人自行承担。故对申请人要求返还取暖费的请求予以支持。

5. 关于申请人提出的租房损失问题

申请人第二项仲裁请求提出：由于被申请人未取得合法的交房手续，造成申请人的房屋不能入住装修，耽误达5个月之久，因此按租房标准应给予赔偿金5000元。关于被申请人迟延交房给申请人造成损失的赔偿问题，合同在第五条"甲方逾期交付商品房的处理"中已经作出了安排，该约定得认为包含了可能发生租房损失在内，申请人在此之外另行提出租房损失赔偿请求，既无合同依据，也未提供证据证明租房损失的实际发生及损失的具体数额。故仲裁庭对申请人提出的第二项仲裁请求不予支持。

6. 关于申请人提出的房屋质量损失问题

申请人第三项仲裁请求提出：因房屋质量问题导致该房屋给申请人造成的缺憾而要求的补偿款伍佰元整（500.00元）。申请人提出房屋存在管线敷设不规范等质量问题，被申请人进行了维修，申请人在《维修清单》上签字确认相关质量问题已经通过维修解决。同时，2021年10月6日申请人和被申请人办理房屋交接手续时，申请人在《交付使用签收单》签字确认门窗等8个项目完好。申请人没有证据证明在房屋交付时仍存在质量问题，也没有证据证明因为质量问题造成的实际损失为 500 元。申请人所谓"因房屋质量问题导致该房屋给申请人造成的缺憾",似乎在主张因为房屋质量问题给其造成的精神损害赔偿。《民法典》第九百九十六条规定:"因当事人一方的违约行为,损害对方人格权并造成严重精神损害,受损害方选择请求其承担违约责任的,不影响受损害方请求精神损害赔偿。"虽然《民法典》第九百九十六条未明确限定违约精神损害赔偿适用的合同类型,但是司法实践中违约精神损害赔偿主要适用于运输合同、旅游服务合同等合同类型,同时违约精神损害赔偿适用的合同类型应以可预见性规则作为判断标准,法院主要从"合同目的与当事人精神利益紧密相关""合同标的物具有情感价值""合同与人身安全密切相关"三个维度综合考量其他具体合同是否适用违约精神损害赔偿。❶ 申请人在本案中所提出的因房屋质量缺憾造成的损失,显然不符合《民法典》第九百九十六条的规定和司法实践中所掌握的精神损害赔偿的适用标准,故对申请人提出的该项仲裁请求不予支持。

7. 关于反请求人所提出的 48 000 元赔偿问题

反请求人提出:请求裁决被反请求人向反请求人支付延迟办理收楼手续的违约金 48 000 元(从 2021 年 1 月 1 日开始计算,至 2021 年 8 月 31 日止,200 元/天 × 30 天 × 8)。虽然合同之附件五《补充合同》第五条第四款约定:"如果由于非甲方的原因

---

❶ 许素敏.《民法典》违约精神损害赔偿条款的司法适用:基于《民法典》生效后 202 个案例的实证考察 [J]. 财经法学, 2023 (1):92–105.

乙方迟延办理收楼手续，每迟延一日应向甲方支付200元违约金。超过30日乙方仍未办妥收楼手续，甲方有权解除合同，并扣除乙方已付房款（含定金）"，但是该规定并不能支持反请求人提出的上述请求。具体理由如下：首先，反请求人作为房屋交付义务主体，迟至2021年4月15日才通过消防验收，才具备交房条件，被反请求人在此之前拒绝接受房屋显然属于"甲方（反请求人）的原因"，因此不应承担该条款约定的200元/日的违约金。其次，《申请人业主2号楼505号房屋的维修清单》证明，反请求人发出交房通知时，案涉房屋确实存在《维修清单》中的质量瑕疵，只不过事后反请求人进行了维修，被反请求人签字认可了维修结果。既然在反请求人发出交房通知时案涉房屋存在质量瑕疵，被反请求人在该质量瑕疵得到修理之前拒绝接收房屋就是有法律依据的，不能认为是被反请求人的违约行为。最后，该条款违反了法律的禁止性规定，属于无效条款，即使在2021年4月15日之后，仍不能作为支持反请求人上述主张的依据。《民法典》第五百七十七条规定："当事人一方不履行合同义务或者履行合同义务不符合约定的，应当承担继续履行、采取补救措施或者赔偿损失等违约责任。"也就是说，违约责任是义务人不履行合同义务所应承担的不利后果。在商品房买卖合同中，收房是业主的权利，而非义务，所以不应存在因为权利不行使而承担违约责任的问题。"债权的本质体现为一种利益、一种自由，因而，债权人对于给付的受领，首先体现为一种权利行使的结果。"[1] 反请求人也没有提供证据证明，如果业主逾期收房给开发商造成了每日 200 元的经济损失。合同之附件五《补充合同》，在性质上属于反请求人制定的格式条款。《民法典》第四百九十七条第二项规定"提供格式条款一方不合理地免除或者减轻其责任、加重对方责任、限制对方主要权利"的条款无效。合同之附件五《补充合同》第五条第 4 款的约定，属于不合理地"加重对方责任"的条款，损害了作为消费者的被反请求人的合法权益，因此应当属于无效条款。如果因为被反请求人无正当理由拒绝收房确实给反请求人造成了实际损失，反请求人在提供证据予以证实的情况下，可以此作为赔偿损失进行主张，可是在本案中反请求人并未提供相应证据。故对反请求人提出的上述请求不予支持。

处理结果

根据《中华人民共和国民法典》第一百八十条、第四百九十七条第二项、第五百零九条、第五百七十七条、第五百八十五条、第五百九十条、第四百九十七条第二项，《中华人民共和国消防法》第十三条第三款的规定，裁决如下：

（一）被申请人向申请人返还取暖费 1436 元；

（二）被申请人向申请人支付逾期交房利息 4605.99 元；

（三）驳回申请人的其他仲裁请求；

（四）驳回反请求人的仲裁请求。

---

[1] 韩世远. 合同法总论 [M]. 北京：法律出版社，2018：570.